C·H·Beck

PAPERBACK

Immer mehr Menschen verspüren heute das Bedürfnis, ihre Lebenserinnerungen aufzuschreiben. Sie schreiben manchmal für ihre Kinder, für Verwandte oder Freunde – vor allem aber für sich selbst. Schreibend wollen sie den roten Faden in ihrer Lebensgeschichte erkennen: Wie bin ich zu der Person geworden, die ich heute bin? Wo stehe ich jetzt – und was kann ich mit dem vor mir liegenden Leben anfangen?

Auf dem Hintergrund vielfältiger Erfahrung mit Schreibwerkstätten zeigt die Autorin, wie Menschen heute schreibend ihr Leben reflektieren. Warum schreiben sie? Welche lebensgeschichtlichen Ereignisse stellen sie dar? Was haben sie als problematisch, was als positiv erlebt? Welche Erfahrungen sind typisch für eine bestimmte Generation? In vielen Textbeispielen entfaltet sich ein großer Reichtum an gelebtem Leben, ein buntes Panorama aus Zeitgeschichte und individuellem Schicksal. Darüber hinaus offenbart sich die sinnstiftende und selbsttherapeutische Funktion des autobiografischen Schreibens.

Herrad Schenk ist freie Schriftstellerin. Sie erhielt zahlreiche Preise und Auszeichnungen und ist P.E.N.-Mitglied seit 1989. Im Verlag C.H.Beck erschien von ihr u. a. *Das Haus, das Glück und der Tod* (1999); *Glück und Schicksal. Wie planbar ist unser Leben?* (2000); *Wie in einem uferlosen Strom. Das Leben meiner Eltern* (2002); *Der Altersangst-Komplex. Auf dem Weg zu einem neuen Selbstbewusstsein* (2005).

Herrad Schenk

Die Heilkraft des Schreibens

Wie man vom eigenen Leben erzählt

C.H.Beck

Ich danke den Teilnehmerinnen und Teilnehmern meiner Schreibkurse, die mir ihre Texte für dieses Buch zur Verfügung gestellt haben – besonders auch dafür, dass sie die damit verbundenen, oft schmerzhaften Kürzungen in Kauf genommen haben.

2. Auflage. 2023
Unveränderter Nachdruck

Originalausgabe

Satz: C.H.Beck.Media.Solutions, Nördlingen
Druck und Bindung: Beltz GmbH, Bad Langensalza
Umschlagentwurf: malsyteufel, Willich
Umschlagabbildung: Der Arbeitstisch von Virginia Woolf in Monk's House in Sussex, 1965, Foto: © Gisèle Freund
Printed in Germany
ISBN 978 3 406 80781 7

www.chbeck.de

Inhalt

Der Wunsch, über das eigene Leben zu schreiben

«Haben Sie auch schon mal gedacht: Das müsste man eigentlich aufschreiben?»

Schreibwerkstatt 60plus, ein Kurs für autobiografisches Schreiben. Die acht TeilnehmerInnen, tatsächlich in der Mehrzahl Frauen, haben sich zur ersten Sitzung um den langen Seminartisch eingefunden und beäugen einander vorsichtig.

«Wer heute 60 Jahre und älter ist, dessen Lebensspanne umfasst eine Zeit großer gesellschaftlicher Umbrüche und rasanten technischen Fortschritts. Auf diesem Hintergrund spielte sich das eigene Leben ab, mit den ganz besonderen persönlichen Erfahrungen, die jetzt Vergangenheit geworden sind», lesen die Schreibwilligen auf dem Informationsblatt, das vor ihnen liegt. Gleich nach den Begrüßungsworten der Kursleiterin wird es sicher die übliche Vorstellungsrunde geben, denken sie, was soll ich bloß über mich sagen? Beruf: Lehrerin, aber das war einmal, verheiratet, zwei erwachsene Kinder, die schon aus dem Haus sind …?

«Über das eigene Leben zu schreiben bedeutet, sich die Vergangenheit noch einmal kreativ anzueignen. Das Erlebte gewinnt neue Gestalt und erscheint in einem veränderten Licht. Die erstarrten Bilder der Erinnerung beginnen wieder zu leben. Im Prozess des Schreibens erfährt man das Gewesene noch einmal und gibt ihm aus der Jetztzeit heraus eine zusätzliche Bedeutung. Damit macht das Schreiben auch die Gegenwart reicher.»

Verblüfft erfahren die Teilnehmerinnen, dass die erwartete Vorstellungsrunde entfallen soll. Es wird doch hoffentlich nicht stattdessen irgendwelche albernen Spielchen geben?

«Die Schreibwerkstatt ist für alle gedacht, die gern erzählen und schreiben und sich schreibend mit ihrem eigenen Leben beschäftigen wollen. Natürlich auch für die, die schon hier und da etwas aufgeschrieben haben. Der Kurs bietet Anregung bei der Auswahl autobiografischer Stoffe. Wir beschäftigen uns mit den Techniken des Schreiben, an ausgewählten Beispielen autobiografischer Literatur und in der Arbeit an eigenen Texten, die vorgelesen und zur Diskussion gestellt werden.»

Keine Vorstellungsrunde also. Und auch keine Spielchen. Stattdessen beginnt der Schreibkurs mit einer ersten kleinen Schreibskizze. «*Was fällt Ihnen zu Ihrem Vornamen ein? Sie haben jetzt zehn Minuten, darüber zu schreiben.*» Die Gesichter in der Runde sind erstaunt, verblüfft – doch nach wenigen Augenblicken beginnen alle loszukritzeln.

Jeder Mensch kann irgendetwas zu seinem Namen erzählen, egal, ob es ein exotischer oder ein Allerweltsname ist. Tatsächlich erweist sich die erste Vorleserunde der kleinen Texte und das Gespräch darüber dann doch als eine indirekte Art der persönlichen Vorstellung, da die KursteilnehmerInnen schon vieles übereinander erfahren. Angeregt plaudernd, gehen sie nach dieser ersten Sitzung auseinander, voll Spannung auf das nächste Treffen.

Seit einigen Jahren veranstalte ich Kurse für autobiografisches Schreiben. Ursprünglich war die Zielgruppe die Generation 60plus, doch da im Laufe der Zeit zunehmend auch Jüngere Interesse bekundeten, dehnte ich das Angebot auf die Altersgruppe 50plus aus. In diesem Buch fasse ich meine Erfahrungen mit verschiedenen Schreibgruppen zusammen – Erfahrungen aus Kurzseminaren, Wochenendworkshops, Kompaktwochen, vor allem aber aus fortlaufenden, mehrjährigen Kursen, in denen zum Teil umfängliche Manuskripte entstehen.

Jeder Mensch kann zum Autobiografen seiner selbst werden – vorausgesetzt, er nimmt sich und sein Leben dafür wichtig genug. Denn die Autobiografie ist die Beschreibung des Lebens eines Einzelnen durch sich selbst (griechisch «auto» = «selbst», «bios» = «Leben» und «graphia» = «Beschreibung»).

Heutzutage wird der Buchmarkt überschwemmt von Autobiografien bedeutender Zeitgenossen und solcher Menschen, die sich dafür halten: von Prominenten aus allen Bereichen des öffentlichen Lebens, Politikern, Schauspielerinnen und Schlagersängerinnen, Popstars und Spitzensportlern. Alle, die sich eine Zeit lang im Licht der öffentlichen Aufmerksamkeit sonnen, scheinen ihre Berühmtheit durch ein Buch über das eigene Leben verlängern zu wollen – autobiografisches Schreiben aus dem Bedürfnis nach narzisstischer Bestätigung: «Ich war und bin eine wichtige Persönlichkeit des Zeitgeschehens!» Immer häufiger warten diese wichtigen Zeitgenossen gar nicht erst ab, bis sie ein höheres Alter erreicht haben, sie schreiben ihre Lebenserinnerungen manchmal schon mit dreißig oder vierzig Jahren, und die, denen es gelingt, sich länger im Rampenlicht zu halten, veröffentlichen gelegentlich sogar mehrere Autobiografien in ihrem Leben. Bemerkenswert ist nicht nur die Tatsache, dass sie dies tun, sondern vor allem das Phänomen, dass ihre Bücher gekauft werden, demnach also auf ein breites Publikumsinteresse stoßen.

Doch was bewegt die vielen ganz gewöhnlichen Menschen, die nicht prominent sind, ihre Lebenserinnerungen aufzuschreiben? Zumeist schreiben sie für sich selbst. Manchmal haben sie zusätzlich auch einen mehr oder minder diffusen Adressatenkreis im Kopf: Kinder, Enkel, Geschwister und Freunde. Doch dieses «Publikum» steht im Allgemeinen nicht an vorderster Stelle. Manche schreiben mit literarischem Anspruch, anderen geht es einfach darum, die wichtigen Geschehnisse ihres Lebens zu Papier zu bringen. Sie notieren sie handschriftlich in Schulkladden oder tippen sie ordentlich in den Computer. Einige lassen ihre Autobiografie sogar in eigens auf solche Produktionen spezialisierten Verlagen drucken, doch die wenigsten spekulieren auf eine Veröffentlichung. Viele Institutionen, Bildungswerke, Volkshochschulen, Senioreninitiativen und -heime bieten neben Erzählcafés auch Schreibkurse an. Die wissenschaftliche Forschung verschiedener Disziplinen bedient sich zunehmend autobiografischer Aufzeichnungen als Instrument, denn sie sind eine Fundgrube für eine Vielzahl von historischen, soziologischen, literarischen und psychologischen Fragestellungen.

«Es gibt keine größere Freude in der Welt, als sich selbst, sein eigenes Ich, zum Ausdruck zu bringen», behauptet der Literaturwissenschaftler Georg Misch zu Beginn seiner «Geschichte der Autobiographie»[1]. Vielen Menschen geht es bei der schriftlichen Erinnerungsarbeit darum, sich des Reichtums des gelebten Lebens noch einmal bewusst zu werden. Sie suchen, meist gegen Ende der mittleren Erwachsenenjahre, zu Beginn oder im Verlauf des Alters, eine neue Standortbestimmung: «Wie bin ich die/der geworden, die/der ich jetzt bin?» Sie möchten bilanzieren: «Wo stehe ich jetzt? Was kann ich mit der mir verbleibenden Zeit noch Sinnvolles tun?» Sie möchten rückblickend in ihrem Leben «aufräumen», sich Schwieriges wie Geglücktes noch einmal bewusst machen, den roten Faden oder zumindest Muster im Verlauf ihres Lebens sehen. «Einer der wichtigsten Gründe für einen Menschen, eine Autobiografie zu schreiben, ist der Wunsch, schreibend zu entdecken, was er war, und damit, was er ist, was sein Leben bedeutet hat und was es im gegenwärtigen Augenblick bedeutet.»[2]

«Ich hab nichts zum Sagen», betitelte die Schauspielerin Therese Giehse ihre 1973 erschienene Autobiografie – in ihrem Fall war das bloße Koketterie, da sie ja dann doch eine ganze Menge zwischen zwei Buchdeckeln über ihr Leben mitteilte. «Ich bin doch nicht wichtig.» «Ich habe nichts Besonderes zu erzählen, das andere interessieren könnte.» «Mein Leben ist nicht besonders aufregend verlaufen», sagen Menschen, denen der Gedanke, sich schreibend mit ihren Erinnerungen zu befassen, fremd und vielleicht auch verdächtig erscheint. «Ich finde es viel interessanter, mich mit anderen Dingen zu befassen als mit mir selbst.» Manchmal schimmert auch Bedenkliches durch: «Ich will mich nicht mit meiner Vergangenheit beschäftigen, weil mein Leben nicht besonders glücklich oder erfolgreich war.» Oder sie finden: «Die Veröffentlichung des Privaten ist doch nur peinlich.»

Eigentlich zählt unter den vielen Motiven für das autobiografische Schreiben nur eines wirklich: Man tut es, weil man Freude daran hat, um dann meist im Verlauf festzustellen, dass es auch eine sinnstiftende Beschäftigung ist. Man tritt ein wenig zurück, betrachtet den Gang der Ereignisse und sieht plötzlich eine zielgerichtete Entwicklung, die auf genau die Gegenwart hinausläuft, in der man jetzt lebt. Geschehnisse werden neu gedeutet, bisher nicht wahrgenommene Zusammenhänge zeichnen sich ab.

Dem autobiografischen Schreiben kann, bewusst oder unbewusst, auch ein Wunsch nach Selbstrechtfertigung zugrunde liegen. War es richtig, dass ich schon so früh von zu Hause weggegangen bin? Hätte ich mich damals nicht scheiden lassen sollen? Wäre mein Leben anders verlaufen, wenn ich noch mal einen anderen Beruf ergriffen hätte? Hätte die Krankheit meines Kindes einen anderen Verlauf genommen, wenn ich sie eher bemerkt hätte?

Das Niederschreiben der eigenen Lebensgeschichte kann auch der Traumabewältigung dienen: Schreckliche Erfahrungen werden noch einmal in den Blick genommen und durch die schriftliche Gestaltung vielleicht ein bisschen erträglicher. Das verletzte Ich versichert sich seiner eigenen Vitalität und Widerstandskraft allein durch die Tatsache, dass es Krisen überlebt hat und davon berichten kann.

Das Niederschreiben der eigenen Lebensgeschichte ist auch ein Protest gegen die Vergänglichkeit. «Ich erinnere mich – und du, der du diese Aufzeichnungen vielleicht irgendwann einmal liest, erinnerst dich mit mir. Ich habe gelebt. Ich war hier. Es hat mich gegeben.»

Vielleicht hängt das heute so verbreitete Bedürfnis, über das eigene Leben zu schreiben, auch mit einem Mangel zusammen. Vielleicht haben viele Menschen zu wenig Gelegenheit, über das zu erzählen, was sie erlebt haben. Wenn man abends beieinandersitzt, wird ferngesehen und nicht etwa geplaudert wie früher beim Stricken, Stopfen und Nähen im Winter oder bei langwierigen monotonen Küchenarbeiten im Sommer, wenn Obst und Gemüse zum Einkochen vorbereitet wurde. Und wem sollte man erzählen? Kinder und Enkel leben vielleicht weit weg oder sind nicht unbedingt an meinen Geschichten von früher interessiert – oder zumindest nicht genau dann, wenn ich darüber erzählen möchte.

Die Schnelllebigkeit des Alltags hat den Stil unserer Kommunikation verändert. Man schreibt einander keine langen Briefe mehr, für die man sich eine oder mehrere Stunden Zeit nimmt, in denen man darzustellen versucht, was um einen herum und mit einem selbst in den letzten Wochen geschehen ist. Stattdessen kommuniziert man ständig, wo man geht und steht, in kurzen Brocken über Telefon, Handy, SMS oder E-Mail. Das ist nicht gerade förderlich für die Entwicklung einer Erzählkultur.

Selbst Menschen, die miteinander befreundet sind, tauschen bei ihren Treffen häufig nur kurze Informationen aus. Was man gerade so tut. Wo man gewesen ist. Wer zum Beispiel kann noch allgemein interessant über Reisen berichten? Meistens beschränken sich mündliche Reiseberichte auf das bloße Erwähnen von Namen und Orten: Man war hier oder da, das Wetter war gut oder schlecht. Die Städte, Landschaften, Kulturdenkmäler, die man angeschaut hat, kennen die anderen auch schon; solche Eindrücke scheinen beliebig und austauschbar. «Eine großartige Ausstellung!» «Ein faszinierendes Land!» – solche Erzählungen sind langweilig angesichts der Flut der Bilder, der realen und medialen, die uns tagtäglich überschwemmen, und daher werden sie von den jeweiligen Zuhörern meist auch nur mit halbem Ohr und knapper Höflichkeit quittiert.

Wer seine Lebenserinnerungen aufschreibt, beschäftigt sich dagegen mit ganz authentischen Erfahrungen. Man nimmt sich Zeit, alte Bilder und die damit verbundenen Gefühle wieder aufsteigen zu lassen. Man steigt ein bisschen aus der Hektik des Alltagslebens aus und betrachtet sich selber und das eigene Leben aus einer gewissen Distanz.

Der Boom des autobiografischen Schreibens in der Gegenwart hängt sicher auch mit der Tatsache zusammen, dass heute mehr ältere Menschen als je zuvor auf dem Hintergrund eines materiell relativ gesicherten Lebens, in einer schon lang anhaltenden Periode wirtschaftlichen Wohlstands und sozialen Friedens über reichlich Zeit und Muße verfügen, sich mit einem solchen Rückblick zu befassen. Es gibt auch sehr viel mehr Menschen mit guter Schulbildung als früher, was einen selbstverständlicheren Umgang mit dem Lesen und Schreiben bedeutet, eine wichtige Voraussetzung dafür, zum Biografen seiner selbst zu werden.

Viele haben im jungen Alter zum ersten Mal wieder mehr Zeit für sich selbst, nach eher unruhigen und umtriebigen Lebensphasen. In den mittleren Jahren ließen ihnen die Anforderungen von Familie und Arbeitsleben nur wenig Muße; sie mussten immer schnell reagieren und unaufhörlich funktionieren. Wenn sie jetzt das eigene

Leben, vielleicht auch noch das der Eltern Revue passieren lassen, dann wird ihnen erst richtig bewusst, wie sehr sich die Welt um sie herum mit ihnen in den vergangenen Jahrzehnten verändert hat: Krieg und Nachkriegszeit, tiefe soziale Umbrüche, nach der Not die Wirtschaftswunder- und Aufbauzeiten, die gewaltigen Veränderungen im Verhältnis der Generationen und der Geschlechter, in den Arbeitsbedingungen, in Alltagsleben und Lebensstil, der Wandel der Ideologien und Weltanschauungen.

Die meisten Menschen, die ihre Lebenserinnerungen zu Papier bringen, schreiben in dem Bewusstsein, dass eine im 20. Jahrhundert verwurzelte Biografie auch dann aufregend und abenteuerlich ist, wenn sie eigentlich ganz alltäglich war.

Über was schreiben sie? Und was bewirkt das Schreiben für sie? Antworten auf diese Fragen soll ein Blick in die Schreibwerkstatt bringen. Im Laufe der vergangenen Jahre habe ich mehrere hundert Menschen über kürzere oder längere Zeitspannen beim Verfassen ihrer autobiografischen Aufzeichnungen begleitet und rund 4000 Texte angehört oder gelesen und mit den VerfasserInnen diskutiert. In den folgenden Kapiteln will ich eine Reihe ausgewählter Texte vorstellen und kommentieren, die um zentrale Lebensthemen der Schreibenden kreisen. Den Abschluss bildet ein kurzer Exkurs zur Geschichte der Autobiografie.

Dieses Buch vermittelt keine simplen Rezepte zum Verfassen einer eigenen Biografie. Mit geht es auch nicht darum vorzuführen, was qualitativ «gute» von «weniger guten» Texten unterscheidet. Die Geschichten und Geschichtenfragmente sprechen für sich selbst. Mir liegt vielmehr daran zu zeigen, welche Begebenheiten, Erfahrungen und Gedanken Menschen heute beschäftigen, wenn sie sich schreibend mit ihrem Leben befassen, und etwas von den Erfahrungen wiederzugeben, die sie in den Schreibgruppen machen. Wenn dies die Leserinnen und Leser anregt, auch selber autobiografisch zu schreiben – umso besser!

Der Einstieg

Wir alle kennen die Standardformel, mit der schriftliche Lebensläufe gewöhnlich eingeleitet werden: «*Am 17. April 1940 wurde ich als zweite Tochter des Kaufmanns Johann Schneider und seiner Ehefrau Elisabeth, geborene Schuster, in Mainz geboren.*» Doch es gibt viel originellere Möglichkeiten, mit der Geschichte vom eigenen Leben zu beginnen. Eine von ihnen bietet der eigene Vorname.

Man mochte oder mag seinen Namen mehr oder weniger, man trägt ihn gern oder hat sich irgendwann mit ihm arrangiert. Wie sind die Eltern darauf gekommen, einen so zu nennen? Früher wurden manche Vornamen in der Familie von Generation zu Generation weitergereicht, andere waren zu ihrer Zeit in Mode. Viele Namen haben eine Wortbedeutung, mit denen ihre Träger sich vielleicht irgendwann beschäftigt haben. Man wird nach Paten, Heiligen, Großeltern, Freunden der Familie benannt, manchmal auch nach historischen oder literarischen Vorbildern.

Das dritte Kind, ein Mädchen nach zwei Buben, wurde auf den Namen Berta Elisabeth getauft. Die Elisabeth wurde auf dem Standesamt vergessen, und so blieb nur die Berta übrig. Wie sehr wünschte ich mir einen anderen Namen! In unserer Straße gab es eine «dumme Berta», ein einfältiges Mädchen. Meine Brüder Kuno und Roland erklärten mir eindringlich, ihr sei ein Ziegel auf den Kopf gefallen, und das könnte auch mir, des Namens wegen, leicht geschehen, deshalb sollte ich ja nie zu nahe an einer Häuserwand gehen. Immer wenn ich jene Berta sah, fuhr mir der Schreck in die Glieder, und ich schielte nach den Ziegeln auf den Dächern. Die Brüder fanden auch Gefallen daran, mich mit der «dicken Berta», der Kanone aus dem Ersten Weltkrieg, zu vergleichen. Mein Vater versuchte mich zu trösten. Er zitierte: «Frau Berta saß in der Felsenkluft/sie klagt ihr bitteres Los/klein Roland spielt in freier

Luft/des Klage war nicht groß ...» Es half nichts, so schön ich die Ballade von Uhland fand, so gerne ich die Schwester von König Karl gewesen wäre. Der Vater zog Berta von Franken, die Mutter Karls des Großen, zu Hilfe. Er erzählte mir im Dom zu Speyer die Geschichte der ungeliebten Berta, der Frau Heinrichs IV., auch sie versöhnten mich nicht mit meinem Namen, und selbst nicht Berta von Benz, die erste Frau am Steuer, von der ich eine Fotografie hatte. Da stieß ich eines Tages auf Bertha von Suttner. Ich bewunderte und liebte sie und mit ihr auch meinen Namen etwas mehr. – Aus der Berta wurde dann übrigens schnell eine Bertl.

Bertl Humpert, Freiburg

Seit einiger Zeit liefern auch Filmstars und Schlagersängerinnen Namensvorlagen. Wie wurde man von Geschwistern oder Klassenkameraden gerufen? Hat man Freunde und Spielgefährten um ihren Namen beneidet, und wie hätte man viel lieber geheißen? Gab es Abkürzungen und Spitznamen, freundliche oder gemeine?

Mein Name Gottfried klingt altertümlich und war schon zur Zeit meiner Geburt ungewöhnlich. Die christliche Prägung der Familie wird deutlich – beide Großväter waren evangelische Pfarrer.

Spätestens zur Zeit der Pubertät hat mich mein Name oft geärgert. Ich wollte mich in keiner Weise mit ihm identifizieren, zumal ich nach einem Jahr in einem pietistischen Internat eine fast traumatische Einstellung zu allem Kirchlichen und Christlichen hatte. Mit zunehmendem Alter konnte ich dann wieder Frieden mit ihm schließen und denke jetzt, er ist eine Mitgift, vergleichbar mit den Genen, dem Phänotyp und der inneren Prägung, die man, ob man will oder nicht, von seinen Eltern mitbekommen hat.

Aber früher hätte ich mir einen anderen Namen sehr gewünscht, zum Beispiel «Mario», nach einem Buch «Mario und die Tiere», das uns unsere Mutter vorgelesen hat. In der Schule hieß ich Goofy (englisch ausgesprochen: Gufy). Vor einigen Jahren zuckte ich auf der Straße zusammen, als mich die inzwischen uralte Mutter eines Klassenkameraden von Weitem lautstark «Goofy!» rief, nachdem ich diese Anrede fast vierzig Jahre nicht mehr gehört hatte. In meiner Freiburger Zeit erlebte ich dann nochmals eine Verballhornung meines Namens: Es gab damals die bekannte Supermarktkette «Gottlieb», und Gottlieb hieß ich dann lange Zeit bei den Freunden. Als die Gottlieb-Märkte in Edeka umgewandelt wurden, nannte mich eine Bekannte, die meinen richtigen Namen wohl nicht kannte oder die einfach nur boshaft sein wollte, «Edeka».

In meiner Zeit als Arzt an einer geburtshilflichen Klinik holte ich einmal einen Jungen auf die Welt. Der Kontakt zu der Schwangeren war von Anfang an gut gewesen, auch die Geburt verlief problemlos, sogar harmonisch zwischen allen Beteiligten. Als das Kind auf der Welt war, fragte mich die junge Mutter nach meinem Vornamen; sie hatte wohl für ihren Sohn noch keinen. Als ich «Gottfried» sagte, meinte sie halb verlegen, halb entschuldigend: «Nein, das geht dann doch leider nicht», wofür ich im Blick auf das spätere Leben des Kindes volles Verständnis hatte.

Gottfried Hornberger, Ebringen

Hat man sich selber, heimlich oder offen, andere Namen gegeben? Nennen einen Familienmitglieder und Vertraute anders als Außenstehende? Gab es einen zweiten Vornamen, den man verstecken wollte oder den man, umgekehrt, zu gegebener Zeit hervorholen, in den man sich vielleicht flüchten konnte? Hatten die Eltern den Namen schon lange vor der Geburt parat, oder war er eine Verlegenheitslösung, weil sie vielleicht mit einem Jungen rechneten und «nur» ein Mädchen bekamen? Gab der Name Anlass zu Verwechslungen und kuriosen Geschichten, die ein besonderes Licht auf seinen Träger werfen?

Almut – Helmut – Hartmut
Jungenname oder Mädchenname?
Immer wieder: WIE heißt du?
Almut.
Glaub ich nicht!
Ich mag den Namen nicht, besonders als sie mir, anspielend auf den schiefen Dutt, nachrufen: «Da kommt der Junge mit dem Scheißhaufen auf dem Kopf!»
Später sagt man mir: «Der Name passt zu dir, hat mit Mut zu tun. Mutig bist du.»
Bin ich das? Ich lerne, den Namen zu mögen.
Ich mag ihn. Wenige heißen so.

Zu Beginn meines Studiums, 1960, dann ein Schreiben: Alle Männer über 21 werden wehrerfasst. «Herr Almut Schulz hat sich zur Wehrerfassung am ... auf dem Einwohnermeldeamt in Bonn einzufinden.»
Aufklären und absagen? Nein. Am festgesetzten Tag steige ich im grünen Cordkostüm (selbst genäht) in den Keller des Amtes. An einem niedrigen Nierentisch sitzen zwei junge Männer, deren Gespräch verstummt, als ich mich dazugeselle.
«Wir warten auf die Wehrerfassung!»
«Ich auch.»
Die Tür der Amtsstube wird geöffnet: «Der Nächste bitte!» Ich werde hereingeholt, soll nicht warten, bis ich dran bin. Feierlich werde ich aus dem Verzeichnis der Wehrpflichtigen gestrichen. Für immer.

Almut Simons, Grunern

Ob wir ihn nun mögen oder nicht: Wir sind unser Name; er ist eng mit unserer Identität verknüpft. Deswegen bietet er häufig Stoff für gute Geschichten, die am Anfang der Lebenserinnerungen stehen können.

So beginnt zum Beispiel auch die bekannte Autorin Carola Stern ihre Autobiografie mit der Frage: «*Wer bin ich? Eine, die fast so viele Namen wie Berufe hatte*!» Nachdem sie die diversen Berufe aufgezählt hat, die sie im Laufe der Zeit ausübte, nennt sie uns all die Ruf- und Spitznamen, mit denen sie von verschiedenen Personen in verschiedenen Situationen angeredet wurde – und damit ist das Thema ihrer Lebenserinnerungen, ihr «Doppelleben», bereits eingeführt[1].

Der Einstieg sollte nicht banal sein. Die ersten Sätze eines längeren Textes stellen die Weichen. Sie bestimmen nicht nur darüber, ob andere gern weiterlesen oder zuhören, sondern sie locken auch mich selber in das Land meiner eigenen Erzählung. Vom Anfang hängt ab, ob ich Lust habe, den Faden der Dinge weiterzuspinnen – oder einfach nur pflichtbewusst Satz an Satz reihe, weil ich mir nun mal vorgenommen hatte, die Geschehnisse meines Lebens zu Papier zu bringen. Der Anfang prägt den Ton, die Färbung, die Textur der nun folgenden Geschichte. Er weckt Erwartungen, bei mir und bei den anderen.

Erste Erinnerungen bieten sich als Einstieg an. Das können positive, freundliche, warme sein, wie etwa bei Ricarda Huch: «*Wenn ich die Bilder meines Lebens beschwöre, steigt als erstes in meiner Erinnerung mein Großvater auf, der ein ganz kleines Ding, mich, an der Hand hält.*»[2] Oder aber auch düstere wie bei Elias Canetti, der mit einer bedrohlichen Erinnerung beginnt, die surreal wirkt wie ein Traumbild: «*Meine erste Erinnerung ist in Rot getaucht.*»[3] Die starke nun folgende Szene, in der ein Mann dem kleinen Elias die Zunge abzuschneiden droht, hat dem ersten Band seiner Autobiografie «Die gerettete Zunge» den Titel verliehen.

Fotos, die ja schon geronnene Erinnerungsbilder sind, können einen farbigen Einstieg liefern: die Beschreibung eines alten Familienfotos, das die Atmosphäre vergangener Zeiten widerspiegelt, ein frühes Foto von einem selber vielleicht, im Kreis der wichtigsten Personen der Kindheit. Doris Lessing beginnt die Lebensgeschichte ihrer Mutter, in dem sie zwei Fotos einander gegenüberstellt: Das eine porträtiert die Mutter als selbstbewusstes, neugieriges Schulmädchen – das andere, 45 Jahre später aufgenommen, zeigt sie «*als hageres, ernstes, altes Geschöpf, das tapfer aus seiner Welt von Enttäuschung und Misserfolg blickt*». Was ist mit dieser Frau in der Zwischenzeit geschehen?, fragt sich, schreibend, die Tochter. «*Vom Unterschied der beiden Aufnahmen muss dieser Erinnerungsbericht handeln.*»[4]

Man kann die Umstände der eigenen Geburt an den Anfang stellen. Das bietet sich vor allem dann an, wenn sie dramatisch oder in sonst einer Weise ungewöhnlich waren. «*Mein Vater war eine Sturzgeburt*», lautet der erste Satz von Eva Menasses autobiografisch gefärbtem Familienroman «Vienna», und es folgt die Beschreibung einer herrlich skurrilen Niederkunft[5]. Auch Goethe beginnt «Dichtung und Wahrheit» mit den Umständen seiner Geburt, wenn er halb ernst, halb ironisch, die besondere Konstellation der Gestirne zu diesem Zeitpunkt beschreibt: «*Am 28sten August 1749, mittags mit dem Glockenschlage zwölf, kam ich in Frankfurt am Main auf die Welt. Die Konstellation war glücklich: die Sonne stand im Zeichen der Jungfrau und kulminierte für den Tag; Jupiter und Venus blickten sie freundlich an, Merkur nicht widerwärtig; Saturn und Mars verhielten sich gleichgültig; nur der Mond, der so-*

eben voll ward, übte die Kraft seines Gegenscheins um so mehr, als zugleich seine Planetenstunde eingetreten war.»[6] Da soll man gleich aufmerken: Hier wurde ein Genie geboren!

Man kann zu Beginn eines autobiografischen Berichts die wichtigen Orte der Kindheit skizzieren, Wohnung, Haus und Garten, die räumliche Umgebung, in der man seine frühen Jahre verlebte. So beginnt Eckermann, Goethes Sekretär: *«Zu Winsen an der Luhe, einem Städtchen zwischen Lüneburg und Hamburg, auf der Grenze des Marsch- und Heidelandes, bin ich zu Anfang der neunziger Jahre geboren, und zwar in einer Hütte, wie man wohl ein Häuschen nennen kann, das nur einen heizbaren Aufenthalt und keine Treppe hatte, sondern wo man auf einer gleich an der Haustür stehenden Leiter unmittelbar auf den Heuboden stieg.»*[7] Und mit der Beschreibung des elterlichen Hofes und seiner landschaftlichen Umgebung beginnt 200 Jahre später auch die volkstümliche Autobiografie «Herbstmilch» der Bäuerin Anna Wimschneider. In eine ländliche Bilderbuchidylle bricht dann das traumatische Ereignis ein, das die Kindheit der kleinen Anna jäh beendet: der Tod der Mutter im Kindbett – ein Einstieg wie ein Paukenschlag[8].

Man kann in den ersten Abschnitten der Lebenserinnerungen zunächst die wichtigen Menschen der eigenen Frühzeit porträtieren, verbunden vielleicht mit einem Abriss der Lebensgeschichte der Eltern oder gar der Großeltern (so hielten es zum Beispiel Sartre in seinem autobiografischen Bericht «Die Wörter»[9] oder Fontane in «Meine Kinderzeit.»[10])

Man kann Reflexionen, etwa über Lebensthemen, zentrale Lebenskrisen oder die eigene Identität an den Anfang stellen. Das kann dann sehr fundamental und etwas pathetisch klingen wie bei Bertrand Russell: *«Drei einfache, doch übermächtige Leidenschaften haben mein Leben bestimmt: das Verlangen nach Liebe, der Drang nach Erkenntnis und ein unerträgliches Mitgefühl für die Leiden der Menschheit.»*[11] Oder auch verzweifelt pathologisch wie bei Fritz Zorn: *«Ich bin jung und reich und gebildet; und ich bin unglücklich, neurotisch und allein.»*[12]

Die meisten TeilnehmerInnen meiner Schreibkurse beginnen ihre Aufzeichnungen mit den ersten eigenen Erinnerungen. Hier einige Beispiele:

Meine Erinnerungen an die Kleinkinderzeit sind spärlich. Alles, was in mir noch lebendig ist, kam später. Auch mit Mühe kann ich die Nebel der Kindheit nicht durchdringen, kaum erahnt, zerstiebt und entschwindet jede Kontur wieder in faserigem Grau. Kein Geruch, kein Geschmack, keine Wärme, keine Kälte, Marionetten, die auftauchen und, kaum erfasst, vorbeiziehen. Eindimensional, ohne Hintergrund, ohne Stimme, ohne Bewegung.

Nur Marisas Stimme dringt aus dem Nebel. Die Magd auf dem Gut des Onkels in Ostpreußen. In der Mitte des Hofes ein Brunnen: «Ich steck dich gleich ins Wasser.»

Angela B., Pfaffenweiler

«Wenn die Rose sticht, wirst du sterben», dies sagen die Leute im Dorf, wenn wir Kinder auf dem alten Friedhof spielen; denn, so weiß man, der Saft der Pflanze trägt das Leichengift nach oben.

Heller Sandboden, wärmend in sommerlicher Mittagszeit.

Ich sitze auf unserem Familiengrab; neben mir Tanten, Onkel, meine Kinderfrau, unter mir mein Vater. Ich habe meinen kleinen Eimer und mein Schüppchen mitgenommen.

«Was machst du da?», fragt die Nachbarin.

«Ich grabe meinen Vater wieder aus», sage ich.

Er starb, nachdem ich vier Jahre geworden war.

Margret Sandmann, Münster

Mein Vater war ein Bigamist, was ja eigentlich bedeutet, dass man zwei Familien hat. Er jedoch hatte vier Familien, und eine davon waren meine Mutter, meine Schwester und ich. Das wusste ich allerdings noch nicht, als ich im Alter von drei Jahren am Sterbelager meines Urgroßvaters saß, einem roten Sofa im Wohnzimmer meiner Oma.

Meine Mutter kommt ins Zimmer, sie hält einen Brief in der Hand und weint ganz untröstlich. Da mir die Oma erklärt hatte, dem Uropa gehe es nicht gut und sein Tod wäre eine Erlösung für ihn, konnte ich nicht verstehen, warum Mama sich so furchtbar grämte.

Jahre später, als ich längst von zu Hause ausgezogen war, erzählte mir meine Mutter, sie habe genau am Sterbetag meines Urgroßvaters einen Brief der US-Armee erhalten, in dem ihr mitgeteilt wurde, dass mein Vater bereits eine Familie in den USA zu versorgen hätte. So starb am Todestag meines Uropas auch mein Vater, denn das behauptete unsere Mutter, und sie blieb dabei, bis ich selber herausfand, dass mein Vater in Wirklichkeit noch fünfzehn Jahre gelebt hat, und zwar mit einer weiteren Familie in Sioux Falls, South Dakota.

Dorina Organetti, Kirchhofen

In jedem dieser Anfänge sind Spuren angelegt, die weiter hinein in die Geschichte führen, Erinnerungsfäden, die fortgesponnen werden können. Doch viele SchreiberInnen lassen sich von Sitzung zu Sitzung gern durch weitere Themenstellungen anregen.

In meinen Schreibkursen werden regelmäßig «kleine» und «große Schreibskizzen» angefertigt, Materialsammlungen, die dabei helfen sollen, alte Bilder und Erinnerungen wieder aufsteigen zu lassen. Die «kleinen Schreibskizzen», für die ich meist nur fünf Minuten vorgesehen habe, sind winzige Assoziationsfeuerwerke. Ohne groß nachzudenken, schreibt man all das in Stichworten hintereinander auf, was einem zu einem bestimmten Begriff, einer Frage gerade in den Sinn kommt.

Beliebte Themen für kleine Schreibskizzen im Einstiegskurs sind zum Beispiel «Gerüche von früher» oder auch «Spiele der Kindheit» oder «Kleidungsstücke von damals» – alles schier unerschöpfliche Fundgruben für Erinnerungen. Die TeilnehmerInnen schreiben ihre Listen hintereinander weg. Wenn nach Ablauf der Schreibzeit alle reihum vorlesen, was sie notiert haben, sollten die Stichwortsammlungen eigentlich nicht im Einzelnen, sondern nur in ihrer Gesamtheit kommentiert werden. Trotzdem gibt es dabei immer wieder Gelächter, hier und da auch mal unterdrückte Ausrufe: «Selbst gestrickte Leibchen! Grässlich!» «Hatte ich ganz vergessen!» oder «Niemals durfte man vor Ostern Söckchen anziehen!» Durch die Stichworte der anderen wird man an vieles aus der eigenen Vergangenheit erinnert, das einem vorher nicht gewärtig war, und so lässt sich die eigene Liste noch erweitern.

Anschließend nehmen wir uns Zeit, das gemeinsam produzierte Material zu besichtigen, einzuordnen, zu deuten: Welche Erfahrungen sind typisch für eine bestimmte Generation? Welche Erinnerungen tauchen bei fast allen auf, welche sind sehr spezifisch und persönlich? Aus welchen Stichworten lassen sich Schlüsse über den damaligen Wohnort und das soziale Umfeld der Vorlesenden ziehen?

Was etwa macht Gerüche zu «guten» oder zu «schlechten» Gerüchen? Hier ist, schon ein bisschen sortiert, eine Liste der Assoziationen, die einer meiner Kurse zu diesem Thema zusammengetragen hat.

Die «guten» Gerüche:

Backen in der Weihnachtszeit – frische Kuhmilch – Marmeladen einkochen – frisch gemahlener Bohnenkaffee – frisch gebackenes, noch warmes Brot – Geruch, der aus der Bäckerei drang, wenn man vorüberging – Sauerkraut (stundenlang gekocht) – gebratene Zwiebeln (beim Sonntagsbraten) – geschälte Apfelsinen – Anis, Zimt, Vanille – Weihrauch – Heu – frisches Gras nach Regen – blühende Rosen, Primeln, Sauerampfer – Pferdestall – Kuhstall – Sonne auf der Haut – Briketts im Ofen – Kartoffelfeuer – Holzfeuer – Rinde im Wald – Schnee in der Luft – verbrannte Tannennadeln in der Weihnachtszeit – dicke warme Federbetten – frische Wäsche am Wochenende – frisch gebohnerter Boden – Seife der Mutter (Creme Mouson) – Lavendelwasser der Großmutter – Niveacreme – frisch gekalkter Keller.

Und nun die «schlechten» Gerüche:

Schweinestall – Hühnerstall – Kuhstall – Ziegenbock – Urin von Stallhasen – Jauchengrube – Plumpsklo – Kompost – Friedhofserde – modriges Laub – Mottenkugeln – Talgkerzen – Petroleumlampe – Waschküche am Waschtag – Bohnerwachs in der Klosterschule – Weihrauch – Desinfektionsmittel – feuchtkalte Wohnung – verschlossene, nicht benutzte Räume – Kohlenkeller – Umkleideraum der Turnhalle in der Schule – Schweißfüße – leise Fürze – fremdes Bett bei Onkel und Tante – dicke Bohnen – Metzelsuppe – Kohleintopf – übergekochte, angebrannte Milch – erfrorene Kartoffeln – ranziges Fett – schmutzige Wäsche – nasse Klamotten – alte Schuhe – Tischlerleim – Schweiß der Lehrerin – Opas Nachthemd – Pappis Füße.

Einige Gerüche scheinen von fast allen Menschen gleich empfunden zu werden; niemand erinnert den Gestank von Plumpsklo oder

Gülle als angenehm, und fast alle liebten und lieben den Geruch von frischem Heu oder von angekokelten Tannennadeln in der Weihnachtszeit. Doch es müssen ganz persönliche Erfahrungen mit einem Geruch verknüpft sein, wenn zum Beispiel für eine Teilnehmerin «Kuhstall» oder «Klosterfrau Melissengeist» positiv besetzt sind, während eine andere sich bei der bloßen Vorstellung schüttelt.

Schaut man etwa das Material an, das zum Thema «Kinderspiele» produziert wird, fällt als Erstes auf, wie sehr das äußere Umfeld von Kindheit sich verändert hat. Früher gab es so viel mehr phantasievolle Spiele, die außer Haus, in Höfen und Gärten, auf Straßen und Plätzen, im Wald und am Bach gespielt wurden, sehr viele Bewegungsspiele und reichlich Gruppenspiele.

Wenn die Stichwortlisten mit den «Spielen im Haus» und den «Spielen im Freien» vorgelesen worden sind, beginnt im Schreibkurs sofort ein engagiertes Gespräch darüber, welche der alten Kinderspiele, welche Spielsachen für immer verschwunden scheinen, was dagegen unverändert oder in leicht abgewandelter Form noch heute fortlebt, sowie über die Bedingungen, die das Leben von Kindern so grundlegend gewandelt haben.

Hier die Beschreibung eines eher ungewöhnlichen, phantasievollen Gruppenspiels im Freien:

«Ihr Mann ist gestorben!» Es gab immer Streit darüber, wer diesen Satz sagen durfte. Dieses Spiel, das im großen Garten meines Elternhauses stattfand, wurde nie gespielt, wenn Erwachsene in Hörweite waren.

Wir wählten zuerst aus, wer die trauernde Ehefrau spielte. Sie musste beim Wohnzimmerfenster warten, während der Rest der Gruppe sich in flüsternder Beratung unter die langen Nadeln der Bartkiefer am andern Ende der Rasenfläche zurückzog. Einziges Thema: Mit was soll der Ehemann begraben worden sein? Einziges Ziel: etwas möglichst Kränkendes zu finden. «Verfaulte Frösche» oder «Schneckenschleim» oder «hunderttausend tote Ratten»? Nach der Einigung trabte die Gruppe über den Rasen zur ahnungslosen Witwe. Einer drückte forsch auf den imaginären Klingelknopf. Die Ehefrau hatte schon hier einen schauspielerischen Spielraum, durfte aufreizend lang in der Wohnung herumräumen, bevor sie die Klingel hörte, oder aber wie ein Kastenteufel in der Tür stehen: «Ja, bitte?»

«Ihr Mann ist gestorben!», riefen wir begeistert. Die Ehefrau durfte jetzt weitere Akzente setzen von schwer trauernd bis kühl oder sogar erleichtert. Schließlich folgte nicht etwa ihre Frage: «Woran?», sondern ritualisiert immer: «Womit habt ihr ihn begraben?» Wobei sie bereits einen Fuß zum Sprint nach vorne stellte. Ihre Besucher standen schon fluchtbereit Richtung Bartkiefer. Sie schrien: «Mit verschimmelten Eiern!» Die so Geschmähte jagte den Flüchtenden unter Wutgeheul nach, um einen von ihnen zu erwischen – die nächste trauernde Witwe!

Nach und nach wurde es immer schwerer, uns zu steigern, wir brauchten immer länger, um uns auf das Allergemeinste zu einigen. Da fiel mir eines Nachmittags etwas ein, das ich sofort als das Perfideste einordnete, was wir bisher entdeckt hatten: «Mit den Haaren seiner Geliebten!» Mir schwebte sogleich das Bild eines Haufens wilder roter Strähnen vor, unter dem der Sarg verschwand. Ich warf die Idee in die Runde, das Gespräch verebbte und machte ehrfürchtigem, aber auch betretenem Schweigen Platz.

Von uns kaum bemerkt, machte nicht lange darauf «Ihr Mann ist gestorben» anderen Spielen Platz.

Petra Letschert, Ebringen

Die Puppe ist seit undenklichen Zeiten das klassische Lieblingsspielzeug der kleinen Mädchen. Doch Puppe ist nicht gleich Puppe – hier zwei Texte, die anschaulich Zeitbedingungen und soziales Milieu sichtbar machen:

Als ich fünf Jahre alt bin, sitzt unter dem Weihnachtsbaum eine Käthe-Kruse-Puppe, auch damals schon ein Wertobjekt. Das muss man mir gegenüber aber gar nicht so oft betonen. Ich liebe sie heiß vom ersten Tage an. Kathel heißt sie, sagt ein Bändchen an ihrem Handgelenk.

Bisher besaß ich nur Joachim aus Pappmaschee mit Porzellankopf sowie von der Mutter geerbt das Porzellanbaby Hänschen und Waltraut, das Reff, eine Stoffgliederpuppe, die sich durch ihre stattliche Länge von 50 cm und ihre Schlenkrigkeit nicht sehr zum Spielen eignet. Selten trifft man mich ohne Kathel.

Kathel bietet den beiden Tanten den willkommenen Anlass, ihre Handarbeitskünste zu beweisen. Sie erhält in den kommenden Jahren eine Ausstattung wie sie in meinen Augen nur einer Prinzessin zusteht. Sie besitzt die zarteste Unterwäsche, die schönsten Nachthemden, sogar einen Schlafanzug. Immer wieder kann ich ihre Kleider wechseln, Stoffkleider für den Sommer, Strick- und Häkelkleider für den Winter. Werktags vormittags trägt sie bunte Schürzen, die weißen Voileschürzen sind für den Sonntag reserviert. Wenn wir ausgehen, hülle ich Kathel im Winter in einen warm gefütterten Mantel aus feinstem braunen Tuch mit Pelzbesatz, im Sommer in einen leichten, seidengefütterten Mantel. Sie besitzt einen weißen Strickanzug zum Schlittenfahren und zu allem natürlich die passende Mütze oder Kappe.

All diese Herrlichkeit hat den Krieg heil überstanden, wurde von mir sorgfältig gehütet und wartete auf neue Einsatzmöglichkeiten. Die kam mit der Geburt der ersten Tochter, die zweite erschien bald danach. Als die Töchter dem Puppenalter entwachsen sind, wird Kathel von mir wieder in Dauerschlaf versetzt, nicht ohne vorher einem eingehenden Check-up beim Puppendoktor unterzogen worden zu sein.

An ihrem vierten Geburtstag wird meine erste Urenkelin, Yara, Kathel auf ihrem Gabentisch finden.

Ingeborg Remmer, Freiburg

Mia, das Bauernmädchen, wurde später meine Freundin. Sie hatte Zöpfe, so wie ich, ein rundes Gesicht und immer rote Backen. Sie besaß eine wunderschöne Puppenstube, sogar mehrere Puppen und einen Puppenwagen mit Spitzenkissen. Zu Weihnachten bekamen ihre Puppen immer neue Kleider. Eine Puppe, die mit den Schlafaugen, die auch noch «Mama» sagen konnte, hatte es mir besonders angetan. Sie klimperte mit ganz langen Wimpern über blauen Augen. So eine Puppe war mein sehnlichster Wunsch. Inbrünstig betete ich zum Christkind, es möge mir doch so eine schöne Puppe bringen, zu Weihnachten und zum Geburtstag zusammen. Die Mama meinte immer nur: Vielleicht, wenn du ganz artig bist. Und das war ich!

Endlich war Heiligabend und der nächste Morgen kaum zu erwarten. Wir stürmten ins Weihnachtsstübchen. Wo war meine wunderschöne Puppe? Ich konnte es nicht fassen: Auf meinem Platz lag eine kleine Puppe aus Stoff. Aus Lumpen! Ganz und gar aus Lumpen!

Ich weinte und schluchzte: Ich will keine Lumpenpuppe, ich will so eine, wie Mia hat! Ich konnte nicht verstehen, dass das Christkind den reichen Bauernkindern so schöne Sachen bringt und mir nur eine Lumpenpuppe.

Die traurigen Augen meiner Mutter habe ich bis heute nicht vergessen.

Melita Reinbold, Bad Krozingen

Wenn es um «Kleidung» geht, kann man aus den Stichwortlisten der TeilnehmerInnen häufig ihren Geburtsjahrgang bis auf wenige Jahre genau erraten. Kleider sind unsere zweite Haut und mit vielen teils guten – aber auch mit vielen unguten Erinnerungen verbunden. Gut: die seltenen Zeiten, in denen man sich in einem Kleidungsstück schön und wohlfühlte, der Stolz, den man empfand, wenn man das erste selbst ausgesuchte oder vom eigenen Geld erworbene Teil trug. Schlecht: wenn die Kleidung von Armut oder Mangel diktiert wurde, wie es in der Nachkriegszeit häufig war.

Ich beneidete meine Freundin Elke um das Fest der heiligen Kommunion. Um das weiße Kleid, die Geschenke, die blauen und roten Hortensien an der Haustür, die ‹geschnittenen Hoasn› und den ‹kalten Hund›. Aber am meisten beneidete ich sie um den Montag. Es war üblich, dass die Kommunionskinder am Montag nach dem Weißen Sonntag schulfrei hatten. Dann machten sie mit ihren Patinnen einen Ausflug auf dem Haindampfer nach Bug. Ich hatte an jenem Morgen am Fenster gestanden, als Elke und ihre Patin aus der Haustür traten. Die Patin hatte ein geblümtes Sommerkleid mit einem breiten Gürtel an, dazu weiße Handschuhe und auf den braunen Locken ein weißes Hütchen. Elke trug ein dunkelrotes Samtkleid mit einem Bolerojäckchen, hatte die blonden langen Haare zu einem Krönchen gesteckt und mit einem Blütenkränzchen geschmückt.

Ich erkannte sie fast nicht wieder. Der Anblick gab mir einen Stich, und mir wurde ganz schwindlig. Traurig sah ich ihnen nach. Das Leben war ungerecht! Warum konnten wir nicht auch katholisch sein? Meine Mutter, die neben mir saß, legte ihr Strickzeug zur Seite und schaute auf die Straße: «Ach Gott, wie sind die aufgetakelt, so ein Zirkus für einen Nachmittag!»

Dann hielt sie mir den grauen Strickrock aus aufgeribbelter Wolle an meine Taille und prüfte kritisch die Länge. «Mal sehen, wie viel ich dieses Jahr ranstricken muss. Vielleicht in Rot? Rot magst du doch besonders gerne.»

In der Fensterscheibe spiegelte sich meine Mutter, mit ihrer Kittelschürze und dem Kopftuch über dem grauen Dutt, und daneben ich, mit der von Mutter fabrizierten Prinz-Eisenherz-Frisur und meinem geerbten Strickrock, der bereits drei rote Streifen hatte.

Gertrud Kürschner, Heitersheim

Kleider transportieren oft beschämende und demütigende Erinnerungen, zum Beispiel in der Schule ausgelacht zu werden, weil man anders aussah, oder die von der Mutter bis weit in die Jugend hinein über einen verhängten Kleidungsvorschriften, spießige Ansichten über «anständiges» und «unanständiges» Aussehen.

Kleidung ist nicht nur mit individuellen Erfahrungen verbunden, sondern sie spiegelt auch soziale Milieus und Rituale (zum Beispiel die Unterscheidung zwischen «Alltags-» und «Sonntagskleidern»), die heute zum Teil verloren gegangen sind.

Hier ein Text, in dem über die Bekleidung indirekt auch das Leben in einer kinderreichen Bäckerfamilie auf dem Dorf in den späten Vierziger- und frühen Fünfzigerjahren geschildert wird, eine inzwischen versunkene Welt:

Saubere Wäsche gab es immer am Sonntag. Für diese Aufgabe war meine zweitälteste Schwester Mathilde zuständig. Wenn am Sonntagmorgen etwas fehlte, wurde gerufen: «Mathild, wo ist mein Unterhemd, mein Leibchen, meine Unterhose, mein Unterrock?» Wehe, es fehlte ein Strumpfband an einem Leibchen, dann musste sie noch schnell eines annähen, und wenn ein Träger an einem Unterhemd abgerissen war, musste sie es noch flicken. Man suchte am Sonntagmorgen in dem Wäschekorb, wo die saubere Wäsche war, nach passenden Stücken. Oft war die Mutti wegen vieler Arbeit in der Bäckerei nicht zum Bügeln oder Sortieren gekommen. Falls nicht alles da war, wurde es einfach passend gemacht, egal, ob zu groß oder zu klein. Am Montag war Waschtag, in frühester Zeit noch im Waschkessel. Die oberen Kleider, Röcke oder Blusen mussten auch häufig noch am Sonntagmorgen gebügelt werden. Auch das erledigte meistens meine Schwester Mathilde. Deswegen wurde sie auch «s'Hausmütterle» genannt. Jede von uns Schwestern hatte ihre besondere Aufgabe.

Ein Familienfoto mit der ganzen Familie, Papa, Mutti und den sechs Töchtern, erinnert mich daran, wie feierlich man zu den kirchlichen Hochfesten, Pfingsten und Fronleichnam, angezogen war: Papa im schwarzen Anzug, mit weißem Hemd und Schlips. Meistens trug er an den hohen Festen noch einen vorgefertigten steifen Kragen über dem Hemd. Mutti im schwarzen fast langen Kleid mit Spitzen, und wir Töchter hatten wunderbare Kleider mit Stufen, aus Nylon- und Dralonstoffen, mit einem ausladenden Petticoat darunter. Dazu dunkelblaue oder schwarze kurze, in der Taille abgerundete Samtjäckchen. Mit diesen langen Kleidern und natürlich auch sehr eleganten Stöckelschuhen mit hohen Absätzen gingen wir zur Kirche. An Fronleichnam war das Schönste nicht gut genug.

Bei der Erstkommunion eines seiner Kinder war es für unseren Vater ein besonderer Stolz, zum schwarzen Anzug noch einen schwarzen Gehrock, eine Flügeljacke, anzuziehen und den schwarzen Zylinder zu präsentieren. Diese festliche Vater-Garderobe wurde am Abend zuvor von der Mutter gerichtet, vom Unterhemd bis zum Taschentuch.

Papas Zylinder lag zusammengeklappt in einem Karton im Schrank, man brauchte nur auf den Rand zu schlagen, dann ging er hoch, auf den Boden gedrückt, fiel er wieder zusammen. Wir Kinder hatten großen Spaß daran, das heimlich auszuprobieren, obwohl es uns streng verboten war.

Viktoria Bösch, Pfaffenweiler

Mit kleinen Schreibskizzen, wie etwa der «Liste wichtiger Personen meiner Kindheit» oder der «Liste wichtiger Orte» helfen wir der Erinnerung auf die Sprünge. Wichtige Orte sind nicht nur das Dorf oder die Stadt, in der man lebte, das Elternhaus und die Schule, sondern auch die eigene Ecke im Kinderzimmer, die Gerümpelkammer des Dachbodens, in der man sich vor den Geschwistern versteckte, die Stelle am Bach, wo man häufig spielte, das Baumhaus, in dem man gern mit Freunden hockte. Auch eine «Liste wichtiger Gegenstände» legen wir an: Dazu gehören unter anderen hoch besetzte Spielsachen wie Lieblingspuppe und Teddybär, aber auch ein besonderer Stein, ein imposantes Möbelstück, ein bevorzugter Baum im Garten, die Pfeife des Großvaters, die Münzsammlung des Onkels, das Holzbein des Vaters.

Wichtige Personen meiner Kindheit:

Mutter, Vater, Ottole, später Bruder Gerd; vorher: Schwester Gisela, die Kinderschwester im Baseler Missionshaus, Großmama, Großpapa,

Kindergartentante, Freundin Gertrud, Klavierlehrerin, Julius Wassermann.

Wichtige Orte meiner Kindheit:

Das Haus in China, der Garten, die große Veranda, das Schiff, Kinderheim in Basel, Wohnung der Großeltern in Neresheim, Wohnung in Bopfingen, dann das große neue Haus mit Garten und Planschbecken.

Wichtige Gegenstände:

Mein Grammophon mit deutschen Liedern in China, die Puppe Lila, die ich meiner Schwester schenken sollte, die Fibel, Tafel, Griffel, Schwamm, Märchenbuch, Klavier, Schlitten, Schlittschuhe, Ski, der neue Skianzug (der beim ersten Fahren zerriss, weil er aus Großonkel Max' Anzug geschneidert war), die geliebten Bibi-Bücher von Karin Michaelis, der Tornister statt Rucksack.

Lore Wetterich, Freiburg

Mit vielen diese besonderen Personen, Orte oder Gegenstände sind Erinnerungen verbunden, die wieder aufsteigen, wenn wir sie auflisten. Solche Szenen oder Erlebnisse können dann Gegenstand einer «großen Schreibskizze» sein, für die ich im Rahmen der dreistündigen Kurssitzung im Allgemeinen zwanzig bis dreißig Minuten einplane. Aus ihrer Liste wichtiger Personen wählte die eben zitierte Schreiberin *«Julius Wassermann»:*

Ein Klassenbild der dritten und vierten Volksschulklasse in Bopfingen. Zwei kleine Buben im Vordergrund sind barfuß. In der Mitte sitzt Julius Wassermann. Er ist etwas größer als die anderen, hat ein schmales, sensibles Gesicht und ist gut gekleidet. Irgendwann sagte er zu mir: «Dich will ich heiraten!», und er sagte es dann immer wieder. Mich versetzte das in Schrecken. Ich dachte: Er will mich von meinen Eltern wegnehmen. Das Haus, in dem er wohnte, lag in derselben Straße wie unseres. Wenn ich in die Nähe kam, rannte ich eine Zeit lang mit meinem Schulranzen auf dem Rücken, voller Angst.

Dies sind meine einzigen Erinnerungen an den ehemaligen Klassenkameraden. Irgendwann war Julius Wassermann nicht mehr da, ich habe das damals kaum wahrgenommen.

Julius Wassermann war Jude und kam in einer der Gaskammern um.

Lore Wetterich, Freiburg

Natürlich können die wenigsten TeilnehmerInnen in solch einer kurzen Zeitspanne gut ausformulierte Erzähltexte produzieren – doch paradoxerweise hilft gerade der Zeitdruck den meisten dabei, ihre Anfangsblockade zu überwinden, sich überhaupt erst einmal für ein Thema zu entscheiden und sich dann ein bisschen einzuschreiben. Die große Schreibskizze wird bis zum nächsten Mal zu Hause ausgearbeitet. Natürlich steht es jedem frei, sich für ein anderes Thema zu entscheiden, das ihm gerade in den Sinn kommt.

Freundliche Kindheitserinnerungen

Die Einstiegskurse meiner Schreibwerkstatt umfassen gewöhnlich sechs Sitzungen im Wochenabstand mit je drei Zeitstunden. Am Ende dieser Zeitspanne haben alle TeilnehmerInnen einige autobiografische Texte geschrieben. Sie wissen jetzt, ob ihnen das Schreiben Freude macht oder ob sie es bei einem kurzfristigen Ausflug in die Welt ihrer Erinnerungen belassen wollen. Die meisten haben Feuer gefangen und wollen weitermachen. Also biete ich im Anschluss einen Jahreskurs an, mit Dreistundensitzungen im Vierwochentakt, der sie beim weiteren Schreiben begleitet. Ein Vierwochenrhythmus lässt sich über längere Zeit im Alltag aufrechterhalten, er bewirkt, dass wenigstens einmal im Monat ein Text verfasst wird, und sorgt so dafür, dass der Kontakt zum langsam anwachsenden Manuskript nicht verloren geht.

Die Schreibthemen des Einstiegskurses beziehen sich vor allem auf die Kindheit und die frühe Jugend. Erfahrungsgemäß sind dies die wichtigsten Themen für die meisten Menschen, die über ihr Leben zu schreiben beginnen; manche wollen sich sogar ausschließlich mit ihren frühen Erinnerungen befassen.

Dabei erleichtert die große zeitliche Distanz vielen den Einstieg. Fast alle haben aus dieser Zeit kleine Anekdoten im Kopf, die sie hier und da schon mal erzählt haben, die also schon einigermaßen gestaltet bereitliegen. Wenn sie die niederschreiben, fallen ihnen meist von selber weitere Dinge ein. Die Themen der «kleinen» und «großen» Schreibskizzen wecken darüber hinaus weitere Bilder, eine Erinnerung stößt die nächste an – und das Gleiche bewirken die Texte, die die anderen im Kurs vorlesen. Dieser Prozess, wenn er in Gang kommt, ist faszinierend, beflügelnd, mitunter auch beunruhigend und ein bisschen beängstigend, weil man dabei durchaus auch an unerfreuliche Geschehnisse und Empfindungen erinnert werden kann.

Um zu verhindern, dass problematische Gefühle das Schreiben zu früh belasten, beginne ich im Allgemeinen mit Themen, die eher geeignet sind, ruhige, vielleicht sogar beschauliche Erinnerungen zu wecken, und spare Themen, die direkt auf dramatische und schmerzliche Erlebnisse zielen, für später aus.

Ruhige, überwiegend positiv getönte Texte schreiben die meisten, wenn es um Haus und Garten ihrer Kindheit geht, um die wiederkehrenden alltäglichen Arbeiten der Erwachsenen und die Pflichten und Spiele der Kinder.

Waschtag im Forstamt

Ich roch ihn schon bei meiner Heimkehr aus der Schule. Im ganzen Treppenhaus lag ein Duft von Zimt, Zitrone und Äpfeln. Heute war Waschtag. Heute gab es Kartäuserklöße mit Apfelkompott. Hilde stand in der geräumigen Forstamtsküche und hantierte zwischen dem Arbeitstisch, der mitten im Raum stand, und dem Gasherd an der Wand. Auf dem Holzofenherd köchelten die Äpfel.

«Hilde, darf ich dir helfen?»

«Wasch zuallererst deine Hände, und dann geh in die Waschküche und sag deiner Mutter, dass du von der Schule zurück bist.»

Ich öffnete die Waschküchentüre und sah zunächst nur Dampf. Der ganze große Raum war eine einzige warme Dampfwolke, und da – nur schemenhaft wahrzunehmen – stand meine Mutter und schaffte am Waschtisch.

Jetzt erblickte ich sie ganz. Sie hatte wie immer an solchen Tagen ihren weißen «Schaffschurz» an – ein Baumwollgebilde, in das sie hineinschlüpfen musste und das sie sich dann schräg über ihren stattlichen Busen wickelte. Hinten wurde die ganze Konstruktion mit einer kleinen Schleife in der Taille zusammengebunden.

Sie stand auf einem pritschenähnlichen Holzgestell, und ihre langen braun gebrannten Beine staken auch jetzt in schicken offenen Schuhen mit hohen Korkabsätzen. Von einer Italienreise hatte sie dieses Schuhspektakel mitgebracht. Und da man Anfang der 50er-Jahre so etwas diesseits der Alpen seltener und schon gar nicht in Freudenstadt zu sehen bekam, wurde sie von allen bewundert.

Sie stand also in der Waschküche und schrubbte die schmutzigen Hemdkragen. Im danebenstehenden Heizkessel köchelte im seifigen Sud die Weißwäsche. Mutter nickte mir zu und bat mich, mit dem Holzstampfer die Wäscheteile im Kaltzuber hin und her zu rühren. Da die Mutter hier unten nie richtig ansprechbar war, fühlte ich mich gar nicht wohl. Auch gab sie nur kurze Befehle. «Tu dies, tu das», sagte sie in strengem Ton und hörte dabei nicht auf zu schrubben, zu seifen, zu bürsten und nachzuheizen. Die härteste Arbeit stand noch an. Die Wäsche, dreimal in verschiedenen Zubern gespült, musste aus dem letzten, mit klarem Wasser gefüllten Zuber in die Waschpresse gehievt und anschließend von Hand mit dem Hebel so lange gedreht werden, bis kein Tropfen Wasser mehr aus den vielen kleinen Löchern der Presse herauslief. Hinterher wurde die Wäsche herausgeholt, ausgeschlagen und in die bereitstehenden Waschkörbe gelegt. Am Nachmittag würde ich zusammen mit meinem älteren Bruder die vollen Waschkörbe in den Garten tragen, wo dann Hilde die einzelnen Wäschestücke zum Trocknen auf die Wäscheleine hängen würde. Schön ordentlich, der Größe nach, Stück für Stück mit zwei Zentimeter Überlappung, darauf die Wäscheklammern.

Ich stand im Dampf und wollte endlich hinauf in die Küche. Ich rührte im Zuber herum, fischte einmal dieses, einmal jenes Wäschestück nach oben und wartete auf die erlösenden Worte: «Jetzt ist's gut. Du kannst zu Hilde gehen».

Was für ein befreiendes Gefühl, oben in der hellen, duftenden Küche zu stehen und Hilde beim schnellen Wenden der Klöße zu beobachten. Ich durfte die fertigen Klöße mit dem Holzschieber auf die Platte legen und sie dann sorgfältig mit Zucker und Zimt bestreuen. Mit Eifer war ich dabei, und auch das Tischdecken ging heute ohne Murren. Kurze Zeit später saßen wir alle um den runden Esstisch. Jeder hatte seinen Platz. Die Mutter saß links, der Vater rechts, wir vier Kinder dazwischen. Hilde trug die «Kälberzähnesuppe» herein – eine Grünkernsuppe, die im Wechsel mit gebrannter Grießsuppe oft der Auftakt zur süßen Mahlzeit am Waschtag war.

Wir Kinder deckten die Suppenteller ab und trugen sie in die Küche zum Abwaschbecken. Hilde würde alles nach dem Essen spülen, und dazu hatte eines von uns Kindern Abtrockendienst. Die Eltern zogen sich zur Mittagspause ins Wohnzimmer zurück – die Mutter auf ihre Couch, der Vater auf seinen Sessel. Dort las er den «Grenzer», die Mutter war schon eingeschlummert, und Hilde ging in ihre Kammer

Heilige, ja nicht zu störende Mittagsruhe!

Eva Hiller, Wittnau

Auch Erinnerungen an jahreszeitliche Rituale wie die wiederkehrenden «Sommerferien auf dem Land» oder «Weihnachten früher bei uns zu Hause» sind meist ruhig und beschaulich, oft sogar idyllisch. Das Weihnachtsfest in der Kindheit wird im Übrigen von den meisten in fast übereinstimmenden Bildern und sehr ähnlichen Abläufen, fast stereotyp als Idylle beschrieben: die langwierigen Vorbereitungen, das Basteln selbst gefertigter Geschenke, der vorweihnachtliche große Hausputz, der Plätzchenduft und das verschlossene Weihnachtszimmer mit dem Glöckchen vor der Tür, Gedichte aufsagen und Weihnachtslieder singen – bis hin zu den «strahlenden Kinderaugen» angesichts der Kerzen am Christbaum, alles ein wenig verklärt. Doch das bürgerliche Weihnachten wird ja nicht nur so gleichförmig erinnert; es verlief früher meist auch genau so. In der Nachkriegszeit war es das Symbol für die heile Welt der Familie; mit dieser Feier wollte man sich versichern, dass die Schrecken der jüngsten Geschichte nicht hatten zerstören können, was man als Hort der Harmonie ansah – oder ersehnte.

Hier eine der eher seltenen Weihnachtsdarstellungen, bei der die Autorin sich nicht scheut, Spannungen im Familienleben sichtbar zu machen, die gerade bei diesem Fest häufig aufbrachen:

Die Adventszeit verlief zu Hause ziemlich hektisch: Wir Kinder mussten Gedichte auswendig lernen, die unsere Mutter gereimt hatte. Das habe ich nie gerne gemacht, weil der Inhalt mir so unehrlich vorkam; unter anderem musste ich den Vater mit liebem Pappachen anreden und ihn in höchsten Tönen loben, obwohl ich sonst überwiegend Angst vor ihm hatte.

Meine Geschwister sollten auf ihren Instrumenten Stücke einüben, was sie mit zunehmendem Alter immer widerwilliger taten. Besonders genervt hat mich das Stimmen der Flöten und Geigen. Das Vorspielen vor der Bescherung hat mir dann doch gut gefallen.

In den letzten 3 Tagen vor Heiligabend war viel Arbeit nötig für das Reinigen und Weichkochen des dreckigen Rindermagens, der einen widerlichen Gestank in allen Räumen verströmte. Umso erstaunlicher war, dass wir alle die ostpreußische Flecksuppe am 24. abends begeistert als Delikatesse auslöffelten.

Meine Mutter heulte regelmäßig kurz vor der Bescherung bei geringem Anlass, so fertig war sie wegen des Versuches, ein perfektes Weihnachten auszurichten, wodurch sie auch so früh vor Monatsende schon Ebbe im Portemonnaie hatte.

Wir Kinder wurden in die Abendmesse geschickt, damit die Geschenke im Wohnzimmer ausgelegt werden konnten. In den letzten Jahren nahmen meine Brüder die Gelegenheit wahr, verbotenerweise in der neben der Kirche befindlichen Kneipe einzukehren; auf dem Rückweg haben sie sich uns scheinheilig wieder angeschlossen. Ich war sehr beunruhigt wegen ihres Seelenheils und fürchtete die Strafe Gottes.

An diesem christlichen Festtag lügen zu müssen hat mich besonders belastet, weil wir Mädchen zu Hause mithilfe weißer Laken in Engel verwandelt wurden; unsere langen Haare trugen wir offen, und auf den Rücken hatten wir riesige Flügel aus mit silberner Folie beklebter Pappe gebunden. Ich konnte mich nur schlurfend fortbewegen, weil meine Füße in viel zu großen Hauslatschen mit braun-weißem Karomuster steckten. In dieser Aufmachung kam ich vollends in feierliche Stimmung und fühlte mich durch und durch gut und rein, was sonst nie der Fall war.

Am angenehmsten habe ich die Stunden nach der Bescherung in Erinnerung, wenn jeder in ein neues Buch vertieft war und dazu wundervolle klassische Musik die eingetretene friedliche Stille untermalte.

Hannelore Jonas, Mengen

Auch die typischen Sonntage der Kindheit sind ein ergiebiges Thema – sie werden meist als endlos lang erinnert, in der immer gleichen Abfolge von Kirche, Sonntagsbraten, Familienspaziergang, Kaffee und Kuchen, und oft als langweilig.

So viele Sonntag zogen sich langsam dahin, und ich fühlte mich so eingeschränkt. Auf das Sonntagskleid musste man aufpassen, die Sonntagsschuhe waren weniger bequem, weil sie ja so wenig eingetragen waren. Morgens ging ich in den Kindergottesdienst, das war noch schön. Das Mittagessen schmeckte gut, aber danach musste man ruhig sein, damit die Erwachsenen einen Mittagsschlaf halten konnten. Und die Freundinnen sollte man sonntags auch nicht besuchen, der Sonntag gehörte den Familien.

Ich ging dann einfach zu meinem Onkel Ewald, dem Metzger. Unter der Woche sah ich ihn nur im Schlachthaus oder in der Wurstküche. Er trug immer ein blau-weiß gestreiftes Hemd, schwarze Gummistiefel und eine lange blutbefleckte Schürze, und zwischen den aufgeschlitzten, abgebrühten Schweinehälften oder Rinderleibern fühlte ich mich nicht wohl und spürte auch, dass ich ihn nur störte. Aber sonntagmittags war die Metzgerei geschlossen, die Küche schön aufgeräumt, Tante Hedwig und Rika schliefen. Onkel Ewald aber saß im weißen Sonntagshemd, sauberer Sonntagshose und schwarzen Sonntagsschuhen am Tisch und spielte Zither. Ich klingelte nie, damit niemand wach würde, sondern klopfte leise an das Küchenfenster, und dann machte er mir die Ladentür auf, und ich war herzlich willkommen. Er spielte wunderschöne Melodien auf der Zither, und ich lauschte andachtsvoll. Reden durfte ich nur zwischen den Stücken, und ich hielt mich auch daran. Ich bewunderte ihn grenzenlos: Die kräftigen großen Finger, die alltags blutverschmiert waren, waren sonntags so sauber und mit einem kleinen Metallring versehen – war er am Daumen? Er spielte Volkslieder und so zarte Weisen, dass ich mich innerlich ganz weich fühlte, ruhig und zufrieden war und alles um mich herum vergaß. So saßen wir zu zweit, bis Tante Hedwig ausgeschlafen hatte, herunterkam und Kaffee kochte.

Ingrid Bialek, Pfaffenweiler

In der Kindheit der folgenden Autorin verband sich der übliche Sonntagsspaziergang mit einem sehr eigenwilligen Familienbrauch.

Zwischen meinem 10. und meinem 16. Lebensjahr glich ein Sonntag dem anderen. Beim Frühstück meinte mein Stiefvater stets aufgeräumt: «So, was machen wir denn heute?» Eine rein rhetorische Frage, denn wir Kinder kannten die Antwort seit Langem: eine Wanderung auf den Feldberg.

Wie meine Schwester und ich diese Quälerei hassten! Mein kleiner Bruder war noch am ehesten zu begeistern, und meine Mutter schaffte es an vielen Sonntagen, sich mit der Zubereitung des Sonntagsbratens oder Ähnlichem herauszureden. Manchmal jedoch musste auch sie in den saueren Apfel beißen und an die frische Luft. Wir quetschten uns also zu fünft in Papas grauen Käfer, nicht ohne vorher den berühmten Fleischwurstring eingepackt zu haben, der an einem Stock vor uns hergetragen wurde, damit wir den Aufstieg auf den Feldberg überhaupt schafften, ohne schlappzumachen. Oben durften wir ihn dann vollständig aufessen, wonach uns regelmäßig ziemlich übel war. Wenn wir endlich wieder zu Hause waren, war der Sonntag so gut wie vorbei.

Bis zu meinem 16. Geburtstag habe ich diese sonntäglichen Wanderungen widerwillig mitgemacht, danach konnte mich kein noch so dicker Fleischwurstring mehr zu diesen Unternehmungen verlocken.

Dorina Organetti, Ehrenkirchen

Auch die Samstage hatten früher häufig ihren typischen Ablauf: das Kehren des Hofes oder der Straße nach Feierabend und nicht zuletzt, bis in die späten Fünfzigerjahre, das berühmte «Bad am Samstagabend», bei dem der Reihe nach alle Familienmitglieder die Badewanne bestiegen, in genau eingehaltener Reihenfolge – nicht immer wurde dazwischen das Wasser gewechselt. An Sonntagen wie Samstagen standen meistens immer wiederkehrend die gleichen Mahlzeiten auf dem Tisch.

Unser Speiseplan variierte Samstagmittag immer zwischen Erbsensuppe, Bohnensuppe oder Kartoffelsuppe. Mal mit Schwarte gekocht, mal mit Rindfleisch oder mit Würstchen. Alle «Fleischvarianten» wurden vor der Verteilung der Suppe klein geschnitten und wieder untergerührt. Jeder bekam davon, was halt in der Schöpfkelle landete.

Trotzdem war Samstag ein besonderer Tag – Vater war zum Mittagessen schon zu Hause. Und jeden Samstag gab's dasselbe Spiel:

Vater, Mutter, Tochter saßen um den Tisch; Tante Hanne füllte am Herd die Teller auf. Und jeden Samstag sagte Vater: «Johanne, mir nicht so viel.» Sie schöpfte und schöpfte und meinte es wirklich gut – der Teller für Vater lief fast über.

«Wenn ich das schon wieder sehe, bin ich satt!» Er schob den Teller verärgert zur Seite.

«Gib ihn mir.» Mutter lenkte ein. Und dann zu ihrer Schwester «Du kennst Gerhard doch!» Und Tante Hanne: «Ich mein's ja nur gut. Guck ihn nur an!» Beleidigt setzte sie sich mit ihrem eigenen Teller hin, und Mutter füllte für Vater auf.

Die Stimmung war angeknackst. Beim Nachtisch war Vater wieder besänftigt.

Jeden Samstag über Jahre dasselbe Spiel. Tante Hanne lernte es bis zu ihrem seligen Ende nicht.

Edda B., Langenargen

Wenn ich in den ersten Kurssitzungen nach «wichtigen Figuren der Kindheit» frage, werden besonders häufig Großmutter oder Großvater porträtiert, gelegentlich auch Tanten, Onkel, die Kinderfrau, das Hausmädchen, manchmal Faktoten, die zum Haushalt oder zur Großfamilie gehörten. In der unmittelbaren Nachkriegszeit, in der die Kindheit vieler SchreiberInnen stattfand, lebten die Großeltern häufig mit der Kleinfamilie unter einem Dach, in einem Haushalt. Das hing zum einen mit der großen Wohnungsknappheit zusammen, aber auch damit, dass in vielen Familien ein bis zwei Männergenerationen ausfielen. Die jungen Mütter, die ihre Kinder ohne die Väter aufziehen mussten, waren auf die Unterstützung ihrer eigenen alternden Mütter und Schwiegermütter angewiesen, die deswegen oft zu starken, dominierenden Figuren der frühen Kindheit wurden.

Die Erinnerungen an die Großeltern sind überwiegend mit positiven Gefühlen verbunden. Dass sehr viel häufiger Großmütter als Großväter porträtiert werden, entspricht der erlebten Realität.

Einen Büstenhalter hat sie nie getragen, meine Oma. Nach unten hat sie ihrem großen Busen durch das gekreuzte Band ihrer weißen Kittelschürze Halt gegeben. So war das bequem. Unter ihrer Schürze trug sie einen weißen Unterrock, den man von hinten durch aufspringende Stoffbahnen sehen konnte. Ihre Haare waren lang, kräftig und schneeweiß. Ich habe ihr gern zugesehen, wenn sie morgens ihr Haar nach hinten bürstete, um dann mit unglaublicher Geschwindigkeit einen dicken Zopf zu flechten, den sie zum Knoten drehte und mit langen schwarzen Haarnadeln befestigte. Am Sonntag zur Kirche zog sie dem Knoten ein festes Netzchen über, und auf ihrem Kopf thronte ein schwarzer Hut. In diesem Hut erschien mir meine Oma immer streng, als wenn alle Benimmregeln der Welt darin gesammelt wären und am Sonntagmorgen durch das Aufsetzen in Oma hineinregnen würden. Ich war froh, wenn sie den Hut zu Hause wieder absetzte, ihr Kostüm aus- und die Kittelschürze anzog.

Eine besondere Magie hatten für mich als Achtjährige ihre Stöckelschuhe. Omas Füßen waren im Laufe der Jahre an den Innenseiten dicke Knubbel gewachsen, die sich im Leder ihrer Schuhe dauerhaft abbildeten. Die Blockabsätze waren leicht schief abgelaufen. Mein ganzes Sinnen ging dahin, diese Schuhe selbst anziehen zu dürfen. Schon im Hineinschlüpfen verwandelte ich mich in eine feine groß gewachsene Dame, die immer in Eile und sehr wichtig war. Die Technik des Laufens und Treppensteigens in den viel zu großen Schuhen hatte ich schnell gelernt. Ich bin nie gestürzt und sehe heute noch Omas leichtes Lächeln, wenn sie mir zuschaute.

Elisabeth Utz, Freiburg

Vereinzelt gibt es auch Erinnerungen an unheimliche, verschrobene, bizarre Großmutterfiguren:

«Vater unser, der Du bist im Himmel» waren die einzigen Worte, die ich von meiner Großmutter zusammenhängend hörte. Ansonsten Wortfragmente und ein fortlaufendes Jammern oder Wimmern und das Klopfen hinter der Tür neben der Küche. Sie war dort eingesperrt, damit man sie nicht ständig suchen musste. Allein schlief sie in der Upkammer.

Sie war klein von Wuchs, drahtig und ohne Gebiss, nachdem es zweimal im Plumpsklo verschwunden war. Sie hatte die merkwürdige Angewohnheit, es beim Toilettengang neben sich zu legen. Sie warf die Schuhe aus dem Fenster. Leider regnete es. Sie bügelte Geldscheine und legte die Hühnereier in ihr Stopfkörbchen. Sie schlief mit Schirm, weil sie meinte, es regnete. Sie nässte ins Bett.

Meine Mutter und Tante setzten sie am Samstagnachmittag in der Backstube in die Zinkwanne zum Waschen. Dazu reiste meine Tante Auguste extra aus dem Nachbardorf an. Meine Großmutter zeterte erbärmlich.

Sie verwechselte bei einem Aufenthalt bei besagter Tante die Tür mit dem Fenster im ersten Stock. Sie starb.

Aufgebahrt wurde sie drei Tage im Nebenraum unserer Gaststätte. In einer dieser Nächte schlich ich zu ihr. Man hatte mir gesagt, die Warze an meiner Hand ginge weg, wenn ich die Wange meiner Oma berührte. Ich hielt meine Hand an ihr Gesicht. Ich fühlte Kälte. Ich erschrak. Meine Warze blieb.

Meine Großmutter musste ertragen, fünf ihrer acht Kinder zu verlieren. Eine Tochter starb mit 30 an Leukämie, ein Sohn mit 16 an Muskelschwund, zwei Söhne fielen im Krieg, dann mein Vater – viel zu früh. Kurz darauf sagte sie nur noch: «Vater unser ...»

Margret Sandmann, Münster

Das ist gewiss eine verstörende Erinnerung. Dennoch hat das Kind von einst diese Großmutter und den Umgang mit ihr offenbar nicht als sonderlich beängstigend empfunden, sondern als etwas Gegebenes: Es war einfach so. Das Erschreckende an dieser Geschichte wird erst aus der Distanz von heute deutlich.

Porträts böser Großmütter wie im folgenden Text sind die Ausnahme.

«Du wirst mal wie die Rheinoma!» war das Schlimmste, was wir Schwestern uns an den Kopf werfen konnten. Von dieser Verwandten wollte niemand etwas geerbt haben; unsere gütige, sanfte Mutter sagte nur, dass sie nie mehr einen Fuß über die Schwelle ihrer Schwiegermutter heben wolle und dass die zwei Jahre, die sie nach der Flucht aus Masuren im Hunsrück bei diesem Unmenschen leben musste, für sie die Hölle gewesen seien, schlimmer als alle anderen Kriegserlebnisse.

Trude, unsere Haushaltshilfe, war in ihren Schilderungen der Rheinoma weniger zimperlich. Sie erzählte uns Kindern, dass dieses Weib ihren Mann habe verhungern lassen zur Strafe dafür, dass er im Dienst Gelder veruntreut hatte und unehrenhaft ausscheiden musste, wodurch die Familie in große finanzielle Schwierigkeiten geraten war. 1945 und 46, sagte Trude, hätte es in Biebern wenig Essbares gegeben, und Rheinoma hätte heimlich versteckte Nahrung vertilgt und selbst ihren Enkeln nichts gegönnt. Sie hätte den Rahm von der Milch für sich genommen und uns hungern lassen. Trude und die größeren Kinder gingen zu den Bauern betteln. Da Rheinoma aber mit fast allen Nachbarn zerstritten war, hatten sie selten Erfolg.

Mit 15 habe ich mich dann überreden lassen, sechs Wochen bei der inzwischen schon 75-jährigen Rheinoma in Simmern zu bleiben. Heute denke ich zum ersten Mal voll Mitleid an die alte Frau: Wie sie so spindeldürr und verloren in der Tür ihrer neuen Wohnung stand, hatte sie etwas Vogelartiges, eher wie eine Ente, die Unterlippe vorgeschoben, extrem lange Arme, die schwarz-weiße, elegante, aber viel zu füllige Kleidung hing in Falten an ihr herunter. Auch im Hochsommer trug sie einen schwarzen Seidenmantel und fror trotzdem. Ständig wischte sie mit einem Taschentuch an ihrer Nase rum. Die dünnen grauen Haare waren zu einer Art Knoten am Hinterkopf zusammengesteckt, die kleinen Augen blinzelten durch eine randlose, runde Brille. Ihre Stimme war schrill, wie zerspringendes Glas, und fast jeder Satz begann mit: «Ei» oder «Ei verbibscht». «Ei verbibscht, mer kann auch Wurst zum

Schinke esse!» «Ei, worum mäschst du denn nu des?» Dabei überschlug sich ihre Stimme fast.

Ich fühlte mich ständig zurechtgewiesen. Dennoch schäme ich mich auf einmal, dass ich mich damals nicht in sie hineinversetzt habe und nicht anders konnte, als sie bekämpfen. Sie muss sich genauso einsam gefühlt haben wie ich, da sie keinen Menschen außer mir kannte.

1960 habe ich mich in Simmern abgestellt und von den Eltern vergessen gefühlt; auf meine verzweifelten Briefe an die Kuradresse meiner Eltern bekam ich keine Antwort. Deshalb war ich genauso unglücklich und streitsüchtig wie die Rheinoma, und wir bewarfen uns sogar mit Koteletts. In meiner Wut schrie ich sie an, ich würde alles in mein Tagebuch schreiben, und zu Hause könnte jeder lesen, wie schlimm sie sei. Am nächsten Tag waren die Seiten des Buches herausgerissen, obwohl es mit einer Schnalle und Schloss gesichert war, wohl nicht fest genug. Das war der schlimmste Vertrauensbruch!

Rheinoma hat uns 1964 in Alsdorf-Ofden noch einmal besucht; ich sehe sie ganz verloren durch das Treppengitter in gebückter Haltung spähen, außerdem erwischten wir sie oft beim Lauschen an der Tür, worüber wir uns lustig machten. An normale Unterhaltungen mit ihr kann ich mich nicht erinnern; sie mischte jetzt die Wörter neu: Statt Schlagsahne hieß es Sagschlahne und Pfatbranne statt Bratpfanne.

Ein paar Jahre später fuhr Papa allein zur Beerdigung seiner Mutter; niemand von uns weinte ihr eine Träne nach.

Hannelore Jonas, Mengen

Es gibt weit mehr Erinnerungen an respektierte und geschätzte Großelternfiguren als kritische Porträts. Und manchmal spürt man noch eine liebevolle Nähe zwischen der Schreiberin und dem lange verstorbenen Großelternteil, auch (oder vielleicht gerade wenn) es sich um eine etwas exotische, exzentrische Person handelte.

Ich trage ihren Namen.

Als ich sie das letzte Mal besuche, ist sie 91. Sie sitzt im Rollstuhl, den Kopf zum Fenster. Ihre Augen sind offen und leer. Sie spricht nicht mehr. Es würde ihr sowieso keiner mehr zuhören. Ich küsse sie auf die Wangen, deren Rot die Form von Rosen hat. Sie riecht immer noch nach Creme Mouson, und ihre Haut ist glatt und zart.

Als sie 85 wurde, schenkte sie mir eine halbe Stange «Lord extra». Ich hör jetzt auf, sagte sie, der Gesundheit zuliebe.

Sie hütete uns Kinder, wenn die Eltern für einige Tage wegfuhren. Vor dem Abendessen sang sie: Bier her, Bier her, oder ich fall um ... Sie las uns stundenlang vor, brachte uns zum Lachen. Auf dem Rauchtischchen in ihrem Wohnzimmer lagen die «Kirchenzeitung», «Das Goldene Blatt» und «Die Bunte». Sie ging einmal im Monat zur Beichte und besuchte jeden Sonntag die Messe. Sie kannte sich gut aus mit dem Adel.

Als ich mich scheiden ließ, sagte sie: Das geht wohl manchmal nicht anders.

Jeden Dienstagnachmittag kamen «ihre Damen» zum Kaffee: Fräulein Dr. Klein, Fräulein Demuth und Frau Meier. Später spielten sie bei einem oder zwei Likörchen Rommé bis zum Abend.

Die Arthritis hatte ihr Finger und Hüften gekrümmt. Bei feuchtem Wetter brachten die Schmerzen sie zum Schweigen. Nach der Geburt meines Vaters erkrankte sie an Anfällen. Sie wurde mit den damals üblichen Medikamenten behandelt, und fast zwei Jahrzehnte war sie nicht richtig bei sich. Der Großvater stellte Schwester Sophie ein, die sie pflegte. Als der Krieg vorbei war, schickte man Blutproben nach England. Die Ärzte verschrieben ihr eine neue Medizin. Sie hatte nie wieder einen Anfall. Als mein Großvater starb, zog Sophie zu ihr. Meine Großmutter rief sie «Schwester», und Sophie nannte sie «Muttchen». Sie siezten sich bis zum Schluss.

Ihr Bild hängt über meinem Schreibtisch. Diesen Sommer ist sie siebzehn Jahre tot. Manchmal, wenn eine der alten Frauen in der Stadt mühsam und gebeugt am Stock, aber mit wachen Augen an mir vorübergeht, denke ich einen kurzen sehnsüchtigen Augenblick lang, dass sie es ist.

Chris Krebs-Stahl, Müllheim

Verständlicherweise gelingt es nur selten, ähnlich abgeklärt über die Eltern zu schreiben, die ich deswegen zu Beginn der Schreibwerkstatt nicht explizit zum Thema mache. Leichter ist es, zunächst eine anschauliche Galerie mehr oder minder imposanter Nebenfiguren entstehen zu lassen, die in den frühen Jahren wichtig waren.

Auch die ersten Erinnerungen an die Schule sind für die meisten Menschen nicht allzu problematisch. Ich frage nach dem ersten Schultag, nach einem besonderen Schulerlebnis, nach einem Lehrer oder einer Lehrerin, die ihnen besonderen Eindruck machte. Viele erzählen dann heitere Anekdoten.

Mein erster Schultag, Frühjahr 1940

Riesig freute ich mich auf diesen ersten Schultag. Endlich musste ich nicht mehr den ganzen Tag in den Kindergarten zu Tante Käte, die ich überhaupt nicht leiden konnte. Immer mussten wir beim Spazierengehen singen: «Steige hoch, du roter Adler, wohl über Sumpf und Sand, wohl über dunkle Kiefernwälder, heil dir, mein Brandenburger Land!» Sie hatte auch wenig Verständnis für meine Erzählkunst. Sie klebte mir einfach ein Pflaster über den Mund und setzte mich in eine Ecke.

Unser Lehrer, Herr Weidemann, ein knackiger Parteigenosse mit ordentlich gescheiteltem Haar, begrüßte uns, fragte uns nach unserem Namen. Er fragte aber auch, und das nur uns Mädchen, wie viele Kinder wir dem Führer einmal schenken wollten. Die Antwort meiner Mitschülerinnen war: «Eins» oder «Zwei», eine sagte auch mal: «Vier», aber immer sagte Herr Weidemann: «Zu wenig, setz dich!»

Nun kam ich an die Reihe, so ziemlich zum Schluss. Ich sagte: «Dreizehn» (weiter konnte ich zum Glück noch nicht zählen). «Gut, Barbara», war seine Antwort, «der Führer wird sich freuen.» Darauf war ich mächtig stolz.

Barbara Dörr, Au

Sicher wurden die Erziehungsmaßnahmen der Tante Käte im Kindergarten von dem kleinen Mädchen damals nicht so locker erlebt, wie es die heitere Erzählweise der erwachsenen Autorin erscheinen lässt. Doch der große zeitliche Abstand färbt diese Kindheitserinnerungen positiv.

Auch zum Thema «Mein Schulweg» werden überwiegend ruhige, meistens beschreibende Texte verfasst. Die SchreiberInnen lassen Menschen, Gebäude und Landschaften Revue passieren, die am Weg zur Schule lagen, und auf diese Weise die Umgebung wieder entstehen, in der sie als Kind lebten, quer durch die Jahreszeiten. Manchmal werden auch besondere einmalige Erlebnisse auf dem Schulweg erzählt.

Am Anfang unserer Straße, am Fuße des Hügels mit dem Wasserturm und gegenüber dem kleinen Park mit dem Denkmal für die Opfer des Faschismus, steht die große graue Schule, die Geschwister-Scholl-Schule. Vielleicht zehn Minuten bis dahin, und ich gehe den Schulweg von Anfang an allein, immer auf der rechten Seite der Straße, vorbei an Obstgärten und den Vorgärten der Häuser. Auch die Lehrerin, Fräulein Müller, wohnt da. Wenn ich einen Stock nehme, kann ich die Gitterstäbe der Gartenzäune zum Klingen bringen. Ein helles ding...ding...ding.

Auf dem Rückweg mache ich am liebsten einen Umweg. Ich liebe nämlich Käthchen Gimper. Und Käthchen Gimper wohnt auf der anderen Seite des Hügels mit dem Wasserturm. Käthchen Gimper ist schön, dunkle, glänzende Haare, Affenschaukeln, blaue Augen. Und auch sie hat keinen Vater. Aber Käthchen Gimper hat eine Freundin, Ingrid Jung, klein, mit Vogelgesicht und dicken blonden Zöpfen. Mit der läuft sie zur Schule und zurück über den Berg. Manchmal darf ich dann auch mit – wenn Ingrid Jung es zulässt. Sie lässt es nicht oft zu.

Ich muss Ingrid Jung vertreiben. Ihr Angst einjagen. Dann wird Käthchen Gimper mir gehören.

Einmal verstecke ich mich im dichten Weißdorngebüsch, das die Treppe zum Wasserturm säumt, und lauere ihnen auf. Die stacheligen Zweige zerkratzen mir die Arme – macht nichts!

Sie kommen. Zuerst ihre Stimmen, dann beide dicht nebeneinander auf den Treppenstufen. Ich springe aus dem Gebüsch, rufe, das Käthchen Gimper mir gehört, schubse Ingrid weg und haue sie. Sie weint. Käthchen Gimper schaut gelassen zu, und zu dritt gehen wir bis zum Turm. Zufrieden laufe ich dann auf meiner Bergseite hinunter und nach Hause.

Später, am Abend, stehen Käthchens Mutter und Ingrids Vater vor unserem Haus und klingeln an der Tür. Meine Mutter öffnet, holt mich dazu und hört sie an. Zuerst ist sie erschrocken, dann böse auf mich, zuletzt traurig.

Käthchen Gimper darf nie wieder mit mir spielen, auch nicht auf dem Schulhof. Ingrid Jung wacht darüber. Ich bin ein böses Mädchen und gehe meinen Schulweg wieder allein. Auf dem Hinweg nehme ich die rechte Straßenseite, auf dem Rückweg die linke. Die Zäune lasse ich weiter klingen, ding...ding...ding.

Almut Simons, Staufen-Grunern

Für viele der älteren SchreiberInnen ist der Schulbesuch mit Erinnerungen an den Krieg verbunden, wie in den beiden folgenden Texten, in denen die Zeitgeschichte der ländlichen Idylle auch beunruhigende Spuren aufdrückt.

Mein Schulweg ist lang. Von Georgsheil nach Uthwerdum gehen wir länger als eine halbe Stunde; am Anfang durch Wiesen, ein schmaler Weg, von einem kleinen Graben, dem Meetjeschloot, und einem größeren Graben, dem Schloot, gesäumt. Ein breiterer sandiger Weg ist für die Pferdewagen. In Uthwerdum müssen wir an den keifenden Gänsen von Bauer Harm Klugkist vorbei, rechts steht die reetgedeckte Windmühle, an der Straße wachsen Eichen, wir sammeln und untersuchen im Herbst die Früchte.

Der große Graben führt immer Wasser im Frühling, mit Kaulquappen und kleinen, schnell hin und her schwimmenden Käfern, «Schrieverkes». Denen singen wir vor: «Schrieverke, Schrieverke, schriev mien Naom, ick heet Etta Uphoff». Und dann schreiben sie den Namen.

1945 – im Frühjahr – die englischen Tiefflieger beschießen einzelne Objekte, vor allem Menschen. Wir sollen uns sofort in den Meetjeschloot werfen, wenn wir ein Flugzeug sehen. Wir, das sind Helene, Gerd und ich. Der kleine Graben ist meistens trocken. Wir machen uns so klein wie möglich und warten, bis der Tiefflieger vorüber ist. Die Schule ist dann länger als ein halbes Jahr geschlossen. Im Herbst 1945 fängt der Unterricht wieder an, die Nazischulbücher werden auf dem Schulhof verbrannt, ein großes Feuer.

Winter – es hat die Nacht über geschneit. Helene und ich haben Klumpen, Holzschuhe, an den Füßen. Unter den Klumpen bilden sich kleine Stelzen aus Eis. Wir müssen stehen bleiben und sie abkratzen, aber sehr schnell bilden sich neue Stelzen. Unsere Angst ist groß, wir werden zu spät kommen. Unsere Lehrerin tröstet uns, wir dürfen in der Nähe des Ofens sitzen. Seitdem liebe ich sie, Wilma Heine, und finde ihr teigiges Gesicht schön.

Im Frühjahr 1946 – ich bin im zweiten Schuljahr – wird unsere Klasse fast verdoppelt: Berliner Kinder werden von der Aktion Storch – Storch ist ein Minister – nach Ostfriesland verschickt. Da gibt es mehr zu essen als in der Großstadt.

Klünner Veen und Jann Eenohr, sein linkes Ohr ist nur ein Rudiment, sind schon dreizehn Jahre alt, aber wie Helene und ich im dritten Schuljahr. Die beiden springen hin und her über den großen Graben, ihre Hosenladen sind geöffnet, und sie brüllen: «Ick hebb hum stief, ick hebb hum stief.»

Als diese Aktion uns nicht beeindruckt, werden wir von Jann Eenohr aufgeklärt. Nein, nicht der Storch, Onkel Hinni legt sich auf Tante Dini, und dann kommen Zwillinge. Die erwähnten Personen kenne ich, die Theorie scheint überzeugend. Meine Mutter ist bei der Gartenarbeit, sofort breite ich mein neues Wissen aus, aber sie hält tapfer fest am Klapperstorch.

Seit April 1949 habe ich einen neuen Schulweg. Mit der Bahn fahre ich – direkt an unserem Haus vorbei – nach Aurich. Helene, Gerd und ich haben die Aufnahmeprüfung fürs Gymnasium bestanden.

Etta Schwanitz, Schallstadt

Man erinnert sich an Bomben und Kinderlandverschickung, an das Frieren im Klassenzimmer, an Heizmaterial, das von zu Hause mitgebracht werden musste. Überall wurden die Schulen gegen Kriegsende für mehrere Monate geschlossen.

Kurz oberhalb der Schule verlief ein Halbrundbogen mit Brücke über die Rangiergleisanlage mit circa zehn Schienensträngen, der in einem Stück Landstraße auslief. Wenn wir bei der Edelweiß-Camembert-Fabrik ankamen, stellte sich die Frage: «Gehen wir durch den Höfelmeier oder gleich heim?» Dort hatten nämlich am Monatsanfang alle Eltern ihre Milchzuteilungsmarken in Milchmünzen umgetauscht. Da kam es vor, dass eines der älteren Kinder die Milchkanne samt Münze vor Schulbeginn zur Milchausgabe gebracht hatte und heimwärts gefüllt wieder abholen musste. Hinter dem Fabrikgelände lagen eineinhalb Kilometer Land pur. Zwei Bauernhöfe, ein Einfamilien- und ein Sechsfamilienhaus standen jeweils einsam an der Landstraße. Bei denen verabschiedeten sich jeweils eins oder mehrere Kinder.

Zu diesen Kriegszeiten mussten die Bauern in den Kasernen der Stadt Heu abliefern. Auch ihre übrigen Besorgungen machten sie per Fuhrwerk. Ein solches unbeladenes auf dem Heimweg war immer unsere Hoffnung. Heuwagen waren das Beste. Da haben uns die Bauern am ehesten das Mitfahren erlaubt. Wenn nicht, fanden wenigstens zwei auf dem hinten herausragenden Balken Platz. Bei kleineren Wagen fuhr schon mal eine Peitsche nach hinten, wenn wir uns unerlaubt dranhängten.

Den Berg hinunter vor Waltrauds Elternhaus ging's über die Illerbrücke. Drüben stand die Spinnerei und Weberei, die im Krieg zu einer Messerschmitt-Flugzeugteile-Fabrik umfunktioniert wurde. Dort arbeiteten manchmal im Außenbereich Männer in hellblau-weiß gestreifter Kleidung, bewacht von einem bewaffneten Soldaten. Wir hielten sie für Verbrecher, die im KZ für ihre Taten büßen mussten, und rannten schnell an ihnen vorüber.

500 Meter Luftlinie zwischen Fabrik und dem Rangiergelände, dazwischen das Schulhaus ohne Luftschutzkeller! Im Herbst 1944 wurden wir Schüler vorbereitet auf eventuell zu erwartenden Fliegeralarm. «Wenn die Sirene Vorwarnung gibt, lasst eure Schulsachen liegen und lauft schnell nach Hause. Die, die hinter der Landstraße wohnen, nicht den langen Weg über die Brücke nehmen, sondern lauft über die Gleise! Wenn einmal Tiefflieger auftauchen, müsst ihr euch auf den Boden legen und nicht bewegen, bis die vorbei sind!»

Nur einmal erinnere ich mich, über die Gleise gelaufen zu sein. Bald danach fand kein Unterricht mehr statt. Zum Glück! Die Messerschmitt-Fabrik wurde bombardiert. Über 3 km Luftlinie flog dabei ein Metallstück in Dachziegelgröße durch einen Fensterladen unseres Hauses. Von der Wucht des Aufpralls wurde die Marmorplatte der dahinterstehenden Kommode verschoben. In die Mitte der Wiese neben dem Camembert-Werk hatte eine Bombe einen riesigen Krater gerissen.

Anne Küchle, Staufen

Bei den älteren SchreiberInnen mischen sich wie hier häufig Erinnerungen an den Krieg unter freundliche Alltagsepisoden aus der Kindheit.

Kriegskindheit

Erinnerungen an den Krieg sind noch immer ein wichtiger Schwerpunkt autobiografischer Aufzeichnungen – nicht nur bei der älteren Generation. Auch die, die Bombennächte, Flucht und Besatzung nur als Kleinkinder erlebten und sich vielleicht nur an ein, zwei Episoden erinnern können, wollen diese unbedingt schriftlich festhalten, und nicht selten werden von den Jüngeren die Kriegserlebnisse der Eltern mit großer Anteilnahme erzählt – fast als wären es die eigenen.

In jüngster Vergangenheit hat sich eine Art kollektiver Erzählkultur um solche Erinnerungen aufgebaut – beginnend mit dem Interesse an mündlich überlieferter Alltagsgeschichte in den Achtzigerjahren und kulminierend in zahlreichen Doku-Fiction-Fernsehfilmen. Anlässlich des 60-jährigen Jahrestags des Kriegsendes gab es einen wahren Boom mündlicher wie schriftlicher Zeitzeugenberichte – in vielen spontan organisierten «Erzählcafés» bis hin zu Zeitungsserien, die solche Geschichten zusammenstellten.

Einige KursteilnehmerInnen zeigen sich erleichtert darüber, dass man heute, nach einer längeren Phase öffentlichen Schweigens, auch das eigene Leiden wieder thematisieren darf. «*In den 50er-Jahren wurde zu Hause noch manchmal vom Krieg geredet, danach wollte das niemand mehr hören, wir wollten diese Geschichten auch von den Eltern nicht mehr hören, davon redeten dann nur noch die ewig Gestrigen und politisch Reaktionären.*»

An vielen Kriegserinnerungen aus der frühen Kindheit fällt auf, wie sachlich, fast distanziert sie daherkommen, ohne dass man die Angst der heute Erzählenden, der Kinder von damals, spürt.

Berlin. Ich erinnere mich an Sirenen in der Nacht und hastiges In-den-Keller-Eilen. Aber da unten waren auch alle Nachbarn und ihre Kinder, und eigentlich war das ganz spannend – nachts unter einer Decke mit meiner Freundin Christa im Halbdunklen. Doch dann kamen Soldaten, suchten nach – ich wusste nicht, nach was, nur dass die große Schwester meiner Freundin mit Asche eingerieben, total hässlich und krank in einer Ecke unter einer Decke lag. Mir gab einer der Soldaten eine Stoffpuppe mit einem Hasenkopf, die dann mein Hasenmax hieß und mein Schmusetier wurde.

«Das war doch ein netter Soldat, gell, Mama?»

Einmal waren wir in einen entfernten, großen Bunker gegangen und hatten lange auf harten Bänken gesessen, und manchmal zitterte der ganze Raum, und es wurde dunkel, und alle schrien. Als wir dann nachts wieder nach Hause gehen konnten, brannten vereinzelte Häuser lichterloh – und es war unheimlich, es knisterte, die Luft roch beißend, wir mussten ständig husten. Aber unser Haus stand noch, und ich verstand nicht, warum meine Mutter weinte.

Ingrid Bialek, Pfaffenweiler

Natürlich konnte den Kindern die Tragweite dieser Erlebnisse nicht wirklich klar werden. Doch häufig scheint es, als sei bei den SchreiberInnen der Zugang zu ihren Gefühlen von damals tatsächlich blockiert, abgespalten – als könnte es zu schmerzlich sein, sie im Erinnern wiederaufleben zu lassen.

Am Abend des 27. November 1944 wurde unsere Stadt, in deren Zentrum wir wohnten, in einem 20-minütigen Bombenangriff nahezu vollständig zerstört.

Mutter hatte Vaters Leibspeise gekocht, er war gerade auf Fronturlaub. Wir aßen Bratkartoffeln und saure Nierchen, als der Ruf in die Wohnungen gellte: «Sie setzen Chrischtbäum!» Mutter ließ alles stehen und liegen und rannte mit Wolfgang und mir auf den Luftschutzkeller zu, vor dessen schmalem Eingang sich bereits verstörte, ängstliche Menschen drängten.

Als Vater, der seinen Teller noch leer gegessen hatte, nach endlosen bangen Minuten im Keller erschien, waren Walter Friedmann und Otto Dier, die im Hause verbliebenen Männer, bereits dabei, die zugemauerten Verbindungsgänge, die die Altstadtkeller über eine Länge von 500 m miteinander verbanden, freizulegen, damit man bei einem Volltreffer auf die Nachbarkeller ausweichen könnte.

Dann begann das Inferno. In die nun endlich einsetzenden Alarmsirenen mischten sich die Pfeiftöne der ersten abgeworfenen Bomben, auf deren Einschlag und Detonation jedes Mal eine Erschütterung folgte, die den Charakter eines Erdbebens hatte. Von einem Sturm begleitet, der durch die Kellerräume fegte und die Luft mit Pulver, Brandgeruch und zerborstenen Mauern verpestete.

Die Frauen saßen mit uns Kindern in einer Ecke, die Männer standen finster blickend und scheinbar gelassen an den Wänden und versuchten, Frauen und Kinder zu beruhigen. Viele Menschen beteten laut, schluchzten und schrien durcheinander oder hielten sich die Ohren zu und klammerten sich aneinander. Hysterie, Entsetzen und Todesangst erfüllte den Raum.

Als es endlich vorbei war, warteten wir noch Stunden, bevor einer nach dem andern nach oben stieg, in der Hoffnung, die eigene Wohnung unzerstört vorzufinden. Unser Haus hatte es überstanden, aber an ein Zubettgehen war nicht zu denken.

Die ganze Nacht über strömten Menschen in unsere Wohnung, die gerade ihr Leben retten konnten und nicht wussten, wohin. Es war ein einziges Massenlager.

Ruth Bull, Freiburg

Auch hier berichtet die Verfasserin ihre Erinnerungen nüchtern, wie eine neutrale Beobachterin, mit dem Kenntnisstand von heute – wir sehen das Kleinkind, das sie damals war, aber wir fühlen es nicht. Dabei haben die Kinder von damals die Angst ihrer Eltern und der anderen Erwachsenen in ihrer Umgebung durchaus gespürt – und obwohl sie die Zusammenhänge nicht verstehen konnten, war ihnen doch eines ganz klar: Sie durften jetzt nicht noch zusätzlich Probleme bereiten, sie mussten unkompliziert sein, sich selber schon möglichst «erwachsen» verhalten.

1945, das letzte Kriegsjahr. Ich bin fünf. Oft Bombenalarm in der Nacht. Das Heulen der Sirenen weckt alle. Meine Mutter hilft mir beim Anziehen. Ich muss viele Sachen übereinanderziehen, und es muss schnell gehen. Unten im Hausflur steht der große, weiße Korbkinderwagen mit dem Wichtigsten, was wir haben. Ich stolpere die Treppe hinunter, packe den Kinderwagen, öffne die Haustür und laufe los. Der Luftschutzkeller, hinter der großen Brauerei in den

Berg gebaut, ist nicht weit. Ich kenne den Weg. Es ist stockdunkel, nirgendwo Licht. Von allen Seiten hasten Menschen heran und drängen durch das große Tor, vorbei an den Luftschutzwarten, in den hohen, feucht-kalten Raum. An den Seiten stehen Bänke. Noch ist da Platz. Ich bin früh. Ich lege mich der Länge nach auf eine Bank. Mit einer Hand umklammere ich den Kinderwagen. Fremde Leute schimpfen mit mir und bedrängen mich. Sie wollen, dass ich mich setze. Sie wollen den Platz. Ich sage: «Tante Duscha kriegt ein Kind, und meine Mutter und meine Schwester kommen gleich. Für die ist der Platz!» Als meine Mutter mit meiner Schwester an der Hand endlich kommt und auch Tante Duscha da ist, rücken wir eng zusammen. Meine Mutter sagt: «Wenn wir dich nicht hätten!» Da bin ich stolz.

Almut Simons, Grunern

Bei manchen dieser Berichte fragt man sich, wieweit sich hier eigene authentische Erinnerungen mit dem überlagern, was den Kindern später von den Erwachsenen erzählt wurde. Manchmal wissen die AutorInnen es selber nicht genau, weisen aber im Gespräch auf Elemente ihrer Geschichten hin, die für sie die Wahrheit der Erinnerung verbürgen: «*Ich habe den beißenden Geruch der brennenden Häuser heute noch in der Nase*» oder «*Immer wenn ich Sirenen heulen höre, sind die Bilder wieder da*» oder «*Ich sehe den Bunker noch so deutlich vor mir, dass ich ihn zeichnen könnte.*»

Die ältesten Teilnehmerinnen meiner Schreibkurse haben die Begegnung mit Verwundeten, Verstümmelten und Sterbenden schon ganz bewusst als Jugendliche erlebt, besonders intensiv, wenn sie, was häufig der Fall war, Hilfsdienste in Lazaretten und Krankenhäusern leisteten.

Ich hatte eben mit dem Reifezeugnis die Schule beendet (später nannte man es Kriegsabitur), als mich auch schon eine Einberufung als Schwesternhelferin ereilte. Es war der Herbst 1944. Das Lazarett befand sich in Wiesloch in der ehemaligen Heil- und Pflegeanstalt.

Am nächsten Morgen stand ich schon in Schwesterntracht am ersten Bett. Betten, das hieß, einen Mann mit Wunden und Verbänden zu waschen, ihn auf die Bettpfanne zu setzen, sein Bett zu richten, vorsichtig, sicher, ihn anzulächeln, seinen verlegenen Witz einzustecken und dabei von der tüchtigen, perfekten, kleinen, runden Schwester kritisch beobachtet zu werden. Da rief es schon: «Gehen Sie rasch in die Kabine, da stirbt einer!» Hätte ich doch fliehen können! Der Soldat hatte einen sanften Tod, den ich hilflos begleitete. Ich strich ihm über das Gesicht, hielt seine Hände, murmelte ein Gebet und schloss ihm die Augen, dem armen, einsamen Soldaten, meinem ersten Toten.

Ich wusste sehr schnell: Hier werde ich ein Versager sein! Ich konnte nicht spritzen, war zimperlich, und in den Nächten konnte ich nicht schlafen.

Im Keller lagen drei Polinnen, Zwangsarbeiterinnen. Bei einem Tiefflieger-angriff waren sie schwer verwundet worden. Nun wollten sie ausgerechnet, dass ich sie versorge. Ich, die schlechte Schwester! Mit einer Pinzette musste ich eine Kruste von einem offenen, blutenden Rücken abziehen, nebenan durch einen Schlauch Eiter entfernen und am dritten Bett nur wieder auf den Tod warten. Es war ein Elend.

Am Nachmittag wurde es auch in den großen Sälen etwas ruhiger. In diesen Stunden war ich die «Schreibschwester». Ich saß auf der Bettkante, hielt Papier und Bleistift, schaute in die ängstlich traurigen Augen der Verwundeten und schrieb, was sie stammelnd diktierten: Liebe Mutter, lieber Vater, liebe Schwester, liebe Oma, liebe Freundin, Geliebte, Frau ... Liebe, Lieber, Liebste ... und am Ende Dein ... Dein ... Dein. Es waren meist kurze Briefe. Durch wie viele Schicksale, Hoffnungen, Gefühle wanderte ich mit ihnen! Das Briefende bestand meist aus einer Lüge: «Mir geht es schon recht gut ... die werden mich hier wieder zusammenflicken.»

Bertl Humpert, Freiburg

Der Frühling 1945 ist zauberhaft, mit sonnentrunkenen Tagen, die nichts wissen von Sterben und Tod. Er umschmeichelt die wenigen Spaziergänger, streichelt sie mit linder Luft, versetzt sie in einen Zustand der Schwerelosigkeit. Das Grauen der Riesenstadt Berlin versinkt. Das Gestern ist vergessen. Ob es ein Morgen geben wird, weiß niemand.

Sie gehen spazieren, zu zweit. Man ist noch per Sie. Es gibt Gespräche, gute Gespräche. Jedoch müssen sie immer wieder zurückkehren zu den Verwundeten im Reservelazarett 112; er, der junge Arzt in Uniform, und sie, die dienstverpflichtete Schwesternhelferin. Im Lazarett spürt man nichts vom Frühling. Die Luft in der Stadt wird nicht von der Sonne gewärmt, sondern vom Feuer brennender Häuser. Sie wird immer wieder durchschnitten von Sirenengeheul und Bombenhagel. Sie ist erfüllt vom Stöhnen der Verwundeten.

Am 15. April stehen sie zum letzten Mal auf den Havelhöhen und starren auf das seit der vergangenen Nacht brennende, rauchende Potsdam. Danach macht das unablässige Bombardement jeden Spaziergang unmöglich. Die Luftangriffe hören auf, der Beschuss mit schweren Waffen, besonders Stalinorgeln, setzt ein. Ein Aufenthalt in den oberen Stockwerken des Lazaretts wird lebensgefährlich, etwa 1300 Menschen kampieren von nun an in Keller und Erdgeschoss des Gebäudes.

Ich finde ein Nachtquartier in der Küche von Station I, zusammen mit zwei anderen Mädchen. Morgens lehnen wir unsere Matratzen hochkant an die Wand, abends klappen wir sie herunter. Aus den Kleidern kommen wir nicht mehr heraus. Ein junger Arzt und ich wickeln Verbände ab und notdürftig wieder zu. Wir registrieren, organisieren, verwalten das Leid. Ich schreibe verschiedenfarbige Kärtchen: rot: sofort OP; blau: Verbandraum; grün: kann warten. Die roten Kärtchen überwiegen. Die Zimmer sind überfüllt, auf den Fluren im Erdgeschoss reiht sich Matratze an Matratze, Schicksal an Schicksal.

Plötzlich eilige Laufschritte, wir richten uns auf. «Durchgeblutete Stümpfe», Sanitäter bringen eine Trage herein, darauf die Reste eines Menschen. Im Laufschritt haste ich neben ihnen her zum Not-OP im Keller. Überall fehlt Hilfe, kurzerhand werde ich zum Assistieren eingeteilt. Beim Abwickeln der Mullbinden fallen mir Hautlappen, Knochensplitter, Fleischfetzen entgegen, es gibt keine Amputationsstümpfe, nur noch Beinreste. Der Soldat kommt direkt aus einem Granattreffer. Ohne Reaktion schaut er mit leeren Augen zu. Die Knie können nicht gerettet werden, die Säge wird an der Mitte der Oberschenkel angesetzt. Zwei blutige Fleischklumpen bleiben im Eimer zurück.

«Die Russen sind da!» Irgendwann Ende April läuft dieser Satz durch alle Flure, in jedes Zimmer. «Die Russen sind da!» Ich stocke einen Augenblick. Angst? Nein – die Arbeit geht weiter, wir funktionieren wie Maschinen.

«Die Russen sind da!» Sie laufen durch sämtliche Räume, kontrollieren jeden Winkel, stellen das Licht ab, noch bevor das Elektrizitätswerk getroffen wird. Aber uns und unsere Arbeit respektieren sie. Die Ordensfrauen bringen Altarkerzen, im OP arbeitet man bei Karbidlampen weiter.

Die Verwundeten im Keller liegen in völliger Dunkelheit. Nur wenn das Essen gebracht wird, beim Verbinden oder Spritzen, fällt der Lichtschein unserer Kerzen in ihre Nacht, in ihre überwiegend sehr jungen Gesichter. Nur mit Morphin können wir ihnen das Sterben erleichtern, den Lungendurchschüssen, den Arm- oder Beinamputierten und dem Soldaten, der direkt aus dem brennenden Panzer von der Straße zu uns gebracht wurde. Kopf, Gesicht und Hände sind dick weiß vermummt, aus dem Mund hängt ein Strohhalm, der in die Bierflasche auf seiner Brust taucht, gefüllt mit Traubenzuckerlösung. Es ist die einzige Nahrung, die wir für ihn haben.

In den wenigen Nachtstunden, in denen der Beschuss nachlässt, heben unsere Sanis ein Massengrab im Garten aus. Bald muss ein zweites angelegt werden.

Auch russische Verwundete sind bei uns operiert worden, einer ist der Sohn eines Generals. Sein Vater kommt ihn besuchen. Der Chefarzt des Lazaretts hat in der Gefangenschaft während des Ersten Weltkrieges etwas Russisch gelernt. Auf die Frage des Generals nach einem Wunsch bittet er um ruhigere Arbeitsbedingungen. Nach zwei Tagen sind die durchstreunenden Russen verschwunden wie ein Spuk. An die Besetzung erinnern jetzt nur die russischen Wachen mit aufgepflanztem Bajonett vor jedem Lazaretteingang.

Ruhe, ungewohnte Ruhe kehrt ein. Und dann – dann verbreitet sich das letzte Lauffeuer dieser Tage: Kriegsende!

Es dauert noch einige Zeit, bis wir wagen, wieder in die oberen Stockwerke zu ziehen.

Der Frühling wird noch einmal hell, die Sonne wärmt wie vorher. Noch können Herbert und ich nicht wieder im Park spazieren gehen. Überrascht stellen wir fest, dass ein vertrautes Du uns verbindet. Seit wann? Wir werden es nie wissen, es gibt kein Datum in jenen Tagen.

Ingeborg Remmer, Freiburg

Bei solchen Schilderungen stützen sich die Erzählerinnen nicht selten auf Tagebuchaufzeichnungen von früher. Doch wenn es um traumatische Ereignisse wie etwa das Eintreffen von Todesnachrichten naher Verwandter geht, bedarf es keiner solchen Erinnerungsstützen. Die Bilder solcher Tage bleiben für immer im Gedächtnis, teils überscharf, auch in nebensächlichen Details, teils wie vernebelt.

Der 13. August 1944 ist ein schöner, warmer Sommertag. Ich sitze im Zug von Meersburg am Bodensee nach Straßburg im Elsass in einem

Abteil 3. Klasse. Schnellzüge fahren nicht mehr am Sonntag; der Bummelzug wird mich zwar direkt ans Ziel bringen, hält aber an jeder kleinsten Station.

Ich weiß nicht, was ich mir wünschen soll: dass die Fahrt ewig dauert oder dass ich so schnell wie möglich bei meinen Lieben bin. Eine Nacht voller Tränen steckt mir noch im Hals, und meine Augen brennen, denn seit gestern weiß ich, dass mein Elternhaus nicht mehr existiert. Die Bomber der Alliierten haben es in Schutt und Asche gelegt. Und das Schlimmste ist: Mein Vater ist vermisst. Er hat sich zum Zeitpunkt des Bombeneinschlags auf Kontrollgang im Haus befunden. Mutti, Irmgard und Werner seien unverletzt aus dem Luftschutzkeller herausgekommen, hat mir eine Freundin aus Kehl am Telefon gesagt.

In dem kleinen Hotel in Meersburg, in dem ich vor meinem Kriegsdiensteinsatz beim Roten Kreuz eine unbeschwerte Ferienwoche verbrachte, habe ich gestern beim Frühstück von dem Bombenangriff auf Straßburg gehört. Straßburg! Wir haben immer geglaubt, dass unser Haus sicher sei, so nahe am Münster.

Wie ich den Tag gestern nach der niederschmetternden Nachricht verbrachte, weiß ich nicht mehr. Nun zieht die schöne Landschaft wie ein Film an mir vorbei, aber ich sehe sie nur durch einen dichten Schleier. Als ich mich vor zehn Tagen von Vati verabschiedete, stand er in Hosenträgern vor dem Spiegel und rasierte sich. Mit dem weißen Schaum um Mund und Nase sah er aus wie ein Clown. Er gab mir einen feuchten Kuss, wünschte mir schöne Ferien, und wir sagten: «Auf Wiedersehen!»

Der Zug schleicht im Schneckentempo durchs Land, und ich habe von meinem Vater nur noch dieses allerletzte Bild und kein Wiedersehen.

Herta Siebler-Ferry, Freiburg

Die Verfasserin des folgenden Textes ist erst zehn Jahre alt, als ihr Vater in den Wirren der unmittelbaren Nachkriegszeit von marodierenden Fremdarbeitern ermordet wird.

Dann kam der 3. Juni 1945, ein warmer Frühsommertag. Fräulein Weckerle, meine Klavierlehrerin, war am Nachmittag gekommen, um nach ihrem bei uns aus Sorge vor Bombengefahr untergestellten Koffer zu sehen, der natürlich schon von den Plünderern geöffnet worden war. Nur kurze Zeit saßen wir im Büro neben der Eingangstüre zusammen am Klavier, als plötzlich die Plünderer wieder auftauchten.

Fräulein Weckerle hatte einen hysterischen Schreianfall, worauf die Männer recht rüde reagierten und sie dabei sogar die Kontrolle über ihre Blase verlor. Ich wundere mich noch heute, wie relativ emotionsarm dagegen unsere Familie die Überfälle über sich ergehen ließ. Diesmal kamen die noch nicht durchwühlten Koffer von mehreren Freunden aus der Stadt an die Reihe. In Großonkel Eberhards lagen seine Orden aus dem Ersten Weltkrieg, die meinem Vater wütend vorgehalten wurden. Als meine Mutter sich einmischte, um die Herkunft der Orden zu erklären, wurde sie zu Boden geworfen und mit Schaftstiefeln traktiert. Dies mitansehen zu müssen war für mich die am meisten Angst auslösende Szene der schlimmen Ereignisse. Als die Männer bald darauf das Gelände verließen, vergaßen sie im Arbeitsraum eine rote Brieftasche. Sie enthielt Ausweispapiere. Dies sah Vater als Glücksfall an. «Die bringe ich jetzt in die Stadt zur Militärregierung, damit sie dort endlich eine Handhabe bekommen, um die Burschen zu fassen!»

Wir warteten lange auf seine Rückkehr. Statt seiner kam eine Freundin der Familie und berichtete: «Ich habe vor einer halben Stunde Kurt in der Vorstadt gesehen. Er ging zwischen zwei Männern; er hat mir zugerufen: Sag Aenne, ich komme heute nicht nach Hause.»

Am nächsten Tag kamen Männer in Zivil, die lange mit Mutter in der Küche sprachen. Ich konnte vom Arbeitsraum aus nichts davon erlauschen. Plötzlich Mutters Aufschrei: «Nein!» Vater war tot. In einem Wäldchen war er erschossen aufgefunden worden. Seine mit Blut verschmierte Kappe und seine Taschenuhr lagen da als erschreckender Beweis.

Mutter und wir Kinder gingen den weiten Weg zum Friedhof unserer Landgemeinde. Dort eine schmucklose Aufbahrungshalle, darin der verschlossene Sarg. Nach dessen Überführung von der französischen in die amerikanische Zone auf den evangelischen Friedhof der Stadt die Beerdigung. Eine Kindergruppe des Waisenhauses in schwarzen Kutten sang das Kirchenlied: «Wer weiß, wie nahe mir mein Ende ...» Ich habe dieses Lied nie bewusst gelernt, doch ich kann heute noch die ersten beiden Strophen, ohne zu stocken, zitieren. Mein siebenjähriger Bruder lief tagelang gebetsmühlenhaft diese erste Zeile singend herum, zum großen Erschrecken meiner Mutter.

Wirklich beweint habe ich den Tod meines Vaters erst fünf Jahre später, als Großmama im Familiengrab beerdigt wurde. Da sah ich in der Grube ein morsches Holzteil von seinem Sarg. Es hat wohl kaum jemand gemerkt, dass ich da nicht um Großmama, sondern um meinen Vater so hemmungslos weinte.

Anne Küchle, Staufen

Auch hier fällt der relativ distanzierte Ton auf, in dem das einschneidende Ereignis berichtet wird. Erst im dritten Jahr ihrer Teilnahme am Schreibkurs fühlte sich die Verfasserin imstande, diese Geschichte zu erzählen, aufzuschreiben, vorzulesen. Für das Kind von damals war es offenbar das Schlimmste, die Hilflosigkeit der Mutter miterleben zu müssen, als die Plünderer gegen sie gewalttätig wurden. Den noch größeren Schrecken, die Ermordung des Vaters, hat sie offenbar jahrelang nicht nahe an sich herankommen lassen.

Manchen der Geschichten, die über Krieg und Nachkriegszeit geschrieben werden, merkt man an, dass sie schon öfter erzählt worden sind. Sie sind spannend aufgebaut, mit einem Sinn für Höhepunkte, sind häufig farbig ausgeschmückt, auch mit komischen, fast bizarren Details wie der folgende Text über die Schrecken der Besatzungszeit.

Gegen Kriegsende, im Frühjahr 1945, war auch unser Dorf nicht mehr so friedlich. Es gab auch Fliegeralarm und bei Tag Tieffliegerangriffe. Der Ortskommandant gab die Parole aus: «Draußen am Ortsrand bei den Büschen in die Gräben legen!» Wir lagen im Gras und verzehrten unsere Ostereier (eiserne Ration) und sahen von oben, wie die Bomber am helllichten Tag die Stadt Reutlingen in Schutt und Asche legten.

Woher meine Mutter wusste, dass nun Einmarsch sei, weiß ich nicht. Wir, Mutter, Tante, mein Bruder und ich, saßen in der Küche. Irgendjemand rief: «Sie kommen!» Und wir hörten das Rasseln und Quietschen der Panzer. Dann schnelles Poltern auf der Treppe, und die Tür flog auf. Wie viele Soldaten es waren, weiß ich nicht. Doch einer hielt die Pistole auf uns gerichtet. Neben ihm stand ein leibhaftiger Mohr mit einem Messer quer im Mund. Ich hatte noch nie einen schwarzen Menschen gesehen, außer das Püppchen Kiboko in meinem Bilderbuch und den im Struwwelpeter. Dann sauste mit einem Satz ein riesiger Schäferhund in unsere Wasserwanne, trank und spritzte darin herum.

Irgendwie machten die Soldaten uns verständlich, dass sie hier schlafen würden. Meine Tante erklärte in ihrem holperigen Schulfranzösisch, dass sie nur die Kinder wegbrächten. Meine Mutter nahm ihre Tasche mit den Wertsachen, ließ sie durchs Fenster in den Garten und packte uns zwei in den Kinderwagen und fuhr mit uns auf den Nachbarhof. Dort brachte uns der Nachbar hinter den Mostfässern auf den Kartoffeln unter.

Die ersten Soldaten waren die «troupes de choc». Es waren auch Sträflinge darunter. Sie hatten 24 Stunden Zeit zum Plündern. Nachbarn erzählten später, dass sie uns mit dem Hund gesucht, ihr Vorhaben jedoch bald aufgegeben hätten.

Sie hatten wüst gehaust. Weil es kein Licht gab, hatten sie alle Kerzen verbrannt. Beim Durchwühlen der Schränke (zum Glück ließ Mutter alle Schlüssel stecken – sonst Beil!) hatten sie ein Kopierrädchen gefunden. Damit waren sie über alle Möbel gefahren. Unten bei der Bäuerin hatten sie den Eiertopf gefunden und den Hühnern den Kragen umgedreht. Mit dem Feuermachen hatte es wohl nicht so recht geklappt. Als wir zurückkamen, war die ganze Küche voller Reisig und Holz, darüber waren alle Eier zerschlagen und andere Vorräte darübergekippt. Die Hühner lagen vor dem Haus auf dem Misthaufen. Die Soldaten hatten mit den Stiefeln im großen Bett geschlafen und der Hund im Kinderbett.

Sigrid Rohr, Stuttgart

Hier mischen sich ganz offensichtlich Einzelheiten, an die die Schreiberin sich selber erinnert, mit zahlreichen Begebenheiten, die andere ihr erzählt haben. Manche Details hätte ein Kind kaum wahrgenommen. Es ist wohl eine Geschichte, die im Nachhinein von den Erwachsenen im Umfeld der Verfasserin immer wieder erzählt und dabei weiter ausgeformt wurde (der schwarze Mann mit dem Messer im Mund, der Hund im Kinderbett und so weiter). Solche oder ähnliche Geschichten aus der «schlimmen Zeit» gehörten in der Nachkriegszeit zum Erzählfundus beinahe jeder Familie. Bedrohliche Erfahrungen – vor allem solche, bei denen man noch ganz gut davongekommen war – zu spannenden Geschichten zu verarbeiten, die bei Familientreffen erzählt und als Anekdoten an die Kinder weitergereicht werden konnten, war eine Form, mit den Geschehnissen fertig zu werden.

Ein anderes interessantes Phänomen sind die Kriegserinnerungen, die von Nachkriegsgeborenen stellvertretend für andere, betroffene Familienmitglieder erzählt werden. Die Autorin der folgenden Geschichte ist viele Jahre nach den Ereignissen geboren, über die sie berichtet, die Mutter und Bruder zustießen.

Mein Bruder Eckart ist neun Jahre älter als ich, ein großer, schwerer Mann, und der Arzt liegt ihm ständig in den Ohren, dass er endlich abnehmen soll.

Das geht nicht, sagt mein Bruder, denn ich habe immer Hunger. Oft plagen ihn schlimme Kopfschmerzen. Irmi, seine Frau, berichtet, dass er nachts oft Albträume habe. Er wacht auf und schreit, er stecke in einem schwarzen Rohr und komme nicht raus.

Das ist die Psyche, meint der Arzt. Quatsch, sagt mein Bruder, ich bin doch nicht verrückt, in meinem Leben ist alles in bester Ordnung.

Eckart ist in Rastenburg geboren, aber er sagt, er kann sich an nichts mehr erinnern. Höchstens vielleicht ans Feuer, als die Häuser brannten. Als die Russen am 27.1.1945 in Rastenburg einmarschierten, stand meine Mutter mit ihren Eltern und den beiden kleinen Buben oben am Erkerfenster ihrer Wohnung. Die Russen schrien mit kehligen Lauten Befehle, rasten mit den Panjewagen durch die Stadt und zündeten Häuser an. Jeden Morgen wurden die Frauen aus den Häusern geholt und zusammengetrieben, um auf den Feldern zu arbeiten. Wer sich weigerte, wurde sofort erschossen. Auf einem großen Feld standen an beiden Seiten russische Soldaten, sie hetzten die Frauen von einer Seite zur anderen und von drüben wieder zurück. Hin und her und wieder zurück, wie die Hasen, und jedes Mal wurden Frauen herausgeholt, weggebracht und vergewaltigt. «Komm, Frau, dawai, dawai!» Die Frauen stäubten sich die Haare mit Mehl ein, malten sich die Zähne schwarz an, trugen alte Kopftücher, um möglichst alt und krank auszusehen und verschont zu bleiben.

Einmal sagte meine Mutter: «Das mache ich nicht länger mit», und beschloss, sich im Keller zu verstecken. Mein Großvater schichtete im Keller eine Pyramide aus Kohlen. Am frühen Morgen kroch meine Mutter mit Armin und Eckart dort hinein, denn kleine Kinder im Haus hätten die junge Mutter verraten. Meine Mutter und meine Brüder verharrten stumm und in grauenhafter Angst einen Tag und eine Nacht in der Dunkelheit.

Am nächsten Morgen herrschte eine gespenstische Ruhe auf der Straße, keine Russen, die mit lautem Geschrei die Frauen aus den Häusern holten, keine weinenden Frauen. Meine Mutter ging schließlich nach oben auf die Straße. Genau in diesem Augenblick trat auch die alte Metzgersfrau von gegenüber aus der Tür, sah meine Mutter und schrie voller Hass und Verzweiflung: «Du bist noch hier? Meine Ursula und alle anderen jungen Frauen wurden gestern nach Sibirien verschleppt.»

Im August 1945 befahlen die alliierten Siegermächte die «humane Ausweisung» der in den Ostgebieten verbliebenen deutschen Zivilbevölkerung. Meine Großeltern, meine Mutter, Armin und Eckart zogen mit einem kleinen Leiterwagen Richtung Westen. Sie brauchten ein Dreivierteljahr, um in Berlin anzukommen. Mein Bruder Eckart wurde sehr krank, aber er überlebte.

Gertrud Kürschner, Heitersheim

Der Bruder, der die Schreckenszeit der russischen Besatzung als kleines Kind erlebte, will und kann sich nicht erinnern; er hat die verstörenden Erlebnisse abgespalten und tief in sich begraben. Doch die Erzählerin, obwohl sie nur Dinge wiedergibt, die ihr wohl von der Mutter erzählt wurden, identifiziert sich spürbar mit deren Leid wie dem des Bruders. Sie erlebt die Gefühle wie stellvertretend für die unmittelbar Betroffenen.

Die aus Krieg und Kriegsgefangenschaft heimkehrenden Männer berichteten typischerweise wenig oder gar nichts von dem, was sie gesehen, getan und erlitten hatten – oder sie entwickelten im Laufe der Zeit ebenfalls eine Reihe von Standardgeschichten, die sie dann bei sozialen Anlässen, etwa Familienfesten, immer wieder in ähnlicher Form erzählten.

Mein Vater war im Krieg schwer verwundet worden. Man hatte ihn in ein Lazarett gebracht, und dort sollte ihm der Arm abgenommen werden – sonst würde er sterben. Mein Vater weigerte sich.

Da kam Gott an sein Bett und brachte den Tod mit. «Du kommst mir gerade recht!», schrie mein Vater, «schau dir das hier genau an» – und er zeigte in den Saal mit all den stöhnenden, wimmernden Männern –, «so liebst du die Menschen, die du erschaffen hast? So sorgst du für sie? Ich werde es dir zeigen, Gott, ich werde dir zeigen, dass ich es besser kann als du. Ich werde weiterleben, denn ich habe eine Frau und zwei kleine Söhne, und damit wir uns recht verstehen: Der Arm bleibt dran!»

Da drehte sich Gott der Allmächtige um und nahm den Tod mit. Mein Vater überlebte mit seinem rechten Arm, und alles, was mit Krieg, Krankheit oder Tod zu tun hatte, war tabu in unserer Familie.

Gertrud Kürschner, Heitersheim

Hat der Vater das wirklich auf diese Weise erzählt, sich selber so zum Helden stilisiert? Oder phantasiert die Tochter diese Szene so aufgrund des Bildes, das sie von ihrem Vater hat?

«*Die letzte Geschichte*» betitelt eine Schreiberin die folgende Kriegserzählung ihres Vaters, die er ihr mehrfach und zuletzt noch einmal erzählte, bevor er, kurz vor Weihnachten, in hohem Alter verstarb.

«Im Dezember 1941 waren wir in Russland noch auf dem Vormarsch. Meine Kompanie hatte den Auftrag, russische Dörfer nach Partisanen zu durchforsten. Das war nicht ungefährlich, doch wir waren jung und machten uns nicht allzu viele Sorgen. Der Schnee lag hoch, es war sehr kalt. Wir trugen lange Filzmäntel und Fellschuhe.

Es war gegen fünf Uhr am Nachmittag, als wir uns einem kleinen Ort näherten. So zehn bis fünfzehn Häuser lagen um eine kleine Kirche. Es drang kein Lichtstrahl nach draußen, denn die Leute hatten wegen der Kälte dicke Stoffe vor die Fenster gehängt. Wie gewohnt, kreisten wir das Dorf in großem Bogen ein, das Gewehr im Anschlag. Wir mussten die Häuser durchsuchen und alle Männer sofort gefangen nehmen. Sie bedeuteten eine Gefahr für unsere Sicherheit. Ich war der Kompanieführer und verantwortlich für die Aktion.

Geduckt näherte ich mich einem kleinen Bauernhaus. Mit dem Fuß trat ich die Türen auf und schrie irgendetwas, um mir Respekt zu verschaffen. Und dann stand ich da in dem kleinen Zimmer, auf dem Tisch brannten drei Kerzen, und auf der Holzbank lag die junge Frau. Sie schaute mich mit Angstaugen an, ihre Hände hatte sie zum Schutz um ihren dicken Bauch gelegt. Ihre Haare waren nass vor Schweiß, und dann stöhnte sie und zog die Knie hoch. Da wurde mir plötzlich klar, dass sie dabei war, ein Kind zu gebären.

Ich legte erst mal mein Gewehr auf den Tisch. Mir begannen die Knie zu zittern. Ich war einundzwanzig Jahre alt und hatte gelernt, einen Angriff zu organisieren, aber doch nicht, Geburtshelfer zu sein. Auf der Feuerstelle stand ein Topf mit heißem Wasser, daneben ein paar Tücher. Die Frau krümmte sich, ich nahm ein Tuch, tauchte es vorsichtig ins Wasser und reichte es ihr. Sie schüttelte den Kopf und rief etwas.

Auf ein Geräusch in meinem Rücken fuhr ich herum. Hinter einem Vorhang huschte eine alte Frau hervor. Sie sah mich kurz an, bevor sie die junge Frau abstützte. Ich war erleichtert und konnte wieder Soldat sein. Nahm mein Gewehr vom Tisch und riss den Vorhang zur Seite. In der Ecke drängten sich drei Kinder und ein alter Mann zusammen. Mit meinem Gewehrlauf winkte ich sie zum Tisch. Und da gellte der Schrei durch den Raum.

Die Großmutter hielt den verschmierten, winzigen Jungen hoch. Seine Nabelschnur verband ihn noch mit seiner Mutter, und er schrie sich in die Welt hinein.

Der alte Mann klatschte in die Hände und lachte mit zahnlosem Mund. Ich senkte den Gewehrlauf, begrüßte das Neugeborene mit militärischem Gruß und verließ das Haus. Den Großvater nahm ich nicht fest, die Familie brauchte seine Hilfe. Diese Geburt hatte aus Feinden für kurze Zeit Menschen gemacht!»

Elisabeth Utz, Freiburg

Das ist die Weihnachtsgeschichte: die Geburt eines Kindes in einer in vieler Hinsicht dunklen Winternacht. Daran will der sterbende Vater der Autorin sich erinnern, an eine Begebenheit, bei der er eine gute Rolle gespielt hat. So soll die Tochter ihn in Erinnerung behalten.

Der Sozialhistoriker Harald Welzer ist in seinen Arbeiten zur kollektiven Erinnerung an die Nazizeit und den Zweiten Weltkrieg auf das Phänomen gestoßen, dass es bestimmte vorgefertigte Erzählfiguren gibt, in der über diese Zeit berichtet wird[1]. Demnach orientieren sich die scheinbar «authentischen» Kriegsgeschichten ehemaliger Soldaten an Erzählmotiven, die aus allseits bekannten Kriegsromanen und Kriegsfilmen stammen. Solche Erzählfiguren sind z. B. das gemeinsame Weihnachtsliedersingen in einander gegenüberliegenden Schützengräben im Ersten Weltkrieg oder die mit dem gegnerischen Soldaten in einem Granattrichter geteilte Zigarette. Das muss nicht bedeuten, dass solche Geschichten erfunden wären, vermutlich gab es ähnliche Erlebnisse, die dann im Prozess der Erinnerung von den kollektiven Erzählfiguren überformt wurden. Womöglich steuern solche Muster, die dem «kommunikativen Gedächtnis» entstammen, nicht nur den Prozess des Erzählens (was wird als erzählbar ausgewählt? Wie wird erzählt? Was wird weggelassen?), sondern sie überlagern auch die Erinnerung, vielleicht prägen sie sogar schon die Wahrnehmung der Situation, während man sie erlebt. Harald Welzer ist in seinen Forschungsarbeiten auch auf das Phänomen gestoßen, dass Menschen Kriegserlebnisse als persönliche Erinnerungen darstellen, die sie gar nicht selbst erlebt haben konnten. Sie füllten eigene Erinnerungslöcher zum Beispiel mit Bildelementen aus später gesehenen Filmen aus oder mit Geschichten, die sie gehört hatten und die sie zu eigenen machten. Das Ganze wurde dann aber im Gedächtnis als persönliche Erinnerung gespeichert.

Wenn man seine Erinnerungen um diese bekannten Muster herum anordnet, entwickelt man erzählbare Geschichten. Das sind die Geschichten, die die anderen hören wollen, die ihnen vermutlich gerade deshalb authentisch erscheinen, weil sie ihnen schon vage bekannt vorkommen. Gleichzeitig – und das ist sicher ganz besonders wichtig – hilft eine solche Organisation des Erinnerns dabei, andere diffusere grauenhafte Eindrücke und Gefühle zu verdrängen, indem sie von den abrufbaren, erträglichen Geschichten überlagert werden.

Die kritische Auseinandersetzung mit dem Nationalsozialismus nimmt in meinen Kursen interessanterweise nur eine untergeordnete Rolle ein. Die Kursteilnehmer und -teilnehmerinnen gehören allesamt nicht mehr der direkt betroffenen, der «Täter»-Generation an, sondern sind deren Kinder; auch die ältesten Männer haben den Krieg nur als Kinder erlebt, auch die ältesten Frauen waren in der Nazizeit noch so jung, dass man ihnen keine Verantwortung zuschreiben kann.

Nur wenige SchreiberInnen versuchen, die politische Einstellung ihrer Eltern darzustellen. Meistens beschreiben sie ihre Eltern dann als distanziert gegenüber der Naziideologie oder als bloße Mitläufer. Das entspricht neueren Forschungsergebnissen über die Verarbeitung der Nazizeit in der Familienüberlieferung[2]. Falls in den Texten über den Nationalsozialismus reflektiert wird, dann geschieht das politisch korrekt, in den bekannten Formeln. «*Ich stand am Fenster und sah, wie der Nazihorden in den Straßen gröhlten. Meine Mutter zog mich weg.*» Wenn so etwas aus der Sicht eines Kindes im Vorschulalter erzählt wird, dann hat hier offensichtlich die Perspektive der Gegenwart die Kindererinnerung überlagert.

Der 68er-Gestus der Abrechnung mit den Eltern aus einer Position moralischer Überheblichkeit heraus fehlt ganz. Die meisten Autorinnen lassen das Thema einfach aus, vielleicht weil sie fürchten, in schwieriges moralisches Fahrwasser zu geraten. Vereinzelt berichten ältere Frauen von ihren Erfahrungen beim BDM oder im Arbeitsdienst. Manchmal geben sie ehrlich zu, dass ihnen das Gruppenleben auch Spaß machte. Doch dann fehlt nie die Perspektive der Jetzt-Zeit, in der diese Naivität moralisch gewertet wird.

Zu den einschneidenden Erfahrungen im Zusammenhang mit dem Krieg gehört auch die Heimkehr der Väter aus der Kriegsgefangenschaft, die umso problematischer war, je länger sie fort blieben.

«Wolfgang, draußen steht ein Mann!»

Er stand an der Wohnungstüre, die man durch das Küchenfenster überblicken konnte.

«Aber das ist doch...», Wolfgang rannte los. «Papa, Papa!»

Unser Vater war zurückgekehrt, auch dieses Mal zurückgekehrt. Er hatte Verhöre, das Lager, den Krieg, den verschärften Fronteinsatz und zuletzt die Gefangenschaft als Einziger aus seiner Gruppe um Stefan Meier überlebt und war heimgekehrt.

Fremd stand er da, grau und hohlwangig. Wir wurden nacheinander von ihm hochgehoben und spürten durch die Kleider, wie ein leises Zittern durch seinen ausgemergelten Körper lief und er weinte.

«Wo ist eure Mutter?», brachte er schließlich hervor, während wir ihm in die Wohnung folgten. «Einkaufen.» «Dann kommt sie sicher gleich. Holt ihr mir mal das Rasierzeug aus dem Bad?» Wolfgang wusste, wo.

Vater zog seinen grauen Feldrock aus. Wir saßen auf den Küchenstühlen und sahen ihm zu, wie er seinen Mehrtagebart einseifte, als wir auch schon Mutters schnelle Schritte auf der Treppe hörten. Sie hatte es auf der Straße erfahren. Mit einem Aufschrei stürzte sie auf ihn zu, ihn stürmisch umarmend und küssend, vergraben in seinem Rasierschaum. Immer wieder löste sie sich von ihm, um ihn zu betrachten, erneut zu küssen und zu drücken. Als sie schließlich von ihm abließ, war ihr strahlendes Gesicht ganz weiß. Dem Lachen folgten neue Umarmungen, in die wir Kinder jetzt einbezogen wurden, die wir gehorsam über uns ergehen ließen.

Nun gab es wieder einen Mann im Haus, mit dem wir die Liebe und Zuwendung der Mutter teilen mussten. Zunächst änderte sich das Alltagsleben. Vater musste geschont werden. Er durfte sich weder aufregen noch ärgern. Zugleich veränderte sich Mutter. Bisher resolute und selbstständige Chefin, war sie nun zum Hausmütterchen geworden.

Wenn Vaters periodisch auftretende Malariaschübe sich ankündigten, ihn seine erfrorenen Beine schmerzten oder die schlimmen Erinnerungen einholten, musste er mit äußerster Schonung behandelt werden, ansonsten eskalierten seine Wut und seine Verbitterung, die sich in überlautem Herumschreien Luft machten. Vor diesem Vater hatten wir Angst. Mit der Zeit ging auch das Bestrafungsrecht an den Vater über.

Bestraft wurde man für freche Widerreden, Unpünktlichkeit, Lügen, ordinäre Ausdrücke, Petzen, geklaute Papiertüten aus dem Papierlager. Die Strafen waren Übers-Knie-gelegt-Werden, später Ohrfeigen. Am schlimmsten aber war seine spürbare Verachtung, fast so schlimm wie Mutters Tränen, wenn sie uns bestrafen musste.

Ruth Bull, Freiburg

Häufig gelang es den Kindern nicht, die jahrelang abwesenden, spät heimgekehrten Väter zu lieben. Die Schreibenden von heute versuchen, ihnen wenigstens rückblickend gerecht zu werden.

«Runder Kopf mit Haaren», soll ich gesagt haben, wenn ich gefragt wurde, ob ich mich an meinen Vater erinnere.

Im Juni 1944 hatte meine Mutter eine letzte kleine Nachricht erhalten: «Liebste Anneli! Es ist wieder dicke Luft. Schnell noch Dir und den Kindern liebste Grüße und Küsse von Deinem Helmut» – dann zwei Jahre lang nichts.

Im Mai 1946 steckt die erste Karte aus der sowjetischen Kriegsgefangenschaft im Briefkasten. Eine fleckige, braune Karte, eng beschrieben:

Meine Mutter liest die Karte, liest sie uns vor, sagt: «Das muss ich jetzt schnell allen zeigen!» und läuft mit Helga und mir zu Urömchen, zu Onkel Walter, zu anderen Verwandten und Bekannten. Den ganzen Nachmittag sind wir unterwegs. Alle freuen sich, und ich denke, dass mein Vater nun nicht tot ist, wie der von Käthchen Gimper und Dieter Nolte, und dass das gut ist, weil meine Mutter nicht weinen muss wie deren Mütter, wenn sie von den Vätern sprechen. Vielleicht wird meiner ja bald zu uns kommen. Dass bis dahin noch sieben Jahre vergehen werden, weiß keiner.

Die Karten, die ankommen, werden wieder und wieder gelesen und vorgelesen. Eine Zeit lang sind es nur 37 Wörter, die er schreiben darf. Und nur in Druckschrift. Genauso auch die Antwortkarten.

«28. 1. 47. Liebste! Vielen Dank für Deine Post. Jetzt ist es sehr kalt. Neben kleinen Erfrierungen geht es mir aber noch gut. Hoffe, dass Ihr weder hungern noch frieren braucht.»

Ein Sprecher des Deutschen Roten Kreuzes verlas in der ersten Oktoberhälfte 1953 stündlich im Sender Rias Berlin die Namen entlassener Kriegsgefangener. Darunter auch den meines Vaters.

Die großen Erwartungen!

Was kann ich, will ich erzählen von dem Vater, der 48-jährig nach zehnjähriger russischer Kriegsgefangenschaft zurückkehrt und mit dem wir dann in Bonn zusammenleben? Eine Familie, Vater, Mutter, zwei Kinder. In einer Dreizimmerwohnung. Ich bin da vierzehn Jahre alt.

Liebe und Zuneigung aus der Ferne waren einfach gewesen. Für den strengen Mann, mit dem ich jetzt zusammenlebe, habe ich nie solche Gefühle. Mitleid wohl. Manchmal. Aber so sein, wie er mich gerne sähe, kann ich nicht. Froh macht mich das nicht. Wir können auch nicht miteinander reden, so, dass er es nicht als respektlos empfindet. Meine Mutter nicht, meine Schwester nicht und auch ich nicht.

Almut Simons, Grunern

Manche SchreiberInnen haben an die unmittelbare Nachkriegszeit, vielleicht gerade weil sie als unglücklich oder schwierig erlebt wurde, nur wenig konkrete Erinnerungen. Viele erzählen indirekt von Kriegsfolgen: von häufigen Wohnortwechseln, vom Herumgeschobenwerden bei verschiedenen Verwandten, von Gefühlen der Heimatlosigkeit, von überforderten Müttern, zerstörten, gedemütigten oder extrem strengen, autoritären Vätern, von problematischen Beziehungen zwischen den Eltern bis hin zu zerrütteten Ehen, die aber dem moralischen Gebot der Zeit entsprechend aufrechterhalten wurden, von der Einsamkeit in der eigenen Familie.

Die Zeit nationalsozialistischer Herrschaft und der Krieg haben lange Spuren in den Biografien hinterlassen. Gewalt, die ausgeübt wurde, und Gewalt, die man erlitt, Schuld, moralische Verstrickung und Scham haben sich nicht nur auf Lebensverlauf und Persönlichkeit der direkt Betroffenen ausgewirkt, sondern sind auch als psychische Probleme an die Nachkommen weitergegeben worden – oft, ohne dass die sich überhaupt bewusst wurden, woher ihre Probleme rührten. Ein Erbe dieser Vergangenheit sind die vielen Ängste, die den Nachkriegsgeborenen zu schaffen machten.

Kindheitsängste und belastende Erfahrungen

Beim Schreiben über die Kindheit begnügen die meisten sich nicht mit der Idylle. Viele wollen sich auch und besonders mit belastenden Erfahrungen auseinandersetzen.

Vermutlich waren die heute über 60-jährigen, die Kinder von häufig überforderten, in ihrer physischen und ökonomischen Existenz bedrohten und moralisch verstrickten Menschen, stärkeren Ängsten ausgesetzt als die Kinder der 60er- und 70er-Jahre, die in größerer physischer und psychischer Sicherheit aufwuchsen. Manche dieser Ängste wurden, auch als die Zeiten wieder äußerlich friedlich und sicherer wurden, noch lange im seelischen Familiengepäck mitgeschleppt.

Immer dieser furchtbare Schreck, wenn ein Flugzeug kam! Das Warten auf Mama, wenn es dunkel wurde! Wo waren die großen Geschwister? Da saßen wir dann, meine kleine Schwester und ich, auf der Türschwelle vor dem Haus, zitternd vor Angst. Angst vor drinnen und Angst vor draußen – mittendrin.

Eines Nachts wurden wir von einem fremden Mann mit einem riesengroßen schwarzen Hund abgeholt. Wir Kinder waren starr vor Angst und wussten nicht, was das bedeutete. Wir hatten mehrere Sachen übereinander angezogen, und jeder bekam etwas zum Tragen. Wir dürften keinen Mucks von uns geben und spürten, dass wir in größter Gefahr waren. Ich weiß nicht, wie lange wir durch dunklen Wald, durch Matsch und über wacklige Holzbrücken stolperten. In irgendeiner Strohscheune hieß es: Jetzt könnt ihr erst mal schlafen. Mein Bruder erzählte mir viel später, dass ich im Matsch einen Schuh verloren hatte und er allein zurückgelaufen sei, um ihn zu holen. Erst viel später sagten uns die Eltern, dass wir damals «schwarz» über die von Russen besetzte Zonengrenze nach Westdeutschland gegangen waren. Man hatte uns Kinder vorher nicht eingeweiht, damit wir nichts ausplappern konnten.

Die Ängste änderten sich. Warum schrie Mutter fast jede Nacht? Aus dem Schlaf gerissen, lag ich zitternd im Bett, und die Beklemmung wich erst, wenn ich die beruhigende Stimme meines Vaters hörte. Dann jedoch kam wieder die Angst vor dem Einschlafen, vor den Albträumen. Oder wenn gar nachts die Eule rief: Komm mit! Dann war klar, dass jemand sterben würde. Den Beweis dafür hatten wir, weil die Großmutter des Bauern starb, kurz nachdem die Eule öfter zu hören gewesen war.

Melita Reinbold, Bad Krozingen

Selbst wenn wir die besonderen zeitgeschichtlichen Bedingungen der heute älteren Generation einmal beiseitelassen: Es gibt wohl keine Kindheit ganz ohne Angst, ohne die Erfahrung von Einsamkeit, Ohnmacht und Hilflosigkeit. Bevor ich in meinen Schreibkursen direkt nach belastenden Erinnerungen frage, haben alle KursteilnehmerInnen bereits einige freundliche Kindheitserlebnisse zu Papier gebracht, und ich achte darauf, dass in der Gruppe eine gute Atmosphäre gegenseitiger Wertschätzung entstanden ist.

In der «kleinen Schreibskizze» listen die KursteilnehmerInnen eine Fülle verschiedener Kindheitsängste auf, von konkreten und deutlich fassbaren bis hin zu diffusen und deswegen besonders bedrohlich erscheinenden. Manche gehen auf konkrete persönliche Erfahrungen zurück: «*Angst, als meine Fahrradkette bei der steilen Abfahrt gerissen war*», «*als der Schornsteinfeger auf Stelzen in das Kinderzimmer hineinschaute*», «*wenn ich die bettlägerige Großmutter besuchen sollte, die kein Wort sprach, mich nur starr ansah*».

Viele fürchteten sich vor Tieren, manchmal vor großen, bedrohlich erscheinenden Lebewesen wie Hunden, Pferden, Gänsen, aber auch vor Insekten wie Bienen und Wespen, mit denen sie vermutlich schon einmal schmerzlichen Kontakt hatten. Daneben steht die Angst vor Ekel auslösenden Tieren, wie Maden, Würmern, Käfern, Spinnen, Schlangen und vor unheimlichen Tieren wie Ratten, schwarzen Raben, Eulen, Fledermäusen.

Meine Mutter hat einen Fuchs, der ist rotbraun, hat starre Augen und einen buschigen Schwanz. Ich fürchte mich vor dem toten Tier. Wenn meine Mutter den Fuchskopf in die Nähe meines Gesichts führt, schreie ich, meine Mutter lacht.

Etta Schwanitz, Schallstadt

Eine weitere Kategorie von Ängsten hat mit Naturerfahrungen zu tun: die Angst vor Gewittern, tiefem Wasser, Schwimmbädern, dem Meer, vor vereisten Seen, steilen Abgründen, Serpentinen, vor dem Steckenbleiben im Schnee, vor dem dunklen Wald – auch hier lässt sich vermuten, dass konkrete Erlebnisse realer Gefahren Auslöser der Angst gewesen sind.

Andere Ängste beziehen sich auf verlassene, einsame, oft auch dunkle und als unheimlich erlebte Orte – außer dem dunklen Wald werden hier häufig der Keller, der Dachboden, dunkle Ecken in den Fluren großer alter Häuser genannt, ebenso der Nachhauseweg durch einsame Straßen, in der beginnenden Dunkelheit, am Friedhof vorbei.

Diese Ängste liegen schon nah bei denen vor gespenstischen Erscheinungen, die in den Erinnerungen mancher Menschen einen großen Raum einnehmen: die Angst vor jemanden oder etwas, der oder das in der dunklen Zimmerecke oder irgendwo draußen lauern könnte: «*Ich hatte Angst vor der Gespensterfrau, die nachts kommt und die Haare verfilzt*», «*vor der Abendfrau, die sich um die Kirche herumtrieb*», «*vor einem Monster unterm Bett*», «*vor Gestalten im Garten*», «*der Roggenmuhme*», «*Hexen im Keller*», «*dem Kellergespenst*». Viele haben als Kinder Angst vor «schlimmen» oder «bösen Träumen» gehabt, wo immer die herrühren mochten. Eine Frau erzählte, sie habe als Kind «Angst vor Gott» gehabt.

Es gab soziale Situationen, die Angst auslösten: Viele fürchteten sich vor fremden Menschen, sie hatten Angst davor, allein zu Besorgungen irgendwohin geschickt zu werden. Manche wollten um keinen Preis auffallen, ängstigten sich, wenn sie etwa vor der Klasse ein Gedicht aufsagen mussten, fürchteten Bloßstellung und Blamage, schlechte Noten, andere Formen des Versagens.

Viele Ängste hingen mit bestimmten Menschen zusammen: Neben den Eltern, die ein Kapitel für sich sind, werden vor allem Lehrer und Lehrerinnen genannt. In der Zeit, als noch allenthalben die Schwarze Pädagogik herrschte, gab es zahlreiche autoritäre, gewalttätige, geradezu sadistische Lehrpersonen, die jede Gelegenheit nutzten, Ohrläppchen zu verdrehen, Schläge mit dem Rohrstock auf den Hintern oder mit dem Lineal auf die ausgestreckten Fingerrücken zu verabreichen, einen stundenlang in die Ecke zu stellen oder dem Gelächter der Klasse preiszugeben, indem man demonstrativ als schlechtes Beispiel für Schlamperei, Dummheit oder sonst etwas Verwerfliches vorgeführt wurde. Auch strenge Großeltern wurden gefürchtet, böse Nachbarn, Geschwister, ältere Kinder, die einen beim Spielen draußen, auf dem Schulweg oder Schulhof terrorisierten, ebenso wie absonderlich erscheinende Personen, deren Verhalten man sich als Kind nicht erklären konnte (*«Verrückte», «Exhibitionisten», «Selbstmörder», «der redete so komisch», «die guckte mich so wild an»).*

Ängste, die in irgendeiner Weise mit den Eltern zu tun haben, nehmen interessanterweise einen besonders breiten Raum ein. Da ist einmal die Angst *vor* den Eltern, vor der Mutter oder, noch häufiger: vor dem Vater, vor deren Schelte, zornigen Blicken oder eisigem Schweigen, nicht selten vor Wutausbrüchen und Schlägen bei verschiedenen Anlässen, wenn man etwas ausgefressen hatte, zu spät gekommen war, schlechte Schulnoten mit nach Hause brachte, Widerworte gab und so weiter.

Noch tiefer aber scheint bei manchen die Angst ***um*** die Eltern sich eingefressen zu haben: *«Ich hatte Angst, wenn der Vater abends nicht nach Hause kam», «wenn die Mutter nachts im Schlaf schrie», «wenn sie Migräneanfälle hatte», «wenn sie krank war», «wenn die beiden stritten».* Diese Angst spiegelt eine tiefe Verunsicherung: Wenn ich mir als Kind um die Eltern Sorgen machen muss, dann sind sie keine verlässlichen Größen, die mir Sicherheit geben können. Diese Art der Angst geht unmittelbar in eine verwandte über, nämlich die, von den Eltern allein gelassen oder gar verlassen zu werden: *«Ich hatte Angst, meine Eltern könnten sich scheiden lassen», «sie könnten verunglücken und sterben», «meine Mutter würde gehen und mich zurücklassen», «Angst, nur ein angenom-*

menes Kind zu sein, nicht das richtige Kind meiner Eltern». Viele Menschen hatten als Kinder Angst vor dem Alleinsein: allein im Haus gelassen zu werden, allein im Dunklen zu bleiben, allein im Bett zu liegen. *«Ich hatte oft Angst, verloren zu gehen»*, formuliert eine Schreiberin.

Der folgende Text fasst diffuse Ängste anschaulich zusammen:

Nein, eigentlich war ich kein ängstliches Kind.

Ich habe jeden Hund angefasst, lief schon früh allein durch die Wälder, konnte allein sein, ohne jede Furcht vor irgendwas. Solange es Tag war, solange Licht leuchtete.

Kam die Dämmerung, die Nacht, wurde ich schlagartig unsicher, fühlte mich umklammert, hatte richtig Angst. Angst vor Diffusem, Mysteriösem, Unaussprechlichem. Angst vor dem Tod. Furcht vor Geistern, dem Sensenmann.

Als Kleinkind setzte ich mich, nachdem sie mich zu Bett gebracht hatten, heimlich wieder oben auf die Treppe. Hierhin leuchtete das Licht von unten, ich hörte die Stimmen meiner Eltern, Musik, später den Fernsehapparat. Irgendwann fand mich meine Mutter auf der Treppe eingeschlafen. Inzwischen todmüde, konnte ich dann auch bei Dunkelheit schlafen.

Aber wie viele Nächte knipste ich immer wieder die Nachttischlampe an, um mich zu vergewissern, dass keine Dunkelgeister im Raum waren, wie oft schlief ich gar die ganze Nacht bei Licht. Und wie oft hielt ich es trotzdem nicht aus, schlich mich ins Schlafzimmer der Eltern und kletterte in Mamis Bett.

Diese Angst verließ mich auch als Schulkind nicht, wurde konkreter durch das Wissen um unser aller Sterblichkeit und wurde besonders grausam, wenn ich mir paranormale Erscheinungen ausdachte. Das verspannte mich, raubte mir den Atem, ließ mich schwitzen. Mit keinem traute ich mich darüber zu sprechen; ich war nicht fähig, die Ängste in Worte zu fassen, sie auszusprechen, was allein schon erleichternd gewesen wäre. Ich habe sie mit mir herumgetragen, die Dunkel- und Todesangst, in meinem Rucksack, den ich nicht öffnen, geschweige denn leeren konnte. Nicht als Kind, nicht als Jugendliche.

Welch schwere Last für ein Kind. Ich kann diese Angst heute noch fühlen, obwohl ich mich längst von dem Rucksack befreit habe.

H. G. aus A.

Natürlich gibt es daneben auch Erinnerungen an Augenblicke von Angst und Schrecken, die ganz konkret waren, meistens Geschichten vom Typ «Zum Glück ist noch einmal alles gut gegangen» oder «Ende gut, alles gut».

Ich war 9 Jahre alt, als mein jüngster Bruder geboren wurde. Ich hatte den Bub stets gehütet, Mutter war bei gutem Wetter mit Bauern auf dem Feld. An jenem Tag saß ich am Küchentisch, machte Hausaufgaben, aber erst nachdem ich das Geschirr gespült und schön aufgeräumt hatte. Der kleine Gerd saß in seinem Kinderhochstuhl am Fenster und schaute sich die Welt da draußen an, die Kühe vor den Wagen, die Bimmelbahn, die ab und zu vorbeizuckelte, das liebte er und auch ich, denn so konnte ich rechnen oder schreiben, je nachdem. Das Wetter war schön, das Fenster stand offen. Ich bemerkte plötzlich eine Stille, eine ganz beklemmende Stille, schaute auf und sah meinen kleinen Bruder auf der Fensterbank, er war aus seinem Stuhl gekrabbelt, ein Beinchen schon draußen, eines noch drinnen, und entdeckte mit seinen 9 Monaten die Freiheit. Ich wollte schreien, aber ich brachte keinen Ton heraus, saß stocksteif auf meinem Stuhl und rang um Fassung. Stand dann auf, nahm ihn zitternd in meine Arme, drückte ihn an mich und heulte.

Für den Rest des Tages war ich wie gelähmt, hab es auch nie erzählt. Und Gott sei Dank, dass ich nicht geschrien habe, sicher hätte sich das Kind erschreckt, wäre vielleicht in den Hof gefallen.

Margrit Brinkmann, Bahlingen

Individuelles Leid in der Kindheit hängt oft mit dem Verlust von Eltern oder Geschwistern zusammen, mit konfliktträchtigen Beziehungen zwischen Vater und Mutter, mit schwierigen Beziehungen zu einem Elternteil, mit der Erfahrung von Gewalt oder Missbrauch, mit psychischen Krankheiten in der Familie. In vielen autobiografischen Berichten tauchen auch traumatische Erinnerungen an längere Krankheiten auf, die mit einer Trennung von den Eltern verbunden waren.

Mein Bruder hatte den damals, im Jahre 1947, sehr gefährlichen Scharlachbazillus ins Haus eingeschleppt und selbst nur unbedeutende Anzeichen einer Infektion gezeigt. Demgegenüber brütete ich die Krankheit bis zur vollen

Blüte aus. Unser Hausarzt Dr. Heyers wiegte bedenklich den Kopf: «Scharlach! Der Junge muss in die Isolierstation. Seuchengefahr!»

Der Widerspruch meiner Mutter war nur zaghaft, man verfügte einfach über mich. Ich war wohl schon zu fiebrig und auch zu einsichtig, um ernsthaft Widerstand zu leisten, aber das Gefühl des Ausgeliefertseins verließ mich 16 Wochen lang nicht mehr, nachdem ich in die hässlichen provisorischen Holzbaracken aus Kriegszeiten neben dem städtischen Krankenhaus eingeliefert worden war.

Nur ein ganz kurzer Abschied von den Eltern am Eingang war erlaubt, gleich wurden sie hinausgeschoben. Die Schwestern waren sehr streng, sie waren wohl auch überlastet wegen der Zahl neuer Infektionen und der unzureichenden hygienischen Bedingungen und Räumlichkeiten. Ein etwas kleinerer Junge, vielleicht 7 Jahre alt, wurde kurz nach mir in das enge, dunkle und hohe Zimmer geschoben, er lag hinter mir, zum Fenster hin, durch das man auf einen großen staubigen Hof blickte, auf kasernenartige graue Bauten im Hintergrund. Der Kleine wimmerte in Fieberträumen, und ich blieb allein und hatte nur den Blick auf die Tür, durch die ab und zu eine Schwester mit Arzneien und einem ungenießbaren Brei kam, an dem ich erfolglos würgte. Die Zeit dehnte sich unendlich, alle Bücher hatte ich schon gelesen, Besuch durfte nicht kommen. Meinem kleinen Zimmergenossen ging es immer schlechter, und eines Tages transportierten ihn die Schwestern aus dem Zimmer und flüsterten dabei bedenklich.

Dann, etwa 3 Wochen nach der Einlieferung, geschah ein kleines Wunder: Die Schwestern waren auffallend freundlich, das Fenster wurde geöffnet, die Sonne schien herein, ich durfte aufstehen und zum Fenster gehen, und da standen meine Eltern, vielleicht 10 Meter entfernt im Hof, näher durften sie nicht kommen. Sie sahen besorgt und ein wenig hilflos aus: «Wie geht es dir?» Ich konnte nicht sprechen, ich fühlte mich elend und schwach. «Du bist jetzt über den Berg, sagt der Arzt. Bald bist du wieder gesund.» Mir schossen Tränen in die Augen, ich weinte hilflos. Eine Schwester zog mich weg vom Fenster, mir war schlecht, und am nächsten Tag hatte ich wieder hohes Fieber.

Was passierte hier eigentlich mit mir? Irgendetwas stimmte nicht. Ich musste rotbraune, bittere Medizin trinken, gegen die ich mich vor Ekel sträubte, ich war aber zu schwach und zu apathisch zur Gegenwehr. Auch die riesengroßen Spritzen, von denen man an einem Tag gleich drei in mich hineinschoss, ließ ich über mich ergehen. Ich wusste nicht mehr, wie lange ich schon da war, und niemand gab mir Auskunft, wie lange dieser Dämmerzustand noch dauern würde. Meine Welt war ein kleiner Tisch, auf dem Gläser mit brauner und gelber Medizin standen, es lagen schon lange keine Bücher mehr auf ihm. Ich erinnere mich an inselhafte Augenblicke der plötzlichen Wachheit, in denen Fragen kamen: Sterbe ich gerade? Ist der Tod so ein allmähliches Hinüberdämmern? Ich wollte nicht einfach so verloren gehen. Ich bekam nur noch Flüssiges, keine feste Nahrung mehr. Ich hatte nur Durst. Meine Eltern kamen nicht mehr oder durften mich nicht mehr besuchen. Ich hätte auch nicht aufstehen können, um sie zu sehen, wenn sie eines Tages wieder in den Hof kämen. Erst als das Fieber nachließ, die Fieberphantasien einem ständigen Schlafbedürfnis wichen, sagten mir die Schwestern, dass es jetzt gut werde, sie hätten für mich viele Wochen Tag und Nacht gebetet. Ich hätte Typhus und sei jetzt über den Berg. Ich stellte mir vor, dass viele weiß und schwarz gekleidete Nonnen, die ich alle gar nicht kannte, in einer dunklen Kirche bei Kerzenschein niederknieten und inbrünstig für mich endlose Rosenkränze beteten. Offenbar war ich doch jemandem wichtig. Ganz allmählich ging es mir besser, und eines Tages brachte mir eine Schwester im Auftrag meiner Eltern einen Baukasten mit Metallschienen, Winkeln, Gummireifen, Rädern, Schrauben. Liegend im Bett baute ich auf der Bettdecke alles zusammen, was mir in die Hände kam, bis ich vor Erschöpfung ein wenig schlafen musste. So tastete ich mich wieder ins Leben hinein.

Mein Vater führte mich an einem ersten milden Vorfrühlingstag vorsichtig auf die Straße, ich durfte für fünf Minuten in der Sonne laufen, von ihm gestützt. Ich atmete die milde klare Luft tief ein, und ich sehe noch, wie sich der Asphalt blendend hell in der Sonne weit vor mir ausdehnt, gesäumt von Trümmergrundstücken, in denen mehr und mehr Grün wächst. Es war eine beglückende und zugleich beschämende Empfindung, wieder laufen zu lernen.

Später erfuhr ich: Mein Vater hatte dem verantwortlichen Arzt auf den Kopf zugesagt, dass ich mich im Krankenhaus zusätzlich mit Typhus infiziert haben müsste. Doch erst nach der Wende zum Guten hatten die Ärzte das zugegeben, hatten entschuldigend darauf hingewiesen, dass sie kein Penicillin zur Verfügung hatten. Denn das gab es 1947 nicht für normale Deutsche, nicht einmal für Kinder.

Kurt Pisters, Freiburg

In den Vierziger- und Fünfzigerjahren des vorigen Jahrhunderts machten sich Eltern noch relativ wenig Gedanken darüber, was längere Trennungen vom Elternhaus für jüngere Kinder bedeuteten. Man hatte in erster Linie das physische Wohl der Kleinen vor Augen, wollte sie bewahren vor Bomben und Hunger, und deswegen gab man sie während des Kriegs oft mit der Kinderlandverschickung in vermeintliche sichere Gegenden fort oder schickte sie monatelang zu Verwandten aufs Land, wo die alltäglichen Lebensbedingungen besser waren. Und natürlich waren auch die Eltern der Nachkriegszeit davon überzeugt, nur das Beste für ihre kränklichen und unterernährten Kinder zu tun, wenn sie sie zum «Aufpäppeln» in Kinderheime schickten.

«Den kriegen Sie nicht durch», bemerkte unsere Nachbarin in Tübingen, von Beruf Kinderärztin, über den Zaun zu meiner Mutter.

In deren Tagebuch, das sie ab der Geburt über jedes ihrer Kinder führte, steht viel über wiederkehrende, hochfiebrige Bronchialinfekte mit Husten. Gegen mein Brustleiden wurden mir feuchte Wickel verordnet. Ein nasses, kaltes oder höchstens lauwarmes Handtuch wurde um den Brustkorb gelegt und mit einem trockenen Tuch abgedeckt. In diesem Zustand hieß es dann: zwei Stunden ruhig liegen. Ein alter Reisewecker wurde neben mich gestellt, und ich sehe noch, in welch endlos langsamer Zeit sich die Zeiger bewegten

Bevor ich in die Schule kam, musste ich zur sogenannten Penicillinkur für vier Wochen stationär in die Kinderklinik. An diese Zeit habe ich nur ganz verschwommene Erinnerungen. Nur die Entlassung, kurz vor Weihnachten, ist mir noch präsent, jedes Kind bekam ein Plüschtier – ich einen Esel, den ich als Erinnerungsstück immer noch aufgehoben habe.

Durch die häufigen Infekte und den oft fehlenden Appetit war ich zu leicht und zu schwächlich. Von der Kinderklinik wurde noch ein Sanatoriumsaufenthalt empfohlen, und so schloss sich drei Monate später – ich war noch nicht 6 Jahre alt – ein sechswöchiger Aufenthalt im Kinderheim an. Ich empfand die Fahrt dorthin wie zu einer Hinrichtung. Erst noch ganz spannend: Zug fahren, mit der Mutter unterwegs sein, aber immer vor dem Hintergrund von etwas Unausweichlichem, Schrecklichem, je näher wir dorthin kamen.

Der Ton im Kinderheim war ruppig, die Tanten, es war Februar 1953, sicher noch von der NS-Zeit geprägt. Auch hier: «Essen müssen», ein grauenhafter, fädenziehender Haferschleim ist mir noch in Erinnerung. Kartoffeln oder andere feste Bestandteile konnte ich in die Tasche stecken und beim Spaziergang unbemerkt wegwerfen. Dabei bestand aber immer die Angst, entdeckt zu werden. Besonders schlimm und ungerecht empfand ich es, dass Päckchen von zu Hause von den Tanten geöffnet und der Inhalt an alle Kinder verteilt wurde. Es war nicht primär der Verlust der Schokolade oder der Kekse, sondern der Verlust der damit verbundenen Zuwendung. Wie hätte ich das Päckchen gehütet und wie andächtig die mir von meiner Mutter zugedachten Sachen gegessen als lebendige Verbindung zwischen zu Hause und mir.

Zu Weihnachten hatte mein 7 Jahre älterer Bruder neue Winterschuhe bekommen. Ich war fasziniert vom Abdruck des Sohlenprofils im Schnee. Jetzt sah ich in Bad Dürrheim beim Spazierengehen immer wieder die gleichen Abdrücke und hoffte, ja, war mir fast sicher, dass mein Bruder in der Nähe ist und versucht, mich nach Hause zu holen. Daneben war mir aber auch völlig klar, dass das nicht stimmen konnte und ich weiterhin dem Heim und den Tanten ausgeliefert war.

Diese Kinderheimaufenthalte wiederholten sich mehrfach. Mit zunehmendem Alter waren sie nicht mehr ganz so existenziell vernichtend, aber jedes Mal verbunden mit viel Angst, Heimweh und dem Gefühl von Hilflosigkeit und Ausgeliefertsein.

Gottfried Hornberger, Ebringen

Wenn ich nach der Erfahrung von «Angst, Wut oder Scham» in Kindheit und Jugend frage, werden beinahe ebenso viele Texte über beschämende wie über ängstigende Erlebnisse geschrieben, während Gefühle der «Wut» relativ selten thematisiert werden – und wenn, dann ist es meistens eine Wut, die im Zusammenhang mit Scham oder als Reaktion auf erlebte Ungerechtigkeiten und Demütigungen zutage trat. Hat man sich früher häufiger geschämt, wo man heute als Kind einfach schneller (und auf befreiende Weise) wütend ist? In der folgenden Erinnerung wird der Zusammenhang von Scham und Wut sehr deutlich.

Auf dem Platz vor dem Schulhaus wurde noch so einiges ausgetragen, was sich während der Schulstunden aufgestaut hatte, manche Keilerei, Geheule und Streit. Auch ich bekam mein Fett ab. Weil ich stark schielte, trug ich –

als einziges Kind weit und breit – eine Brille. Da gab es zwei Schimpfworte, die ich abwechselnd zu hören bekam: Brillenhengst und Schielemunkus. Der Anlass dafür ist mir nicht immer ganz klar geworden. Als sich auch der Angsthase Erwin, der immer nach seiner Mama rief, wenn er angegriffen wurde, dazu erdreistete, habe ich ihn kräftig vermöbelt. Ich wüsste das nicht mehr, wenn nicht meine Mutter durch das Fenster des Metzgerladens die Szene beobachtet hätte. Sie sah, wie ich auf dem Klassenkameraden kniete und die Ohrfeigen rechts und links flogen. Eine johlende Gruppe stand drum herum.

Anne Küchle, Staufen

Häufig hängen beschämende Erinnerungen aus der Kindheit mit Armut zusammen – das dürfte heute nicht anders sein als früher.

Mutter musste gegen sechs aus dem Haus zur Arbeit. Vier Kilometer täglich mit dem Fahrrad hin nach Siemensstadt und am Abend wieder zurück. Vor dem Weggehen richtete sie mir das Frühstücksbrot auf einem Brettchen in der Küche. Im Winter heizte sie den Kachelofen vor dem Weggehen.

Natürlich durfte ich niemanden in die Wohnung lassen. Wer klingelte, wurde mit einem Gespräch durch den Briefschlitz abgefertigt. Den Wohnungsschlüssel trug ich an einer Schnur um den Hals. Niemand außer Mutter und mir betrat die Wohnung – mit einer unliebsamen Ausnahme, die mir bis heute im Gedächtnis geblieben ist.

Ich war in der Schule umgekippt. Das kam öfter vor, war nichts Besonderes, aber die Lehrerin wollte sichergehen und schickte mich nach Hause. In Begleitung! Eine größere Schülerin bekam den Auftrag, nicht nur mich zu Hause abzuliefern, nein! Mich ins Bett zu bringen.

Alle meine Versuche, sie abzuwimmeln, misslangen. Sie kam mit in die Wohnung. Sie bestand darauf zu bleiben, bis ich im Bett wäre.

Ich zog mich aus. Ich holte einen frischen Schlafanzug aus der Kommode: türkisfarben glänzend. Aber auf der Rückseite klaffte ein hässlicher langer Riss. Der Schlafanzug war gebügelt, aber nicht repariert. Das hatte Mutter nicht geschafft.

Ich zog ihn an – was blieb mir anderes übrig? – und bewegte mich vorsichtig jonglierend rückwärts aufs Bett zu, sodass nur die heile Vorderseite zu sehen war. Was für eine Erleichterung, als ich endlich im Bett lag und die schadhafte Stelle verborgen war – die Schande der Familie erspart!

Siggi Gutmann, Balingen

Für Kinder ist es wichtig, von der Spielgruppe auf der Straße, im Kindergarten, in der Schule akzeptiert zu werden, dazuzugehören. Beschämend ist es, in irgendeiner Weise anders zu sein als die anderen und sich deswegen ausgeschlossen zu fühlen. Ein entscheidender Ausweis der Zugehörigkeit ist – damals wie heute – die angemessene Kleidung.

Im Gymnasium besaß ich eine Schultasche aus braunem Leder. Meine Mutter hatte sie für mich anfertigen lassen. Wo sie das Leder aufgetrieben hatte, weiß ich nicht. Aus unerfindlichen Gründen war die Tasche höher als breit, und ich fand sie scheußlich. Deshalb trug ich sie nie an ihrem Griff, ich klappte den Deckel einfach nach unten und klemmte sie mir unter den Arm. Jetzt hatte sie die Größe der Schultaschen meiner Klassenkameraden. Irgendjemand schenkte mir eine Mütze, grau und mit einem großen Schild. Vielleicht war es eine Soldatenmütze. Sie war etwas zu groß, und ich wollte nicht wie ein Soldat aussehen. Keiner hatte so eine Mütze. Die Hose, die ich trug, war rotbraun und stammte aus einem der Pakete unserer amerikanischen Verwandten. Es war eine Reithose, unten eng für die Reitstiefel, die ich nie besaß, und an der Innenseite des weiten Oberteils mit Lederflecken besetzt, damit der Sattel, auf dem ich nie saß, nicht scheuerte. Die Hose war mir zutiefst zuwider.

Es war an einem Novembertag, die Straße war nass und schmutzig. Es regnete. Ich ging mit anderen aus meiner Klasse nach Hause, und irgendwie fingen sie an, mich wegen meiner Mütze aufzuziehen. Ich wurde wütend, das reizte sie noch mehr, sie rissen mir die Mütze vom Kopf und lachten. Ich wollte meine Mütze wiederhaben, schrie und rannte hinter ihnen her. Sie ließen mich im Kreis herumrennen, warfen sich die Mütze wie einen Ball zu und lachten noch lauter. Da rutschte mir meine Schultasche unter dem Arm hervor. Da sie nicht geschlossen war – der Deckel war ja nur darübergeklappt –, fielen alle meine sorgfältig eingebundenen Hefte und Bücher auf die Straße, in den Schmutz und in den Regen. Ich tobte. Ich fühlte mich erniedrigt und schämte mich. Irgendjemand gab mir die Mütze zurück. Ich sammelte die

Hefte und Bücher ein, sie waren nass und verschmiert, einige waren zerrissen.

Günther Sick, Müllheim

Nicht dazuzugehören, weil man anders ist, wird als beschämend empfunden. Scham löst Gefühle der Hilflosigkeit und Ohnmacht aus. Nicht viele konnten als Kinder mit demütigenden Gefühlen so souverän umgehen wie die Autorin des folgenden Textes:

«Ich mach's», sage ich entschlossen. Es wird ein bisschen wie Meerwasser schmecken, ein bisschen nach Sand, ein bisschen wie alter Fisch. Es wird sich eklig anfühlen im Mund. Aber ich muss es ja nicht kauen und runterschlucken. Ich muss nur ein Stück abbeißen, den Mund zumachen und etwas warten. Dann darf ich es wieder ausspucken.

Ich bin zusammen mit vielen anderen Mädchen in einem Kinderheim der evangelischen Kirche auf der Insel Rügen. Die meisten Mädchen kommen aus dem Westen, nur wenige wie ich aus der Ostzone. Neiderfüllt erleben wir, wie die Westmädchen Westpakete auspacken. All die herrlichen Sachen: Bonbons, Kekse, Kuchen und sogar Schokolade! Die Kinderheimtanten sagen ihnen, dass sie uns etwas abgeben sollen. Sie tun es ungern und selten.

«Du kannst dir den Riegel Schokolade verdienen, du kriegst ihn bestimmt ...», sagt Dagmar, die mich mit fünf anderen umringt. Am Strand in der Nähe der Kreidefelsen

«Ich mach's», sage ich entschlossen und beiße ein Stück von der toten Qualle ab, die ich in der Hand halte.

Almut Simons, Staufen

Auch normale, gewissermaßen alltägliche Ereignisse können Kindheit und Jugend belasten: Lebenseinschnitte wie Umzüge und Schulwechsel, Geburt von jüngeren oder das Fortgehen älterer Geschwister. Einigen Menschen sind solche Erfahrungen noch schmerzlich präsent, für andere tauchen sie beim Schreiben manchmal ganz plötzlich und unerwartet wieder auf, inmitten von überwiegend positiv getönten Kindheitserinnerungen. Wenn diese Geschichten vorgelesen werden, zeigt sich bald, dass es beneidenswerte

Menschen gibt, die vergleichsweise wenig frühe Ängste mit sich herumtragen, neben anderen, die mit relativ vielen frühen Verunsicherungen leben mussten. Doch die durch und durch glückliche Kindheit, die reine Idylle, erscheint selten ganz glaubwürdig.

Schmerzhafte Erfahrungen sind natürlich nicht auf die Kindheit beschränkt. Auch als Erwachsene erleben wir Kränkungen und Verletzungen, sind wir Verlusterfahrungen ausgesetzt, müssen wir psychische Krisen durchstehen.

Der Eckschrank, auf der Vorderfront liegend, mit der hinteren Ecke nach oben gerichtet, festgebunden auf dem Dach des verbeulten Mercedes-Kombi, mit Decken verhüllt, sah aus wie ein Sarg. Ich sah ihn langsam, auf dem höckerigen Waldweg schwankend, wegfahren.

Er hatte sich von mir getrennt, und mein Habe war in dem Kombi, den er zum anderen Ende der Stadt fuhr, in dem ich ein Zimmer gefunden hatte. Wir hatten im Wald gewohnt, in der Baracke einer Tagesschule, da hatte ich ihn auch kennengelernt, als mich eine Freundin dorthin zu Wochenendtreffen von mehreren Studenten mitnahm.

Ich kam aus einem bürgerlichen Leben, blaustrümpfig angehaucht, und konnte mich nicht satt fühlen an der Atmosphäre da oben, die ihn umgab wie eine riesige Blütenkrone einen Baumstamm. Wir saßen meistens in der Schulküche, die am Kopf der lang gestreckten Baracke lag. Daran schlossen sich zwei längliche Schulräume an und ganz hinten, am anderen Ende, die beiden Räume, in denen er wohnte, in denen auch ich später am Ende der Schwangerschaft wohnen durfte und von wo aus mein Rufen und Schreien in der am anderen Ende liegenden Küche nicht zu hören war, wo er und seine Schwester saßen, wie immer sehr vergnügt, als die Fruchtblase platzte und sich mir das Fruchtwasser zwischen den Beinen ergoss und die Dauerwehe begann. Ich konnte nur mühsam zum Telefon kriechen, um ein Taxi zu rufen.

Das Kindchen hat die Dauerwehe nicht überstanden.

Nach seinem Tod lebte ich noch ein Jahr da oben. Ich lernte fürs Studium, machte brav meine Scheine, und mit Inbrunst befasste ich mich mit der Verschönerung der kleinen Behausung. Am Wochenende kamen immer noch einige seiner engeren Freunde. Ich selber hatte die Verbindung zu allen meinen Freunden, auch aus der Heimatstadt, schmählich abgebrochen. Ich hockte wie paralysiert auf der Schwelle von etwas, das ich für das Paradies hielt, in das ich aber nicht hineindurfte. Nachts lag ich meistens allein in dem Hochbett, er ging weg in den Wald im Sommer oder irgendwohin in die Baracke im Winter, und ich biss in die von Tränen durchnässten Kissen.

Und irgendwann packten wir wortlos meine Sachen zusammen, und der Kombi, der aussah, als trüge er einen Sarg, rumpelte durch den Wald davon.

Angela B., Pfaffenweiler

Den meisten KursteilnehmerInnen fällt es allerdings leichter, über belastende Erfahrungen in der Kindheit als über Lebenskrisen in ihren späteren Jahren zu schreiben. Die Schwäche, die man dem Kind, das man einmal war, zugesteht, meint man als erwachsener Mensch unter Kontrolle haben zu müssen.

Auf die Auseinandersetzung mit aktuellen Lebenskrisen werde ich später noch eingehen – in den Kapiteln «Schreiben als sinnstiftender Prozess» und «Die Heilkraft des Schreibens».

Ausufernde Figuren: die Eltern

Neben den schon dargestellten Schwerpunkten Kindheit und Jugend, neben den Kriegserinnerungen, so die noch existieren, sind die Eltern für die meisten Menschen ein zentrales Thema ihrer autobiografischen Aufzeichnungen. Dabei beschäftigen sich die Schreibenden vor allem mit zwei Facetten: mit den Eltern der Kindheit auf der einen Seite und den alten, pflegebedürftigen und sterbenden Eltern auf der anderen Seite.

Es ist unmöglich, über die eigene Kindheit zu schreiben, ohne sich mit den Eltern auseinanderzusetzen. Sie sind die ersten wichtigen anderen in unserem Leben, übermächtige Gestalten, die alles überschatten und alles durchdringen. Sie erzählerisch zu fassen ist gar nicht so einfach, da sie uns meist über eine lange Zeitspanne begleiten, in der sich unsere Beziehung zu ihnen ständig verändert. In der Kindheit sind wir so eng mit ihnen verbunden, dass wir uns kein umfassendes Bild machen können. Spätestens mit der Pubertät beginnen wir, sie distanzierter wahrzunehmen, dann oft übermäßig kritisch, doch als eigene, auch unabhängig von uns existierende Personen können wir sie, wenn überhaupt, erst im fortgeschrittenen Alter begreifen.

Deswegen ist es nicht verwunderlich, dass es vielen SchreiberInnen zwar ohne Weiteres gelingt, abgerundete Porträts ihrer Großeltern zu verfassen, dass sie sich aber mit den Eltern schwerer tun. Die Elternbilder sind einfach nicht «handlich» genug, sie verschwimmen, scheinen sich dem direkten Zugriff zu entziehen. So beschränken sich viele SchreiberInnen darauf, Vater und Mutter indirekt in einzelnen Episoden aus der Kindheit und Jugend zu charakterisieren.

Zwei oder drei Jahre muss ich gewesen sein, als mein Vater, der Schlenz, wie wir ihn nannten, mich hütete. Das war notwendig, denn meine Mutter musste das Geld verdienen, was sie beim Deutschlandfunk als Sachbearbeiterin beim ‹Frauenfunk› tat.

Schlenz schien die Aufgabe, sein Töchterchen zu hüten, kein großes Kopfzerbrechen zu bereiten. Er heizte sein Atelier so gut ein, dass Töchterchen Barbara nackt herumspringen konnte. Auf diese Weise hatte er keine Probleme mit Töpfchensetzen und konnte in Ruhe arbeiten. Für mich war dieser Zustand wundervoll. Es gab doch so viel zu entdecken. Die Pfützchen, die ich da und dort hinterließ, bemerkte mein guter Vater nicht, denn er war zu sehr mit Modellieren beschäftigt, und außerdem waren seine Hände ja voller Ton.

Ungestört konnte ich meinem Forscherdrang nachgehen. Mein Strickkleidchen, das ich in Reichweite entdeckte, bot mir eine wundervolle Beschäftigung. ‹Ob man wohl diesen Faden ziehen kann, der am Saum des Kleides heraushängt?› Aber sicher! Und er wurde, zu meiner großen Freude, immer länger und länger, bis das hübsche Kleidchen, das Mama mir gestrickt hatte, nur noch als solches zu erahnen war. Mein Vater bemerkte es wohl, doch statt es mir wegzunehmen, zeichnete er mich bei dieser Tätigkeit.

Wie man sich denken kann, war seine Frau von dieser Art des Kinderhütens nicht gerade begeistert. Musste sie doch nach ihrer Rückkehr von der Arbeit die Pfützchen wegputzen, den Rest des Kleidchens retten, mich wieder anziehen, denn das Atelier war mittlerweile kalt geworden. Schlenz hatte es nicht bemerkt.

Für mich war dieser Tag wundervoll, ich schien nichts zu entbehren, sondern freute mich über meine unendliche Freiheit.

Barbara Dörr, Wittnau

Unser Vater ließ uns früh Goethe lesen, auch Schiller und Lessing, Romantiker und Philosophen. Er meinte, es mache nichts, wenn wir sie noch nicht verstünden. Das führte dazu, dass ich mit fünfzehn bäuchlings auf dem Tisch in meinem Zimmer lag und Nietzsche inhalierte. Als meine Mutter ins Zimmer kam, um mich zum Geschirr abtrocknen zu holen, erklärte ich herablassend:

‹Kein Pfad mehr!
Abgrund rings und Totenstille.
So wolltest du's.

Vom Pfade wich dein Wille!
Nun Wandrer gilt's!
Nun blicke kalt und klar!
Verloren bist du – glaubst du an Gefahr!›

Ich war dabei tief von mir beeindruckt, obwohl ich wenig Ahnung hatte, was das Zitierte bedeutete. Mit einem verzweifelten Kopfschütteln kapitulierte meine Mutter.

Künftig aber öffnete sie meine Tür und rief: ‹Vom Pfade weicht mein Wille! Einkaufen!›

Bertl Humpert, Freiburg

In einem längeren Manuskript setzt sich das Bild von Vater und Mutter dann häufig aus verschiedenen Momentaufnahmen zusammen, die aus verschiedenen Lebensphasen stammen. Den meisten Menschen gelingt es erst, ein umfassendes Porträt der Mutter oder des Vaters zu schreiben, wenn die Eltern schon längere Zeit tot sind. Das hängt sicher nicht nur mit einer Scheu zusammen, sie zu kränken, solange sie noch da sind, sondern vor allem mit der vorher fehlenden Distanz.

Es gibt KursteilnehmerInnen, die noch mitten in der Aufarbeitung ihrer Beziehung zu den Eltern zu stecken scheinen, auch wenn sie beim Verfassen ihrer Lebenserinnerungen selbst schon fünfzig, sechzig, siebzig Jahre sind. Es gibt bittere, böse, traurige, auch spürbar ungerechte Texte über die Eltern. Daneben finden sich idealisierende, mit Pathos behaftete Texte, die auf andere peinlich wirken, häufig ohne dass die AutorInnen es selbst bemerken. Da werden die Eltern, insbesondere die Mütter, wie Heiligenfiguren auf ein Podest gestellt, eine Art Muttertagsprosa, die die Figuren entpersönlicht. Doch einigen SchreiberInnen gelingen anrührende, einfühlsame oder auch humorvolle Schilderungen der Eltern, die die Schatten nicht ausblenden und den kritischen mit einem liebevollen Blick verbinden.

Vom schwierigen Verhältnis der Generation 60plus zu den Vätern war bereits im Kapitel «Kriegserinnerungen» die Rede. In der Tat werden die Väter fast durchgehend kritischer gezeichnet als die Mütter.

Was ist, wenn ein Mensch, dazu noch ein Mann, immerzu Angst haben muss, die Hose rutscht ihm runter, und er steht nur noch im Hemd da? Ist er da nicht sozusagen vom Schicksal gezwungen, sich immerzu die Hose festzuhalten? Oder sich vielleicht Hosenträger anzuschaffen? Damit würde er sich erst recht lächerlich machen – es sei denn, er zieht darüber ein Jackett oder am besten gleich einen Talar.

In dieser Not war mein Vater. Aber das hätte er natürlich nie zugegeben. Der Talar half ihm dabei, seine Hosenträger und die Angst, seine Hosen könnten rutschen, zu verstecken. Außer dem Talar hatte er noch viele symbolische Mäntelchen, die dazu beitrugen, dass er als fortschrittlicher, interessierter und verständnisvoller Pfarrer mit großem Engagement und Pflichtgefühl bewundert wurde. Oder war das gar nicht sein Talar, sondern sein Wesen? Weshalb zeigte er sich dann uns Kindern nicht so? Vielleicht war es aber auch wie bei des Kaisers neuen Kleidern: Keiner wollte die Hosenträger, geschweige denn die Angst oder Nacktheit des Herrn Pfarrer wirklich sehen. Ich musste erst Psychotherapeutin werden, um zu erkennen, dass seine Glaubenssätze wie «Egoismus ist schlecht, Sexualität ist schlecht, Kinder mit eigener Meinung sind schlecht» ihn gegen seine Angst vor diesen Seiten des Lebens schützen sollten. Diese Überzeugungen dienten als Hosenfesthalter. Es scheint, dass wir alle, besonders ich als seine Tochter, eifrig mitgeholfen haben, dass er das Mäntelchen seiner Unschuld ja auch anbehielt. Hatten wir Angst, er hält das Gesehenwerden nicht aus? Ich denke, ich hätte es nicht ausgehalten, dass er es nicht aushielt.

Dabei wäre es doch mit rutschender Hose sehr viel spannender und lustiger gewesen. Ja, selbst mit sichtbaren Hosenträgern stelle ich mir das Leben mit ihm etwas gemütlicher vor, als es in Wirklichkeit war.

Gertraude Franz. Merzhausen

Der autoritäre, strenge, unnahbare Vater, das Familienoberhaupt – daneben die Mutter, die als den Kindern näher, häufig liebevoller und wärmer, nicht selten zugleich als angepasst, unterdrückt, in der Opferrolle erlebt wurde – das waren typische Figuren in der ersten Hälfte des 20. Jahrhunderts.

Das Taschentuch hinter dem Sofakissen. Die Seiten des Bonner Generalanzeigers nicht richtig geordnet. Der Sender im Radio so verstellt, dass mein Vater suchen muss, bis er den Deutschlandfunk für die Nachrichtensendung findet. Doch noch ein vergessenes Kleidungsstück im Badezimmer, eine schmutzige Tasse im Kinderzimmer, obwohl wir denken, wir haben alles weggeräumt.

Alles nur Kleinigkeiten, denke ich. Nicht so mein Vater. Wenn ich auf seine Vorhaltungen trotzig antworte, schweigen wir tagelang. Leid tut mir dabei eigentlich nur meine Mutter. «In Freiheit dressiert» nennt uns meine Großmutter. Mein Vater findet uns verwildert und unerzogen und gibt ihr die Schuld. Dass sie in den Arnstädter Jahren allein für uns sorgen musste, dass sie wenig Zeit hatte und wir ihr Kinder und Vertraute gleichzeitig waren, kann er wohl nicht anerkennen.

Was unser Familienleben aber am allermeisten belastet, ist: das Geld. Das fehlende Geld. Das Geld, das mein Vater nur nach sehr sorgfältiger Prüfung des Verwendungszweckes zur Verfügung stellt. Ist das Schulheft voll, wirklich voll? Sind die Schuhe wirklich zu klein? Braucht man auch in den Ferien eine Punktekarte für die Straßenbahn, nur um Freunde zu treffen?

5 Mark Taschengeld im Monat. Ich bin 14 und 15 und 16 und 17 Jahre alt und klopfe an die Tür des Schlafzimmers meiner Eltern, in dem für meinen Vater auch ein Schreibtisch steht. Er sitzt über «den Ahnen», wie wir sagen, stellt die Stammbäume der Familie zusammen. «Das schaue ich später durch», sagt er, als ich ihm mein Heft hinhalte. Monatsende. Ich möchte mein Taschengeld. In dem Heft habe ich alle Einnahmen und Ausgaben zu notieren. Mit Saldo, Bestand und Übertrag. Er wird wie immer alles kontrollieren, nachrechnen und hinter jeden Posten ein Häkchen setzen. Ich hasse ihn. Alles wird er wissen, alles: über die Bonbons, das Eis, das Kino, das Heft «Das Beste», die Theaterbesuche, wie oft ich schwimmen war und für wen ich ein Geschenk gekauft habe.

Ich hasse auch mich. Weil ich es zulasse. Weil das Geld mich dazu bringt, meinem Vater demütig zu begegnen.

Almut Simons, Grunern

Die ausgegrenzten Väter, die in den eng gewachsenen Mutter-Kind-Verbund nicht mehr hineinfanden, beschränkten sich häufig aufs Kontrollieren und Strafen. In manchen Texten der heute selber schon alternden SchreiberInnen spürt man noch heute die Enttäuschung des Kindes von damals, das sich betrogen fühlte um die Liebe des zuvor jahrelang aus der Ferne idealisierten Vaters.

Für viele, die in der Nachkriegszeit Kinder waren, bekam das traditionelle Geschlechterverhältnis zwischen den Vätern, die noch immer den Anspruch auf die Rolle des Patriarchen erhoben, und den Müttern, die sich kleiner machten, als sie wirklich waren, einen Riss.

Beim Zwiebelschneiden. «Zwiebelkuchen, badischer». Ich schneide ein gutes Pfund. Mir läuft jetzt schon die Nase. Vater aß für sein Leben gern geschnittene Zwiebeln auf dem Butterbrot. Ein Zwiebelbrot, ein Scheibchen Salami für den Geschmack, den wohlverdienten Feierabend in seinem Sessel, wenn der Tag gut gelaufen war, dann war die Welt in Ordnung. Mutter ging es gut, wenn Vater zufrieden war. Eck, Armin und Uschi ging es gut, wenn Mutter und Vater zufrieden waren, und mir ging es gut, wenn es allen gut ging.

Wehe, die Welt war nicht in Ordnung, das Essen nicht fertig, der Tag schlecht gelaufen, die Kinder zu laut, dann konnte der Vater sehr böse sein, hat geschrien und getobt und uns verhauen. Es war sehr anstrengend, die Welt für Vater in Ordnung zu halten. Ich hätte es so gern gehabt, dass Mutter sich mal wehrt, aber sie sagte nichts, keinen Mucks, hat nie gemosert. Sie hätte am ehesten sagen können, womit habe ich das verdient, das Leid, wieso ausgerechnet ich, dieser blöde Krieg, alles kaputt, der Alltag so mühsam, der Unfall, das kaputte Bein. Aber nein, was sagt sie?

Männer wollen keine jammernden Frauen, Männer wollen schöne, kluge, fröhliche Frauen, Männer muss man bei Laune halten. Sie meinte Vater damit, andere Männer kannte sie ja gar nicht, außer Otto Wirsbitzki, das muss ein ganz netter Mann gewesen sein, damals, aber sie wollte ihn nicht heiraten, wegen seines Namens, sie wollte nicht Wirsbitzki heißen.

Jetzt tränen mir die Augen vom Zwiebelschneiden, ich muss richtig weinen. Mutter hat nur heimlich geweint. Ich hab es trotzdem gemerkt. Vater nie.

Vater war ein Denker und Philosoph, er schrieb ständig wichtige Sätze auf. Einen musste ich auswendig lernen: Strebe nicht danach, das zu bekommen, was du willst, sondern das zu wollen, was du bekommst, schreib dir das hinter die Ohren, hat er gesagt, weil man Kindern den Willen brechen muss. Nämlich mir.

Dabei ist der Satz gar nicht von ihm, sondern von einem stoischen Philosophen. Ein sehr weiser Spruch. Die Männer wissen einfach immer, wo es langgeht. Mutter war eine weibliche stoische Philosophin, sie konnte beim Zwiebelschneiden denken, das habe ich von ihr geerbt, deshalb hat das mit dem Willenbrechen nicht bei mir geklappt. Vater konnte sein ganzes Leben lang keine Zwiebel schneiden. Hilfe, jetzt beißt mich die Zwiebel in die Nase. Wahrscheinlich zur Strafe.

Gertrud Kürschner, Heitersheim

Die meisten Angehörigen dieser Generation fühlten sich in der Kindheit vor allem den Müttern nah, und sie schreiben noch heute identifiziert mit den Müttern. Diese Mütter wurden zwar als abhängig von ihren Männern wahrgenommen – doch für die Kinder waren sie trotzdem mächtige, beherrschende Figuren. Hier drei Texte, die versuchen, die Mutter umfassend darzustellen, und dabei drei ganz verschiedene Beziehungen zur Mutter spiegeln:

Beim Bügeln der Nachthemden muss ich an Mutter denken. Diagnose Krebs, Krankenhaus, Hoffen, Bangen, Verzweiflung. Aber zum Kämpfen hatte sie keine Kraft mehr. Das ist jetzt fast dreißig Jahre her.

Zuerst hatte sie ihre eigenen Nachthemden, später diese weißen offenen Klinikhemden. Sie war noch keine sechzig Jahre alt, als sie starb. Ich habe sie mittlerweile längst überlebt. Seltsam. Ich hätte ihr noch so viel zu sagen gehabt.

Was weiß ich eigentlich von ihr? Ihre Mutter war Schneiderin und der Vater Tischlermeister, das erzählte sie nicht ohne Stolz. Sie hatte zwei Brüder und eine Schwester. Sie war die Jüngste. Von ihren Brüdern wurde sie sehr verwöhnt. Mit fünfzehn Jahren heiratete sie und wurde eine Woche vor ihrem sechzehnten Geburtstag Mutter. In der Ukraine heiratete man damals ziemlich jung. Mit ihrem Mann Jacob hatte sie drei Kinder, als dieser verschleppt wurde und nicht zurückkam. Ein Jahr später heiratete sie meinen Vater und war mit 26 Jahren sechsfache Mutter. Viel später, nach dem Krieg, kam noch unser jüngster Bruder zur Welt.

Mein Vater erzählte mir einmal: Er hätte alle Mädchen aus dem Dorf haben können, aber er wollte nur die schöne Emma.

Von dieser Zeit hat unsere Mutter nie gesprochen. Oder nur nicht zu mir? Ich ging ja schon früh von zu Hause fort.

Sie war eine kleine, sehr schöne Frau. Ihre dunkelblonden Haare frisierte sie zu einem Knoten. Später wollte sie «mit der Mode gehen», ließ die Haare abschneiden und Dauerwellen machen.

Mir erschien sie als Kind manchmal sehr streng, sogar hart.

Ich erinnere mich an eine der vielen schlimmen Situationen auf der Flucht: Der Zug hielt am Bahnhof, und unser ältester Bruder sollte Wasser holen. Er kam aber mit dem leeren Kochgeschirr zurück, weil er Angst hatte, der Zug könnte ohne ihn weiterfahren. Sie hat ihn fürchterlich geschlagen, wir haben alle geweint und hatten gar keinen Durst mehr. Heute weiß ich, dass hinter ihrer Härte Hilflosigkeit und Überforderung standen. Andererseits hat sie uns Kinder wie eine Löwin beschützt. Es ist ohnehin fast wie ein Wunder, dass sie uns alle in dieser schlimmen Zeit wohlbehalten aus der Ukraine in Sicherheit gebracht hat.

Wie ging es ihr damals selber? Was hat sie, außer Angst und Sorge um uns Kinder, gefühlt? Was gewünscht und erhofft?

Wir haben es nie erfahren. Auch über diese Zeit schwieg sie. Ja, Mama, ich sehe dich mit dem Gesangbuch auf dem Schoß. Ich sehe dich in die Schürze weinen. Ich sehe dich im Bett liegen mit schrecklichen Kopfschmerzen. Ich sehe deine traurigen Augen, wenn wir Kinder Hunger hatten und es nichts zu essen gab. Ich sehe dein stolzes glückliches Gesicht, wenn du viel, viel später die besten Piroggen, triefend vor Fett, auf den Tisch stellen konntest. Ich sehe deinen prüfenden Blick, als du spürtest, dass ich unglücklich mit G. war.

Mama, manchmal konntest du wunderbar lachen, dann sahst du so glücklich und ganz jung aus. Und doch hattest du immer Heimweh nach der Ukraine, nach deinen Geschwistern, die du hast suchen lassen, die aber nie gefunden wurden. Dann, als das Gröbste geschafft war und deine Kinder aus dem Haus, packte dich der Krebs, und du musstest unter schlimmen Schmerzen gehen.

Was für ein Leben!

Melita Reinbold, Bad Krozingen

Mutter ist die Frau, die mich als kleines Mädchen auf den Arm nimmt und vor den großen Spiegel trägt. Ich erkenne mich darin und sie, die lacht. Ich bin aufgeregt und drei Jahre alt.

Mutter ist die Frau, die mir einen grauen Pullover strickt mit roter Kante und roten Knöpfchen und die mir ein heißes Kartoffelsäckchen auf mein krankes Ohr drückt. Ich bin vier Jahre alt.

Mutter ist die Frau, die in der Kirche neben mir sitzt und mich zurechtweist, wenn ich während der Predigt die Nase zu laut putze.

Mutter begleitet mich oft zur Hals-Nasen-Ohren-Ärztin und sitzt neben mir, wenn die mir ihre langen, biegsamen Nadeln in die Nase dreht. Ich bin sieben Jahre alt.

Mutter weckt mich jede Nacht, um mit mir die Wiege, in der der kleine Bruder schläft, ins Wohnzimmer zu tragen, damit er am Morgen ungestört ist. Der Vater mit den Krücken kann nicht helfen. Ich bin im 8. Lebensjahr.

Mutter sitzt heulend im Esszimmer, nachdem ich meine erste Fünf in Französisch heimgebracht habe. Da bin ich elf, und Vater macht mich für ihre Tränen verantwortlich.

Mutter ist die Frau, die mich beschuldigt, die Schwester verletzt zu haben, als die sich den Kopf am Waschbecken angeschlagen hat. Die Ungerechtigkeit senkt sich bleischwer zwischen Mutter und mich.

Mutter ist dabei, als ich meinen ersten Büstenhalter kaufe. Er ist glänzend weiß mit spiralförmig abgestepptem Körbchen und erinnert an eine kleine Rüstung. Auf dem Heimweg hänge ich mich bei Mutter ein und spüre ihren Arm an meiner gepanzerten Brust.

Mutter schlägt mich mit dem Schirm, als ich die Wohnungstüre hinter ihr zuwerfe. Später übergibt Mutter die Konfliktregelung an Vater, und ich entlasse sie aus meinem Herzen. Sie rächt sich, indem sie als mein einziges Talent ‹die Wahl meines großartigen Ehemanns› bezeichnet.

Ich verschließe mich vor ihr und begegne ihr nur noch als funktionierende Hülle. Wenn Mutter ihren Besuch ankündigt, putze ich das Haus, und es reicht nie. Ich spüre keine Verbindung zwischen uns, bis Mutter beginnt, sich von ihrem Verstand zu verabschieden. Meinen 50. und ihren 75. Geburtstag feiern wir gemeinsam.

Meine bisher so gepflegte Mutter wirft ihre Tempotaschentücher einfach auf die Straße, schaut in fremde Mülltonnen hinein, redet unbekannte Menschen an, nimmt meinem Vater die Krücken weg, kauft Unmengen von Klopapier ein, macht die Nacht zum Tag, verlernt das Kochen.

Mutter zeigt mir ihre blauen Flecken an den Armen. Vater hat die Nerven verloren beim nächtlichen Kampf um Alltägliches. Ich dränge auf Trennung und habe Angst um Vater und Mutter. Ich will nicht beide gemeinsam beerdigen.

Im Altenheim wird Mutter ein Zimmer eingerichtet. Ihr Kommentar dazu ist: ‹Das habt ihr raffiniert gemacht!› Ich habe ein schlechtes Gewissen, dass ich Mutter nicht zu mir genommen habe.

Vater besucht sie jeden Tag, trotzdem wirft sie seinen Brief aus dem Fenster. Ihre Unruhe weicht, wenn sie schreibt oder malt. Sie schreibt seitenlang die gleichen Sätze: ‹Da will ich am liebsten davonlaufen!› oder ‹Lieber Gott, hilf uns nochmals neu und alles schön zu verpacken!› oder: ‹Das wird uns noch für einmal guttun können!›

Mutter ist auf Hilfe angewiesen, und ich trete nahe an sie heran. Ihre Merkwürdigkeiten sehe ich als Herausforderung, eigene Erwartungen zu hinterfragen. Als sie nicht mehr spricht, spüre ich, wie schwer mir das gemeinsame Schweigen fällt. Wenn ich sie zur Begrüßung anlächle, strahlt sie zurück und ist aufgeregt. Wir gehören für einen Moment wieder zusammen. Dann zieht sich Mutter in ihre leerer werdende Welt zurück. Der Abschied von ihr geht über zwei Jahre.

Am Fußende von Mutters Sterbebett habe ich meinen Platz gefunden. Sie braucht mich nicht. Sie geht ihrem Tod souverän entgegen. Meine Aufmerksamkeit ist auf Vater gerichtet. Er sitzt neben ihr, ganz nahe, und versucht, auf ihr Sterben Einfluss zu nehmen. ‹Lass los, Margareta, lass los!›, befiehlt er in ihre tiefen Atemzüge hinein. ‹Noch ein solches Wort, und ich werde dazwischenfahren!›, bin ich mir gewiss. Sie hat sich jedoch seiner Kontrolle entzogen und gibt sich in ihren eigenen Rhythmus. Zum Sterben findet ihr Körper auch ohne Verstand.

Elisabeth Utz, Freiburg

Muddi war sehr besorgt um mich, ihr Ein und Alles. Und sie wollte stolz auf ihren Sohn sein. Und das um jeden Preis. Ja, ich bekam alles, dafür wurde jedes Aus-der-Reihe-Tanzen unerbittlich bekämpft.

«Du bist halt unsern Einzische!», höre ich oft. Und dem Einzigen soll es an nichts fehlen.

Ich erinnere mich – sechs Jahre war ich alt –, wie ich mit hohem Fieber im Bett lag. Als sich dann nachts der Raum drehte und die fiebrigen Phantasien den schwarzen Mann bedrohlich näher rücken ließen, schlug Muddi ihr Nachtlager neben meinem auf, um mich gleich in den Arm zu nehmen, wenn Hilfeschreie von mir kamen.

Sehr liebevoll in den Arm nahm sie mich auch, wenn ich, der kleine Junge, allmorgendlich auf ihrem Schoß saß. Ich genoss das Schmusen mit Muddi, auch später fehlte nach dem Abendgebet nie der Gutenachtkuss.

Mit beginnender Pubertät ließ Peters Hang nach mütterlicher Zärtlichkeit erheblich nach. Und irgendwann verweigerte er nicht nur den Gutenachtkuss, sondern auch das Abendgebet.

«De Peter war emal so en goldische Kerl!»

Trotz der zunehmenden Rohheit des angehenden Jünglings ließ es Mutter an Fürsorge in keiner Weise fehlen. Kleidung und Schuhe lagen morgens akkurat beieinander, und sogar das Bett des Sohns wurde regelmäßig gemacht.

Eines Morgens höre ich, der ich stets als Letzter aufstehe, in der Küche nicht enden wollendes Geschimpfe. «Hebbebbebbebbebb», ist zunächst nur zu hören, und allmählich begreife ich, dass es um mich, besser gesagt um meine total verdreckten Schuhe geht.

«Mer meint, mer wär bei de Zischeuner!»

Nun ja, als ich losmuss – wie immer ist dann höchste Eisenbahn –, stehen die Objekte des Unmuts blitzblank vor der Flurtür.

Mutter nahm lebhaft Anteil an dem, was ihren heranwachsenden Jüngling umtrieb. Mit 15 dürfte dieser bereits in die Tanzstunde, im selben Jahr seine erste Party geben. Natürlich traf Mutter die Vorbereitungen: machte eine Bowle, schmierte Schnittchen und dieses und jenes mehr. Und wie anteilnehmend und begeisterungsfähig Mutter war! Sie schien dem Ereignis entgegenzufiebern.

«Un wie macht mer des bei Cocktailpartys, was braucht mer sonst noch heut bei Cocktailpartys?» Und so weiter. «Cocktailparty, Cocktailparty ...»

«Hör doch endlich auf mit deiner Cocktailparty», entfuhr es plötzlich dem Sohn. Erst die Erstarrung der Mutter, dann folgte der Redeschwall: «Was macht mer net alles – und dann so ein Dank!» Sie hatte ja so recht.

«Na ja, so sin die halt im Fleschelalter!»

Rege Teilnahme an allen Beziehungen war dem Sohn sicher. Mit 18 brachte dieser Angela mit nach Hause. Angela war wahrhaft engelsgleich, große fragende Augen, still, staunend und lächelte höflich bis verlegen, wenn man mit ihr sprach. Sofort hatte sie Muddis Herz erobert.

«Die Angela ist ein nettes Ding, e aastännisch Mädche.»

Ganz anders war es später mit Gudrun, die ihr suspekt war. Gudrun war eher flott, mitunter in gewagt engen Hosen, selbstbewusst, witzig bis frech, mit Charme und bayerischem Akzent. Dummerweise hatte sie einmal arglos ihre verflossene Liebschaft aus Bayreuth erwähnt.

«Wenn e Mädche schon emal en Kerl gehabt hat – des is nix!»

Als ich vom mündlichen Abitur nach Hause komme, steht Mutter voller Spannung mit aufgerissenen Augen und offenem Mund am Treppengeländer.

«Na, was is?»

«Was denn?»

«Ei, haste bestanne?»

«Natürlich, war doch schon lange klar.»

Sie fällt mir um den Hals, ich vergesse es nicht, heftig mich klammernd.

«Ich bin ja so stolz auf dich!»

Mich packt ein unwiderstehlicher Ekel, behutsam befreie ich mich und verziehe mich nach nebenan. Dabei war sie doch so gut zu verstehen! Sie, die Bäuerin, konnte nun bald bei Feierlichkeiten unter Staatssekretären und Ministerialräten einschließlich der Ehefrauen ebenso wie diese vom Sohn in der Ferne erzählen, der in der X-Stadt die Y-Wissenschaften studiert.

Einige Tage vor ihrem 81. Geburtstag komme ich. Muddi atmet schwer, kann nicht mehr reden. Spät am Abend ihres Geburtstages sitze ich an ihrem Bett. Ich halte ihre Hand.

«War nicht immer leicht mit uns beiden, aber jetzt soll alles gut sein.»

Sie schaut mit großen Augen, ich weiß nicht, ob sie noch etwas aufnehmen kann. Ich merke, dass sie ein Krampf im Bein plagt. Ich lege meine Hand auf ihren verhärteten Oberschenkel. Nach kurzer Zeit spüre ich die Entspannung. Ihr Atem ist ruhiger.

«Gute Nacht, Muddi, schlaf gut!»

Beim Weggehen drehe ich mich noch mal um, ihr Blick scheint mir zu folgen. Am nächsten Morgen kommt Anje, unser Pole, aufgeregt zu mir rein. Mir ist klar, welche Botschaft er bringt.

Peter Giel, Pfaffenweiler

Im ersten Text spüren wir eine große Empathie, von unerklärlichen Schuldgefühlen begleitet, weil das Leben der Mutter so schwer war. Im zweiten überwiegt eine kritische Distanz, in die sich aber auch Zärtlichkeit, eine nachgetragene Liebe, mischt. Im dritten Text kämpft der etwas schnodderige Jugendliche, von dem der erwachsene Autor sich deutlich und etwas beschämt distanziert, gegen eine als erstickend empfundene Überbemutterung. Alle drei Texte enthalten Gedanken und Gefühle, die die SchreiberInnen ihren

Müttern gegenüber zu Lebzeiten nicht angemessen ausdrücken konnten, alle versuchen, ihnen wenigstens nachträglich gerecht zu werden. – Diese Dinge zu formulieren, sie schriftlich auszudrücken, kann zwar nicht verändern, was gewesen ist, doch es trägt als späte Botschaft an die Verstorbenen zur Versöhnung mit ihnen und mit sich selber bei.

Im Allgemeinen wächst die Versöhnlichkeit des Tons mit dem Alter der sich erinnernden AutorInnen. Das wird vor allem in den Texten über die alternden Eltern deutlich, die meist einfühlsam und liebevoll beschrieben werden.

Früher fuhren wir immer Ende November zu Mames Geburtstag. Heute fahren wir Anfang November zu Mames Grab.

Das ist der natürliche Lauf des Lebens.

Unsere Mutter ist 83 Jahre alt geworden und bis zuletzt eine bestimmende Persönlichkeit geblieben. Mit fester Willenskraft hielt sie ihre groß gewordene Familie zusammen und verlangte schlechthin Gehorsam. Bis in ihren Tod sind wir «die Kinder» geblieben. Und keiner von uns vieren vermochte sich davon wirklich zu lösen.

Meist war in dieser Jahreszeit das letzte Stück unserer Autofahrt, die Oppenauersteige, verschneit, oft vereist, und Mame warnte uns schon frühmorgens am Telefon: «Ohne Winterreifen könnt ihr nicht fahren», und Oa rief von hinten: «Packt einen Sack voll Sand in den Kofferraum.» Die Besorgnis der älter werdenden Eltern war rührend.

Mame empfing uns mit herzlicher Freude und führte uns gleich ins große Zimmer zu ihrer geladenen Damenrunde. Diese «Damenriege», wie Oa sie benannte, hatte früher regelmäßig zusammen Gymnastik gemacht und traf sich über all die Jahre immer noch im Café Bacher zu Kaffee und Kuchen. Auch hier wurde getratscht, gelacht, gestichelt und intrigiert und sich auch wieder versöhnt.

Am Abend, die Damen hatten sich längst verabschiedet, hockten wir uns gemütlich um das «Rauchtischle», d. h., der Oa saß in seinem Ohrensessel unter den Geweihen, und Mame lag auf ihrer Couch, und bei manch gutem Glas Wein erzählten wir den beiden Alten, selbstverständlich gefiltert, von den Kindern, unseren Männern, unserem eigenen Tun.

Es waren gute Stunden. Die gibt es nicht mehr. Wir sind jetzt die Alten, obwohl wir dies noch gar nicht so recht wahrhaben wollen.

An Allerheiligen besuchen wir gemeinsam das Grab der Eltern. Und die Fahrt nach Freudenstadt ist ähnlich kurzweilig und fröhlich wie damals. Mame und Oa werden lebendig, und die «Weißt du noch» häufen sich.

Gemeinsam stehen wir am Grab, jeder zupft irgendwo herum, legt Reisig da hin, einen Stein dorthin und jeder von uns führt seine eigenen Gespräche mit den Eltern. Jeder von uns hat seinen eigenen Frieden mit ihnen gemacht, und jeder von uns weiß: Wir sind die Nächsten.

Eva Hiller, Wittnau

Wenn es um die alten Eltern geht, stehen oftmals bewegende Schilderungen der Pflegebedürftigkeit, der finalen Krankheit, der Demenz oder des Sterbens im Mittelpunkt. Meistens sind es die Frauen, die Töchter, die die Erfahrung mit der Pflege hinfälliger Eltern gemacht haben. Die Umkehr der früheren Macht- und Abhängigkeitsverhältnisse zwischen Eltern und Kindern stellt für beide Seiten eine große psychische Belastung dar.

Ein leichter Schlaganfall, hieß es. Der Hausarzt veranlasste die Einweisung ins Krankenhaus. Als ich ihn am Nachmittag besuchte, saß er im Krankenzimmer am Tisch und malte mit seinen Händen unsichtbare Kringel auf die Tischplatte, er war in diese Tätigkeit völlig versunken, beachtete mich kaum.

Am andern Tag war er sehr unruhig. Zu seinem eigenen Schutz musste er in seinem Bett fixiert werden, auch die Gitter links und rechts hinderten ihn nicht, in Sekundenschnelle aus dem Bett zu steigen und davonzurennen. In den Gesprächen, die er mit mir führte, stellte ich fest, dass er in einer anderen Zeit war. Einmal schaute er mich ganz geheimnisvoll und verängstigt an. Fragte, woher ich käme? Von zu Hause natürlich! Das wäre viel zu gefährlich für mich! Ob ich keine Partisanen gesehen hätte? Und ob ich das Gewehr oder doch wenigstens die Pistole dabeihätte? Ich bemühte mich, nicht zu lachen, und machte ihm klar, dass es erstens keine Partisanen zwischen Bahlingen und Emmendingen gebe und ich zweitens gar nicht schießen könne. Das müsse ich aber können!! Er saß am Tisch und erklärte mir mit Händen und Fingern, wie ich das Schießeisen halten müsse, wie es geladen wird und wie man schießt. Ich versprach ihm, in Zukunft nur mit dem Gewehr zu kommen, danach war er ruhiger.

Dann sitzen wir beide im Krankenfahrzeug, es geht endlich nach Hause. Vater strahlend vor Freude – ich beklommen. Er ist wie ein Kind an Weihnachten, staunend, fragend und erwartungsvoll. Hatten wir nicht alles so schön vorbereitet? Ein Krankenbett mit Griff, um ihn besser versorgen zu können. Die erste Nacht war für uns alle eine schlaflose. Nach der Medikamentengabe schien er einzuschlafen, dann aber begann er zu leben. Er schrie lauthals nach seinem Kameraden, er solle sich in Deckung bringen. Er war wieder im Schützengraben.

Am andern Morgen, früh um sechs, ich machte gerade Frühstück für die Kinder – ein Knall, Scherben flogen durch die Gegend und ein Schreien. Ich rannte nach oben, in Vaters Zimmer, fragte, was los sei: Er habe einen Wolf gesehen, direkt vor seiner Zimmertür, im Flur. Um ihn zu vertreiben, hatte er das Wasserglas, das auf seinem Nachttisch stand, mit großer Wucht nach ihm geworfen, sodass es an der Wand zerschellte. Hätte er auch die Kinder für Wölfe gehalten? Danach gemeinsames Scherbenaufsammeln.

Die ersten zwei Tage, absolut ohne Schlaf für die ganze Familie, verliefen trotzdem relativ friedlich. Dann wurde seine Stimmung zunehmend aggressiver. Er beschimpfte uns, lag im Bett, hielt beide Hände hoch zur Schlaufe oben überm Bett, behauptete, wir hätten ihn da oben angebunden, verlangte nach einem Anwalt, er wolle uns wegen Freiheitsberaubung anzeigen.

Nach vier Tagen, gänzlich ohne Schlaf und mit blanken Nerven, waren wir am Ende. Die Situation wurde unerträglich. Ich hatte im Zimmer nebenan meine Schreibmaschine aufgebaut, sollte fürs Büro einiges schreiben, daran war aber nicht zu denken.

Dann sein letzter großer Auftritt. Er saß auf dem Klo, brüllte und schimpfte wie üblich. Aufstehen konnte er nicht, das Klo war zu tief, und er war durch die Medikamente zu schwach hochzukommen. Ich stand wie immer daneben. Urplötzlich nahm er den Badezimmerschemel in seine Hände, schlug wie wild auf mich ein, auch auf das Waschbecken und den Boden. Der Schemel hatte Metallbeine, entsprechend war das Getöse. Ich dachte, er müsse durch einen Schock zur Vernunft gebracht werden, und verpasste ihm in meiner Not und aus Verzweiflung eine Ohrfeige. Man stelle sich vor: Ich, seine Tochter, hatte ihn, meinen Vater, geschlagen! Nach diesem Vorfall wussten wir, dass wir es nicht schaffen würden, ihn bei uns zu Hause zu pflegen. Wir brachten ihn in der Psychiatrie unter, in einer speziellen Abteilung für Alterskrankheiten. Mit Gefühlen voller Angst und Trauer begannen nun meine täglichen Besuche dort, die fast zwei Jahre lang dauerten.

Einmal erzählte er mir, dass ihm die Kameraden den Geldbeutel gestohlen hätten. Er hielt seine Mitpatienten für Kriegskameraden, Kranke und Verletzte aus seiner Kompanie, und das Krankenhaus befand sich in Griechenland. Den Arzt hielt er für seinen Kompaniechef. Er war durch die Medikamente ruhiger geworden, teils sogar recht ausgeglichen – aber eben in seiner anderen Welt. Er freute sich jedes Mal riesig, wenn er mich sah, fragte, woher ich wisse, dass er hier sei, war unendlich gerührt und dankbar, weil ich den weiten Weg auf mich genommen habe, er war ja in Griechenland.

Irgendwann später dann seine Fragen: Hast du auch genug Holz zum Heizen? Zahlt man dir auch pünktlich das Geld aus? Ich war seine Frau, und er sorgte sich um seine Kinder! Es kam auch immer wieder die Frage, warum ich denn die Kleine nie mitbringe? Seine Kleine – das war ich als Kind! Ich erklärte ihm, dass Kinder nicht in ein Lazarett mitgebracht werden dürfen, was er ja verstand.

An einem Sommertag standen wir beide zusammen vor der Stationstür, ich brachte ihn zurück – ich musste nach Hause. Vater leise: Ich hätte so gern einen Kuss von dir! Er sagte dies ganz zärtlich und scheu, wie ein Jüngling, der seine erste Liebe erlebt. Und ich? Ich wusste nicht, wie ich diese Situation meistern könnte, ohne ihn zu verletzen, und war bis ins Innere getroffen. Er sah meine Verlegenheit, sagte, wir wären doch ganz allein und keiner könne uns sehen. Noch ein liebevoller Blick seinerseits und meinerseits.

Im September 1984 wurde sein Zustand zusehends schlechter. Er lag immer öfter im Bett, sagte nur noch wenig, freute sich aber sichtlich nach wie vor über meine Besuche. Ein junger Pfleger stand am Bett, und Vater sagte ihm, dass er nun endlich nach Hause wolle, er möchte heiraten. Und zwar mich. Der junge Mann fragte, Herr Kaufmann, so eine junge Frau? Darauf er: «Glaubst du vielleicht, ich will eine alte Schachtel heiraten?» Ich glaube, dies waren seine letzten Worte. Zwei Wochen später starb er, Rolf und ich saßen am Bett.

Margrit Brinkmann, Bahlingen

Der Tod der Eltern hat viele SchreiberInnen tief und nachhaltig berührt, auch wenn sie vielleicht selber schon zu den jungen Alten gehörten, als dieses Ereignis eintrat.

Die Ärzte hatten gesagt, es könne nicht mehr lange dauern. Der Zug, in dem ich saß, beeilte sich nicht. Er ahmte die Windungen des Flusses nach. In Neckarelz verließ er den Neckar und wandte sich ins Elztal. Ich sah die Landschaft nicht, ich hatte die Augen geschlossen. Als der Zug anhielt, schreckte ich auf und schob das Fenster herunter. Der Bahnsteig war menschenleer, und die Luft flimmerte in der Mittagshitze. Am Ende, dort, wo ein eiserner Steg die Gleise überquerte, standen zwei in tiefes Schwarz gehüllte Gestalten mit schwarzen Hüten. Ich erkannte die beiden Tanten und wusste, dass meine Mutter bereits gestorben war. Ich kam zu spät.

Abschied hatte ich schon früher genommen. Da saß ich am Bett in ihrem Krankenzimmer. Auch damals schien die Sonne. Sie erfüllte das ganze Zimmer und schien den Tod in weite Ferne zu rücken. Das Gesicht meiner Mutter war schon am Weggehen. Wir schwiegen, weil meine Mutter nicht mehr sprechen konnte. Ich hatte meine Hand auf ihre Hände gelegt. Wir waren allein. Ich empfand eine große Nähe, die mir zuvor verwehrt gewesen war. Es war eine wortlose Zwiesprache über das endgültige Abschiednehmen, über das wir nie zu sprechen gewagt hatten.

Die Nähe zerbrach, als sich die Tür öffnete und meine Tanten mit besorgter Geschäftigkeit eintraten. «Liesel», sagten sie, «du liegst nicht gut, man sollte dir einmal das Kopfkissen aufschütteln.»

Günther Sick, Müllheim

Am Walldorfer Kreuz erreichte mich der Anruf meines Bruders bei 150 km/h: «Mutter ist vor einer Stunde gestorben.»

Ich empfand eine Anwandlung von Müdigkeit und so etwas wie Taubheit, es war noch nicht das große Erschrecken, das mich später überfiel. Automatisch und seltsam stumpf wechselte ich auf die linksrheinische Autobahn Richtung Koblenz und Köln. Wie oft war ich diese Strecke gefahren. Ich kannte jede Kurve, jeden Anstieg.

Zuletzt, als sie nicht mehr alleine den Zug nach Freiburg nehmen konnte, um uns zu besuchen, hatte mein Bruder sie die Hälfte der Strecke mit dem Auto bis zu einer Raststätte gebracht, in der ich sie abholte. Etwas verloren hatte sie in dem großen öffentlichen Raum mit den unangenehmen Essensgerüchen gesessen, sie passte nicht hierher, wirkte an solchen Orten nach dem Tod meines Vaters immer ein wenig allein gelassen, dann jedoch strahlten ihre Augen, wenn sie mich erblickte.

Jetzt sehe ich das Zimmer im Pflegeheim, in dem ich sie drei Wochen zuvor zuletzt besucht hatte, deutlich verändert ihr blasses Gesicht, das immer lebhaft frisch ausgesehen hatte, nun aber war es wächsern, der kleine volle Mund schmaler und schärfer, die kräftige hohe und gefurchte Stirne war fast ohne Falten, sie lag in tiefer Bewusstlosigkeit – Wachkoma –, in das sie fast unmerklich nach einem schweren Sturz hinübergeglitten war. Anfänglich hatte sie noch meinen Namen flüstern können und gelächelt. Beim nächsten Besuch hatte sie mich angeschaut, unbeweglich, aber den Druck meiner Hand ganz leicht erwidert.

Bei meinem letzten Besuch kann ich sie nicht mehr erreichen, meine Sätze an sie werden stockend und unvollständig. Es kommen die schlimmen Gedanken, ob sie es gewollt hätte, die künstliche Ernährung fortzusetzen. Hatte sie nicht vor zwei Monaten, vor dem Sturz, in aller Klarheit und ganz nüchtern gesagt: «Kurt, ich möchte, dass ich es überstanden hätte.» Ich gehe auf den Balkon des Pflegeheims vor dem Zimmer, ich muss durchatmen. Auf der anderen Straßenseite liegt hinter einem schönen Platz mit großen Lindenbäumen die katholische Pfarrkirche, zu der das Pflegeheim gehört. War Mutter religiös gewesen? Sie war es auf eine unauffällige, undramatische und unsentimentale Weise. Noch in den letzten Jahren hatte ich gelegentlich den Gottesdienst mit ihr besucht. Sie saß dann ganz still in der Bank. Alle Hektik, zu der sie im Übereifer der Bewältigung zahlreicher selbst gestellter Aufgaben manchmal neigte, hatte sie abgestreift. Für eine Stunde war sie den allgegenwärtigen Bedürfnissen der Familie und ihrem eigenen Pflichtenkanon entronnen, eine winzige Insel der Freiheit.

Zurück von der Messe, begann dann wieder die Herrschaft der Küchenuhr. Das Essen musste 12.45 Uhr auf dem Tisch sein. Verspätungen über 5 Minuten führten unweigerlich zu einer leichten bis mittleren Rötung ihrer Wangen und kündigten eine deutliche Zurechtweisung an. Das wollte niemand sich selbst und auch nicht ihr antun. Wir beugten uns dem fürsorglichen Diktat fast widerspruchslos.

Mutter hatte die Tugenden der Sorgfalt, der Pünktlichkeit, der häuslichen Ordnung, des Fleißes und wohl auch die der Selbstlosigkeit in einem strengen katholischen Mädchenpensionat an der holländischen Grenze erlernt und in ihrem Elternhaus und der jungen Ehe verinnerlicht und perfektioniert. Sie wurden ihr Halt und zugleich goldener Käfig, den sie liebte und manchmal – eher selten – als solchen erkannte. Solche Inseln der Freiheit fand sie – paradoxerweise – in Kirchenbesuchen, vor allem aber auf Reisen und in

Ferien. Diese Augenblicke verstärkten sich, wenn mein Vater mal nicht dabei war.

Der Vater blieb lange ein Thema, das sie in Anwesenheit der Söhne mied, waren doch die Spannungen zwischen den Eltern in den 50er- und 60er-Jahren noch allen in unguter Erinnerung. Erst nach seinem Tode meinte sie zu mir: «Wenn es auch manchmal nicht leicht war, er fehlt mir doch.» Die Ehe hatte über ein halbes Jahrhundert gehalten, trotz der Aufregungen und Reibungen, die aus unterschiedlichen Lebensentwürfen und Temperamenten herrührten.

Als ich zu Hause ankam, wartete mein Bruder schon, ruhig und ernst, und wir machten uns an die Dinge, die jetzt zu tun waren, vor dem eigentlichen Abschied. Die große Erschütterung erfasste mich erst in der Totenmesse, aber dann mit solcher Wucht, dass jede Gegenwehr hilflos dahinfloss. Das «Nie mehr» hallte in endlosen leeren Räumen und überschlug sich, als bebe die Erde ohne Ende. Ich verlor die Fassung, und das im Alter von über 60 Jahren. – Erst im Gasthaus, beim Totenmahl, verließ mich das Grauen vor dem Abgrund, und ich konnte mit wohlgesetzten Worten allen Gästen danken. Ich würde die meisten von ihnen nicht mehr sehen. Mit ihnen und den Eltern würden auch die Bilder der Kindheit versinken – unwiederholbar.

Kurt Pisters, Freiburg

Vater stirbt.

Man hat ihn auf das Bett gelegt, seinen mageren, knochigen Körper mit Kissen unterfüttert. Eine Wolldecke, mit der man ihn bedecken wollte, hatte er mit einer raschen und unwirschen Bewegung beiseitegeschoben. Sein Blick war an die Decke geheftet, als wolle er sie durchbohren. Er sah uns nicht an. Uns, seine Kinder und Schwiegerkinder, die es zugelassen hatten, dass er die letzten Wochen seines Lebens im Heim verbringen musste, und die jetzt hilflos und mit Schuldgefühlen um sein Bett standen.

Klaglos, aber mit hartem Blick ist er umgezogen in dieses sein letztes kleines Reich, zehn Quadratmeter im 3. Stock des Pflegeheims.

Vater sprach nicht mehr.

Seit Mutters Tod vor einem halben Jahr und 3 Tage vor ihrem 67. Hochzeitstag hat er mit niemandem mehr ein Wort gewechselt. Hat nur dagesessen in seinem Sessel, die Arme auf der Lehne, und aus dem Fenster gestarrt. Verbat sich schweigend, aber mit umso beredteren Augen jegliches Mitgefühl. Wortlos ließ er alles geschehen, was zu seiner Versorgung notwendig war.

Vater stirbt.

Seit Tagen hat er Essen und Trinken verweigert, nahm höchstens mal ein Schluck von dem kalt gewordenen Kaffee, den man ihm auf das Tischchen neben seinem Sessel gestellt hatte.

Jetzt lag sein ausgemergelter Körper auf diesem fremden Bett, und seiner Brust entrang sich ein kaum vernehmbares Stöhnen, das uns verriet, dass er Schmerzen haben musste. Sein Atem ging stoßweise und machte lange Pausen. Quälende Stunden verrannen. Es war kalt geworden im Zimmer, und nur die inzwischen eingeschalteten Straßenlaternen spendeten ein wenig Licht durch das Fenster.

Die anderen sind gegangen, sie haben ihm noch einmal sachte über sein weißes Haar gestrichen, dann sind sie gegangen. Nur ich bin geblieben, die Aufmüpfige, die er «das Luder» nannte, die, die immer nur mit ihm gehadert hat, sich unverstanden fühlte.

Nun sitze ich an seinem Bett und halte seine Hand. Ich darf seine Hand halten, seine noch mit 98 Jahren schöne schmale, fast gotisch zu nennende Hand, die jetzt blass und kalt in der meinen liegt.

Sein Blick, ohne Lidschlag, ist noch immer zur Decke gerichtet, seine Wangenknochen stechen aus dem eingefallenen Gesicht hervor, ebenso seine gerade, leicht geschwungene Nase, von der Mutter nicht ohne Stolz sagte, dass er die von seiner adeligen Großmutter vererbt bekommen hätte. Ich betrachte dieses Gesicht, das mir oft verhasst und nie so nah war wie jetzt, und ich bin auf einmal voller Liebe. Ein Gefühl, das ich diesem strengen und mir immer fremd gebliebenen Vater gegenüber selten gespürt oder zugelassen hatte. Immer noch Angst, Gefühle zu äußern, die vielleicht gar nicht erwünscht sind, flüsterte ich, so leise ich konnte: «Danke, Papa, für alles danke!»

Sein Atem war kaum mehr vernehmbar. Ich fing an zu beten, um meine aufkommende Panik zu unterdrücken. Mit einer ganz kleinen, schwachen und letzten Bewegung drehte er seinen Kopf in meine Richtung und sah mich an. Es kam mir vor, als würde ich für den Bruchteil einer Sekunde ein Lächeln in diesem klein gewordenen Gesicht entdecken, ein Lächeln, das allein mir gehörte.

Dann, mit einem langen Ausatmen, starb er.

Ruth Bull, Freiburg

In meinen Kursen spüre ich ein großes Bedürfnis, sich den Eltern gerade im Schreiben über ihren Tod noch einmal anzunähern, Dankbarkeit auszudrücken oder sich mit ihnen auszusöhnen. Wenn man das eigene Leben zum größten Teil gelebt hat, geht es meistens nicht mehr vorrangig um Abgrenzung oder Abrechnung, sondern darum, die Eltern mitsamt ihren Schwächen vor ihrem eigenen biografischen Hintergrund zu verstehen, ihre Lebensleistung zu würdigen.

Die Themenschwerpunkte autobiografischen Schreibens

Einige KursteilnehmerInnen wissen schon ziemlich früh, über was sie schreiben wollen, bei anderen stellt sich erst nach längerer Zeit eine Vorstellung von der Gesamtgestalt ihres «Buchs» ein. *«Ich möchte meinem Bruder zu seinem Achtzigsten eine kleine Sammlung von Geschichten über unsere gemeinsame Kindheit überreichen.» «Mir geht es vor allem um das Leben meiner Eltern, damit sie nicht in Vergessenheit geraten.» «Ich will nur über die Zeit bis zu meiner Ehe schreiben. Die späteren Jahre interessieren mich nicht mehr.» «Für meine Kinder will ich all das festhalten, an das sie selber keine eigenen Erinnerungen haben – die können sich doch nicht annähernd vorstellen, wie es früher war.»*

Eine Frau überraschte mich mit der Ankündigung, dass sie ein Kochbuch schreiben wolle, für ihre Kinder und Freunde der Familie: Anekdoten aus der Zeit, in der die Kinder noch klein waren, in buntem Wechsel mit Rezepten für die Lieblingsgerichte der Familie, mit Fotos illustriert. Auch wenn dies nicht unbedingt ein typisches Produkt für eine Schreibwerkstatt ist: Sie wusste, was sie wollte, und es wurde ein ansprechendes kleines Buch daraus.

Diejenigen, die klare Vorstellungen von dem haben, was sie wollen, verabschieden sich aus dem Kurs, wenn sie ihr Projekt als abgeschlossen ansehen. Doch weitaus größer ist die Zahl derjenigen, für die das, was sie vorhaben, lange diffus bleibt oder im Lauf der Zeit seine Gestalt wandelt. Sie schreiben immer weiter und nach und nach sehr Verschiedenes, weil sie einfach Freude daran haben, Erlebtes und Reflexionen auf dem Papier zu gestalten. Ihr Gesamtmanuskript entwickelt sich zu einer Art Loseblattsammlung, bei der sich im Zeitverlauf allerdings durchaus Schwerpunkte herauskristallisieren, die eine Form sichtbar machen und auch so etwas wie ein Ganzes entstehen lassen können.

Meistens stelle ich schon im Einstiegskurs die Aufgabe, man möge sich die Gesamtgestalt des eigenen Schreibprojekts vorstellen – einfach so, ohne den Anspruch an sich selbst, das auch umzusetzen. «Mein Leben – ein Buch in zehn Kapiteln» steht über einem leeren Blatt, und die SchreiberInnen sollen frei phantasieren, in Stichworten oder Überschriften, was sie in jedem einzelnen Kapitel bringen würden. Manchen fällt das schwer; anderen macht es Spaß, und sie haben ihre Vorstellung mit wenigen Stichworten umrissen.

Wenn ich die Vielzahl der bisher in meinen Kursen entworfenen Gliederungen Revue passieren lasse, so scheint mir besonders interessant, dass fast alle ihre Lebenserinnerungen chronologisch aufbauen würden. Die meisten beginnen bei ihrer Geburt, einige wenige mit einem Gegenwartskapitel, um dann im zweiten Kapitel mit der Geschichte ihrer Kindheit einzusetzen.

1. Kapitel:

Wie ich heute lebe – und wie es mir damit geht. Bin ich da, wo ich hinwollte? Wann in meinem Leben war ich wirklich ich selber?

Gelegentlich, aber nicht oft werden ein oder zwei Anfangskapitel der elterlichen Biografie vor der eigenen Geburt gewidmet, oder es wird eine Art Ahnengalerie entworfen, in der uns Großeltern, manchmal auch Tanten und Onkel, Originale und Faktoten in der Herkunftsfamilie vorgestellt werden. Der Kindheit messen alle große Bedeutung bei. Für sie werden meist mehrere Kapitel eingeplant.

1. Kapitel:

Frühe Kindheit bis sechs. Vater kehrt aus dem Krieg zurück. Wohnungsnot und Großfamilie. Der Tod der Tante. Hungern und Frieren.

2. Kapitel:

Grundschule. Tod der geliebten Großmutter. Kulturschock: vom Land in die Stadt. Die älteren Geschwister. Die Wohnung: zu viert im kleinen Kinderzimmer und nur ein Ofen in der Küche. Schulspeisung. Lehrer Paule. Entthront! Ich bekomme ein Brüderchen.

Die Stichworte, mit denen die Kindheitskapitel überschrieben sind, erscheinen besonders plastisch und konkret. Auch die Jugendzeit wird häufig noch farbig angekündigt:

5. Kapitel

Irrungen und Wirrungen. Klaus, Jobst und Heinrich. Lehrjahre sind keine Herrenjahre: drei Jahre im Geschäft des Onkels.

oder

Die 68er. Vom Büro ins Studium, von der Provinz ins Sündenbabel Berlin. Wohngemeinschaften. Meine wilden Jahre.

oder:

Große Liebe, Trennung, Einsamkeit, heulendes Elend. Endlich der Richtige.

Dagegen sind die mittleren Jahre auffällig oft nur schematisch und blass etikettiert. Da gibt es dann Kapitelüberschriften wie: «*Meine erste, zweite Beziehung/Ehe*» oder «*Geburt des ersten, zweiten, dritten Kindes*», oder die Lebensabschnitte sind durch Ortswechsel markiert: «*Unser Umzug von A. nach B.*», «*Wir bauen! Von der Mietwohnung ins eigene Haus*» oder «*Zweite Ausbildung, Neuanfang im Beruf*».

Manchmal werden in den mittleren Jahren auch Lebenskrisen zur Überschrift für einen Lebensabschnitt: Trennung und Scheidung, ernsthaftere Krankheiten, gelegentlich die Pflegebedürftigkeit oder der Tod der Eltern. Interessanterweise verabschieden sich viele AutorInnen von der chronologischen Vorgehensweise, wenn sie bei ihren mittleren Jahren angekommen sind, oder spätestens, wenn sie sich ihrer Gegenwart nähern. Fehlen markante Einschnitte durch äußere Gegebenheiten oder Schicksalsschläge, finden sie sich selbst und ihr Leben am besten durch die Dinge beschrieben, die ihnen wichtig sind, mit denen sie sich beschäftigen. Die Kapitelüberschriften heißen dann «*Reisen*» oder «*Natur*» oder «*Bücher und Musik*» oder «*Neue Menschen, Freundschaften*».

Fast alle würden ihr fiktives Buch mit einem Reflexionskapitel am Schluss beenden:

10. Kapitel

Ruhestand. Wieder Single – endgültig? Großmama für Emma und Anton. Die kleinen Freuden des Lebens.

oder:

Auf der Schwelle zum Alter. Das dritte Alter. Was kann noch kommen?

oder

Wo stehe ich jetzt? Wer bin ich? Abschied und Neubeginn.
Ich will weise werden, was immer das ist.

Im tatsächlichen Verlauf des Schreibkurses spielen diese am Anfang eher spielerisch entworfenen Konzepte keine Rolle mehr. Doch sie sind interessant, weil sie zeigen, wie Menschen im Rückblick ihr Leben als Ganzes wahrnehmen, was ihnen erzählenswert erscheint und was sie als eher langweilig und nicht weiter erwähnenswert ansehen.

Die starke Akzentuierung der Kindheit hat mehrere Gründe. Zum einen hängt sie damit zusammen, dass wir heute alle von psychologischem Denken beeinflusst sind und dementsprechend der frühesten Lebensphase eine große Bedeutung für die Prägung unserer Persönlichkeit beimessen. Zum anderen sind die Erinnerungsbilder aus dieser Zeit von besonderer Eindringlichkeit, wahrscheinlich weil die Dinge, die wir zum ersten Mal erleben, besonders prägnant sind, während sich aus dem gleichförmigen Einerlei der sich wiederholenden späteren Erfahrungen nur wenige markante Ereignisse deutlicher abheben. Außerdem spielte sich die Kindheit der Altersgruppe 60plus in einer auch objektiv historisch und soziologisch interessanten Zeit ab, einer von heute aus abenteuerlich erscheinenden Epoche großer Umbrüche und sozialer Verwerfungen, die guten Erzählstoff bietet. – Für viele Menschen bedeutet autobiografisches Schreiben in erster Linie die Wiedervergegenwärtigung der Kindheit.

Tatsächlich verlangsamt sich der Erzählfluss bei den meisten, wenn der Themenkomplex Kindheit und Jugend einmal abgeschlossen ist. Bei vielen SchreiberInnen ist das Bedürfnis, über ihre mittleren Erwachsenenjahre zu schreiben, deutlich geringer. Es finden sich nur relativ wenige Darstellungen ihres alltäglichen Berufs- oder Familienlebens. In manchen Manuskripten gibt es ausführliche Reisebeschreibungen, seltener reflektierende Abschnitte über das eigene Verhältnis zur Natur, zur Literatur oder Kunst, zu Politik oder Religion, Abhandlungen über die eigene Weltanschauung und ihre Veränderung im Lebensverlauf. Wenn man sich der Gegenwart nähert, werden zunehmend reflektierende Texte geschrieben, neben kleinen Geschichten über das, was man in der sozialen Umgebung beobachtet.

Manche befassen sich dann auch mit Alltagsbefindlichkeiten.

Einmal in der Woche muss es einfach sein. Ich hole lustlos den Staubsauger aus der Kammer. Muss ich den Beutel wechseln? Früher hat mein sparsamer schwäbischer Mann den alten Beutel immer illegal geleert, mit einer Art Gabel holte er das Zeug da raus, und ich durfte dann mit dem gebrauchten alten Beutel weitersaugen. Für solche Sachen fehlst du mir, du alter Geizkragen. Mich würde ja interessieren, ob man da, wo du jetzt bist, auch ordentlich und sparsam sein muss. Gibt es eine schwäbische Abteilung da oben? Wenn ja, hast du es mindestens zum Abteilungsleiter geschafft.

Mit schlechtem Gewissen mache ich das lärmige Teil an und lege los. Wahrscheinlich explodiert der Beutel gleich und ergießt sich im ganzen Raum. Ich weiß gar nicht, wo die neuen Beutel sind, irgendwo hinten im Regal. Ich will jetzt nicht suchen, sondern ich will nur eines – fertig werden. So ist es immer, jede Woche sage ich mir: «Das nächste Mal machst du es aber gründlicher, wirst auch in den Ecken saugen.» Heute ist mir das alles zu viel, mein Rücken tut so weh, heute muss ich wieder hudeln. Und so hudelst du doch schon dein ganzes Leben, immer willst du schon fertig sein, bevor du überhaupt angefangen hast, und das nicht nur beim Putzen.

Ich husche mit dem Sauger durch die Wohnung, ziehe den Stecker, trete auf die Einziehautomatik – fertig. Das ist der schönste Moment der Woche, wenn ich das Ding wieder in die Kammer trage. Nun noch das Bad. Das machst du heute aber gründlich! Wie schön, dass es so klein ist, das nervt mich oft, aber das Saubermachen geht schnell – zu schnell –, nein, die Dusche ist heute nicht dran, Waschbecken und Klo reicht – fertig.

Rekord, heute habe ich für alles nur 15 Minuten gebraucht. Ich werde immer schneller. Wenn es einen Hudelwettbewerb gäbe, bekäme ich den ersten Preis. Wenigstens darin bin ich unschlagbar.

Christel Schmied, Freiburg

So bekommen die autobiografischen Aufzeichnungen nicht selten den Charakter eines Tagebuchs, in dem Facetten des Alltags ebenso festgehalten werden wie die besondere Stimmung der Jahreszeiten.

Wenn ich meinen Novembergedanken Farbe geben müsste, würden sie vom tiefsten Schwarz bis zum feurigsten Rot reichen.

Schwarz wegen der Toten, die auf riesigen Friedhöfen ruhen, die Opfer der unsäglichen Kriege wurden. Schwarz für das Gedenken an lieb gewordene Menschen, die ein Stück mit uns gegangen sind, und weil am 26. Nov. mein Vater starb.

Grau, weil die Natur ihre Farben abgibt, sich zur Ruhe begibt und weil die Nebel wie zarte Decken über den Feldern liegen. Stimmt es, dass sich unter den Nebelschleiern Zwerge verbergen, tanzen und sich wärmen, dampfenden Kaffee kochen?

Rot, weil ich am 13. November 1955 meinen Mann Rolf kennenlernte und somit mein Leben einen ungeahnten, glücklichen Verlauf nahm. Rot, denn unser kleiner Linus wurde geboren.

Ein Monat voller Freude, Zuversicht und Optimismus, also voller roter Farben. Die Tage werden kürzer, die Nächte länger, so auch die Abendstunden mit ihrer Gemütlichkeit. Ich liebe sie, diese Jahreszeit. Ich krieche dann in meine Höhle, genieße das warme Licht der Lampen, der Kerzen und das Rot und dunkle Grün der Farben unseres Wohnzimmers. Manchmal brennt unser Holzofen, dann tanzen die Flammen im Ofen, ein feuriges Spiel, ein ständiges Auf und Ab, wie unser Leben. Dann ist die Zeit der Bratäpfel (noch heute Abend werde ich welche in den Ofen schieben), deren Duft durch die Wohnung zieht und Gedanken an frühere Zeiten weckt, als wir Kinder Äpfel im Backofen des Küchenherdes gebraten haben.

Margrit Brinkmann, Balingen

Während ich im Einstiegskurs Themen stelle, die sich auf konkrete Erfahrungen der Kindheit beziehen (wie etwa «Haus und Garten», «Mein Schulweg», «Porträt eines Lehrers»), sind die Themen der Schreibaufgaben in den Fortsetzungskursen nur selten fest an eine bestimmte Lebensphase gebunden, sondern meist bewusst vage gehalten. Sie sollen den KursteilnehmerInnen breiten Raum für eigene Assoziationen geben.

Konkret und somit eng wäre beispielsweise das Thema «Wie ich meinen späteren Mann/meine Frau kennenlernte». Darüber möchte vielleicht nicht jede und jeder schreiben. Das Thema «Eine folgenschweren Begegnung» eröffnet dagegen einen breiteren Raum für die Phantasie. Da kann ich von der ersten Begegnung mit dem Lebenspartner erzählen, aber mir können auch ganz andere Begegnungen und ihre Folgen in den Sinn kommen. Wenn das Thema «Warten» heißt, fällt mir vielleicht ein Liebhaber ein, der immer unpünktlich war, oder eine Situation, in der ich verzweifelt auf einen wichtigen Brief gewartet habe, oder ich denke an die Nachtwache am Bett eines Kranken, an das spannungsvolle Warten auf die Verkündung der Examensergebnisse, an das ängstliche Warten auf mein Kind, das erst Tage nach dem ausgerechneten Geburtstermin geboren wurde oder das als Teenager nachts nicht zur vereinbarten Zeit von der Party nach Hause kam – oder auch an mein ungeduldiges Warten aufs Erwachsenwerden.

Solche unbestimmt formulierten Themen rufen ganz von selbst Erinnerungsbilder aus den Passagen des Lebens wach, mit denen die Schreibenden gerade innerlich beschäftigt sind. Wenn ich noch mit meiner Kindheit befasst bin, wird das Thema «Fieber» Erinnerungen an eine Kinderkrankheit auslösen; schreibe ich aber gerade über meine spätere Jugend, fällt mir vielleicht eher eine fiebrige Verliebtheit ein oder eine Phase, in der ich fieberhaft gearbeitet oder einem wichtigen Ereignis entgegengefiebert habe. Die Schreibthemen der Fortsetzungskurse sollen es allen ermöglichen, die inneren Räume zu finden, die ihnen gerade wichtig sind. Natürlich sind sie auch nur als Anregung gedacht; es gibt keine Pflicht, zum nächsten Mal genau dieses Thema zu bearbeiten. Eine Grundregel der Schreibwerkstatt lautet: «Die eigene Baustelle – das eigene Thema – hat immer Vorrang.»

Aus Platzgründen ist es nicht möglich, hier beispielhaft Texte aus all den Lebensbereichen zu präsentieren, mit denen sich die SchreiberInnen befassen. Je länger sie schreiben, desto breiter wird im Allgemeinen das inhaltliche (und manchmal auch das gestalterische) Spektrum ihrer Aufzeichnungen. Mit dem Facettenreichtum der Gestaltungsmöglichkeiten werde ich mich ausführlicher im Kapitel 9 befassen.

Aus der inhaltlichen Vielfalt autobiografischen Schreibens sollen in den folgenden Kapiteln noch drei thematische Schwerpunkte herausgegriffen werden: die Beschäftigung mit dem Lebenspartner und den eigenen Kindern (Kapitel 7), mit Sex und Religion (Kapitel 8) – und abschließend die Auseinandersetzung mit aktuellen Lebenskrisen, Altern, Vergänglichkeit und Tod (Kapitel 10).

Heikle Themen: Ehepartner und Kinder

Die meisten Autorinnen und Autoren wahren eine auffällige Zurückhaltung, was ihre Beziehung zum Lebenspartner und zu ihren Kindern betrifft. Manche SchreiberInnen erzählen vielleicht noch die Geschichte, wie sie ihren Mann oder ihre Frau kennenlernten, schweigen sich dann aber über den weiteren Verlauf der Ehe aus. Wahrscheinlich und verständlicherweise wird dieser Lebensbereich als Intimsphäre ausgespart, um den Partner nicht preiszugeben. Sicher spielt auch eine Rolle, dass die Beziehung, in der man lebt, noch im Fluss ist, man sie also gar nicht aus der Distanz betrachten kann oder will. Manchmal kommen die Ehemänner oder -frauen in Geschichten mit anderem Schwerpunkt im Hintergrund vor, als Stichwortgeber oder als Randfiguren, was sicher auch Rückschlüsse auf die Art und Qualität der Ehe zulässt. Etwas mehr Konturen gewinnen Ehepartner, die schon vor längerer Zeit verstorben sind. Auch Liebhaber aus weiter zurückliegenden Lebensphasen werden gern porträtiert.

London. Mein Arbeitsplatz war das Textilgeschäft Aquascutum, Regent Street, Ladies Department.

An einem Kleiderständer sprach mich eines Tages ein großer, stattlicher Mann an. Er hatte einen amerikanischen Akzent und eine außergewöhnlich erregende Stimme. Wenn er später hin und wieder bei Doubles anrief, tönte Eddas brüchiges Stimmlein durchs Haus: «Jutta, the Black Velvet is calling.»

Im Handumdrehen hatte er mich eingewickelt, und die Affäre mit Black Velvet begann. Anfangs zeigte sich noch nicht, wo wir hinsteuerten. Ich bewunderte ihn für seine Männlichkeit. Ein Macho, wie er im Buche steht. Das gefiel mir. Mit seinem «Jag», dem Jaguar, den er noch nicht mal hatte, würde er mich spazieren fahren. In seinem Appartement wartete ein Bademantel auf mich. Wie kann man auf einen Bademantel hereinfallen? Aber da zählte noch etwas ganz anderes. Er gehörte zum Broadway-Ensemble, und sie gaben ein Gastspiel von «Porgy und Bess». Er war «Schränk», der Polizist im Stück, und schien sehr bedeutend. Das war wie für mich erfunden, denn es führte mir umgehend meine Unbedeutendheit vor Augen, und ein Unbedeutender braucht einen Bedeutenden, um sich damit zu schmücken.

Ich zog teilweise bei ihm ein, sicher nicht wegen des Bademantels. Die erste Feuerprobe war das ungarische Gulasch. Er könne keine Frau gebrauchen, die nicht kochen kann. Oh je! Ich hatte mich noch nie im Kochen geübt. Das verdammte Fleisch wollte und wollte nicht weich werden. Wie lange kocht man so ein Gulasch? Ich dachte, wenn es eh nie weich wird, dann soll er es eben hart essen, und hab's serviert, wie es war. Er war zufrieden.

Horrible waren die Beischlafszenen. Ich hatte Angst vor einem Kind, und damit terrorisierte ich ihn gewaltig. Klar, meine Schwester war gerade ungewollt schwanger geworden und heiratete jetzt, denkbar ungünstig, mitten im Studium. Einem solchen Schicksal wollte ich nicht auch erliegen.

Einmal holte ich den «Schränk» in der Theatergarderobe ab, und mein No-Name-Gefühl wurde mir schmerzlich bewusst. Ich war nicht mehr als die Fliege an der Wand. Heimlich atmete ich den Duft der fremden Welt. Welch plattes, gewöhnliches Leben war doch das meine!

Dann kam der große Tag der ersten «Porgy und Bess»-Aufführung, zu der ich geladen war. Bester Platz, erste Reihe, wie es sich gehörte. Ich sollte ihn noch mehr bewundern. Das Stück war grandios, ich war begeistert. Aber «Schränk», der Polizist, war eine ganz kleine Rolle, und ich musste jetzt den Velvet schrumpfen lassen. Das war nicht einfach, denn ich schrumpfte ja mit. Meine kleine Scheinwelt zerfiel.

Unser Zusammensein wurde immer unerträglicher, bis es eines Tages von selbst aufhörte.

Jutta Rozsa, Freiburg

Auch Ehemänner, von denen man sich schon vor geraumer Zeit getrennt hat, sind abgeschlossene Geschichten und finden einen Platz in den Lebenserinnerungen. Verständlicherweise werden sie häufig nicht besonders freundlich dargestellt.

Ein gestandener Mann. Aus einer Gegend, in welcher der Weinbau zu Hause ist. Zum Elternhaus gehören Weinberge, aber auch ein Gasthaus und eine Bäckerei. Er war der Älteste von vier Geschwistern und wuchs in die Dorftradition hinein.

1932 geboren, waren die nationalsozialistischen Parolen wichtiger Lernstoff für ihn. 1945, beim Zusammenbruch der braunen Herrlichkeit, erlitt er seine erste Niederlage. Als HJ- und Fähnleinführer wollte er mit zum Endsieg. Und nun diese schmähliche Aufgabe des Dorfes und auch des «Braunen Hauses». Er hatte seinen Einsatz als Held verpasst. Es folgte eine Lehre als Bäcker. Als Sport mussten es Boxen und Fußball sein. Allerhand Jugendstreiche liefen glimpflich ab.

Dann bot sich die Gelegenheit, in einer Brauerei als Vertreter anzufangen. Er blieb bis zur Rente und darüber hinaus dabei. Der Verdienst war gut. Morgens nach der Besprechung im Büro ging er auf Tour, erledigte die Verpachtungen und Vertragsabschlüsse und kam so im Ländle und in den Wirtschaften herum. Da kam bis zum Abend einiges zusammen. Außerdem gab es den «Haustrunk».

Es folgten Hausbau, Hochzeit und die Geburt der Tochter. Alles ließ sich so gut an. Während der zweiten Schwangerschaft der jungen Frau stellte sich heraus, dass sie Blutkrebs hatte. Es ging rasend schnell. Drei Wochen nach der Geburt des Sohnes (1962) starb Hildegard an einem Blutsturz.

Über den örtlichen Sportverein lernte er eine junge Lehrerin kennen. Weil die sich eine Familie wünschte und einen Platz, wo sie hingehörte, wurde 1963 die Hochzeit gefeiert. Schon bald beschlichen die neue Frau leise Zweifel über den Alkoholkonsum ihres Mannes. Der Alltag mit immer größeren Aufgaben ließen Karl Karriere machen. Eheliche Zwistigkeiten konnte er sich schöntrinken.

Da bot sich ihm die Gelegenheit, den Jagdschein zu machen. «Jäger», das war doch fast ein Held. Gegen die grimmige Kälte in der Nacht hatte er einen Flachmann in der Kitteltasche. Jagdausflüge und Jagdessen, da gehörte doch auch ordentlich hinterhergeschwenkt.

Die neue Frau bekam übers Jahr einen Buben, an dessen Geburt sie fast starb. Karl, der Charmeur, war wenig zu Hause. Allerdings hinterließ der Alkohol seine Spuren. Häufige morgendliche Herzbeschwerden führten zu einer Entziehungskur. Nach dieser Erfahrung glaubte er, die Sache im Griff zu haben und kontrolliert zu trinken. Welch ein Irrtum!

Seine Frau kehrte nach einigen Jahren in den Beruf zurück. Sein Ansehen wuchs. Sie organisierte Familie und Schule. Seine Trinkerei wurde zur Gratwanderung: Polizeikontrolle, Unfall ... immer grade noch.

Dann, nach 15 Jahren, kam er in den Osterferien am Abend heim: Mutter und Sohn waren ausgezogen. Er konnte es nicht fassen. Seine beiden Großen waren schon aus dem Haus. Für ihn war das eine riesige Blamage. Das ganze Dorf nahm Anteil. Doch sie blieb unerbittlich und reichte die Scheidung ein. Der Sohn verweigerte den Kontakt, Karl verlor sein Jagdrevier und stellte das Auto auf den Kopf. Den Führerschein behielt er immer.

Er fand auch noch eine dritte Frau: eine jüngere und trinkfeste Pfälzerin. Die hatte als Katholikin zwar einige Skrupel, aber sie ging genauso leidenschaftlich gerne mit ihm auf die Jagd. Der Alkohol blieb weiterhin sein Begleiter. Jetzt holten ihn die Gicht und andere Zipperlein ein. Er ist häuslich geworden, trinkt mäßig, aber regelmäßig. Bei der Taufe des jüngsten Enkels vor vier Jahren gab es ein größeres Familientreffen. Die beiden Frauen Rohr unterhielten sich, und er bemühte sich sehr, bei seiner Ehemaligen «bella figura» zu machen.

Wenn der wüsste, dass ich am Abend seiner Silberhochzeit mit meiner Schwester gefeiert habe, 25 Jahre nicht mehr mit ihm verheiratet zu sein.

Sigrid Rohr, Stuttgart

Interessant an diesem Text ist die distanzierte Erzählweise, eine teils sachliche, teils ironische Berichterstattung in der 3. Person, die erst im letzten Absatz aufgegeben wird. Zum Glück ist es lange her, scheint die Autorin damit zu sagen. Es betraf eine andere Frau, die glücklicherweise vor langer Zeit aus dieser Ehe ausgestiegen ist!

Daneben gibt es auch abgewogene Darstellungen einer verflossenen Ehe, in denen sich der kritische Blick auf den Ex mit einem selbstkritischen Blick und mit einer gewissen Wehmut paart: Es ist nicht gelungen. Es konnte vielleicht gar nicht gelingen, so wie man selber und wie der andere damals war. Doch man kann dieses Scheitern weder ihm noch sich selber nachhaltig anlasten.

Ehen werden im Himmel geschlossen.

Wo hatte ich das eigentlich gehört oder gelesen? «Bis dass der Tod euch scheidet!» Ich hatte mir nichts sehnlicher gewünscht. So wollte ich mein Leben führen, allein mir fehlte das Vorbild.

Ich hatte eine Mutter – und einen Vater im Krieg. Die Mutter hatte einen Freund, der ein Freund des Vaters war. «Pass mir gut auf meine Frau auf», sagte er bei seiner Verabschiedung. Dieser hat es wohl zu wörtlich genommen. Als der Vater zurückkam, war sein Platz besetzt.

Aber da, wo der Mangel groß ist, wächst eine Gegenkraft heran, die alles ausgleichen möchte. So wuchs mein Ideal von der heilen Welt, der ewigen Liebe, der ewigen Treue. Ich werde alles anders machen. So träumte ich.

Als ich Rose kennenlernte, war ich dreiundzwanzig. Er war der zweite ungarische Flüchtling in unserer Familie, und meine Mutter war strikt gegen die Beziehung. Rose war für mich ein Abenteuer. Er war kompliziert, melancholisch, war unergründlich, von anderer Art und Kultur. Wir flogen sofort aufeinander, so als hätten wir uns schon lange erwartet. Als wären wir nie getrennt gewesen oder endlich wieder vereint. Wir waren aber auch wie Feuer und Wasser. Waren es diese gravierenden Gegensätze, die uns schließlich trennten?

Ich hatte damals nur ein Ziel: Dieser Mann muss es sein, kein anderer und für immer und ewig. Ich war kompromisslos und durchsetzend, überwarf mich mit meiner Mutter. Ich wollte die volle Konfrontation, duldete keine Einmischung in mein Leben. Erst kam der Rausschmiss, dann die Versöhnung, dann die Verkettung mit Clan und Geschäft, der Rose auch zum Opfer fiel. Der Start in unser gemeinsames Leben war bereits von diesen Umständen erschwert. So begannen wir unter der Bürde einer schweren Hypothek, meiner Ahnen und seiner Flüchtlingsvergangenheit. In seinem Gepäck trug er den Schrecken, die Verfolgung und den Heimatverlust des 56er-Aufstands der Ungarn. Innerlich frei waren wir beide nicht.

«Du warst der Reifere, der Klügere von uns beiden. Du hast gelebte Erfahrung mitgebracht, die mir als angepasster Tochter fehlte. Ich hatte von dir mehr Stärke erwartet. Ich wollte von dir das haben, was mir fehlte. Stattdessen hast du mich nach väterlicher Manier bevormundet. Dagegen musste ich mich auflehnen. Ich rutschte auf die Gegenseite, wurde bockig, fast pubertär.»

Oft empfand ich dich als genauso unreif wie mich, nur auf eine andere Art. Konflikte ließen sich nicht lösen und übertrugen sich auf die Kinder, wir urteilten zu viel und liebten zu wenig. Ich verfiel in eine Art Starrkrampf. Dass wir doch so lange durchgehalten, immer neu angefangen haben, ließ manchmal vermuten, wir wären über den Berg. Jedoch gab es mehr als einen Berg, mehr als nur eine Talsohle. Dann ging es doch nicht mehr weiter.

Ich wollte nicht mehr. Die alte Stute musste noch einmal ausbrechen wie ein junges Fohlen. In meinem Inneren waren so viele Bilder unvollendet, so viele Teppiche nicht gewebt, so viele Wege nicht gegangen, Ich konnte sie nur allein gehen, ich brauchte den unabhängigen, einsamen Weg.

Du warst der Partner, der mir auch diese Entscheidung nicht nahm. Du konntest mich lassen. Dein trauriger, wissender Blick hat mich begleitet. Oft kamen mir Zweifel, und ich fühlte mich schuldig. Wir hatten versagt, wie so viele. Mein Traum zerbrach wie eine schöne Illusion.

Und doch haben wir etwas hinübergerettet. Oder ist die Freundschaft, die uns heute verbindet, auch nur ein Trugbild?

Jutta Rozsa, Freiburg

Man kann davon ausgehen, dass die meisten Menschen irgendwann in ihrem Leben mit unglücklichen Liebesbeziehungen und zunehmend auch mit scheiternden Ehen konfrontiert werden. Wahrscheinlich gäbe es weitaus mehr Texte über Trennungen, wenn meine Kurse nicht speziell für die Altersgruppe 50plus, sondern auch für jüngere TeilnehmerInnen ausgeschrieben wären. Erfahrungsgemäß sind gerade gescheiterte Beziehungen für jüngere Frauen ein Anlass, sich schreibend mit ihrem Leben auseinanderzusetzen. Sie versuchen häufig, durch tagebuchähnliche Aufzeichnungen Distanz zu gewinnen und sich auf diese Weise selbst über die erlittenen Kränkungen und Schmerzen hinwegzuhelfen. Doch im späteren Leben scheinen solche Erinnerungen nicht mehr der Rede wert oder nur noch Stoff für komisch gehaltene Geschichten, vor allem dann, wenn man sich anschließend in einer guten Ehe aufgehoben fühlt.

In den Lebenserinnerungen zumindest der Frauen nehmen die eigenen Kinder meist mehr Raum ein als die Ehemänner. Viele Frauen erzählen gern und ausführlich von den Geburten ihrer Kinder.

Jetzt lässt mich auch mein zweites Kind warten. Beim ersten war es schon so. Na gut. Geburtstermin 1.9.1978. Am 6.9. ist ein Kindergartenelternabend für Martin, mein erstes Kind. Rolf und ich sind anwesend. Ich sitze breitbeinig mit meinem dicken Bauch auf einem Kinderstuhl und höre zu. Alles ist gut. Rolf wird wieder Elternvertreter. Später gehen wir fröhlich nach Hause und schlafen sofort ein. Um drei Uhr nachts wache ich durch Wehen auf. Ich wecke meinen Mann und bitte ihn: «Lege mal deine Hand auf meinen Bauch und prüfe, ob das richtige, wichtige, lange Wehen sind oder nur kurze?» Er tut es, sagt im Halbschlaf: «Entspann dich!» und schläft weiter. Ich höre in mich hinein und warte nicht mehr ganz so entspannt. Um 5.30 Uhr gehe ich aufs Klo – Blasensprung – oh Schreck – zu lange gewartet. Ich lege mich auf den Badewannenvorleger und will jetzt sofort mein Kind bekommen. Ich rufe Rolf, der herbeirennt, mich untersucht und sagt: «Das Kind kommt, du brauchst dich nicht anzuziehen, ich hole das Auto aus der Garage.» Ich klemme mir ein Handtuch zwischen die Beine. Am Eingang zum Kreißsaal fragt uns die Hebamme nach dem Mutterpass. Vergessen. Rolf fährt ihn holen. Ich soll zunächst in das Badezimmer, erkläre der diensthabenden Hebamme: «Mein Kind kommt schon, ich muss sofort in den Kreißsaal.» «Jaja», erwidert sie, und ich höre sie denken: «schwangerschwachsinnig». Bis sie bei ihrer ersten Routineuntersuchung einen Fuß in der Hand hält. Jetzt wird sie hysterisch und schreit nach dem Professor, und ich darf in den Kreißsaal. Der Professor kommt nach kurzem Warten und entwickelt mühsam und fluchend mein Kind. Es gibt keinen Ton von sich und wird sofort weggebracht. Ich frage: «Was ist es denn – Mädchen oder Junge?» «Keine Ahnung, aber ich darf Sie jetzt nicht allein lassen, damit Ihnen nicht auch noch was passiert», antwortet die Schwesternschülerin. Schreck, lass nach! Ich glaube, diese disziplinierte Warteaktion ist eine besondere Glanzleistung in meinem Leben.

Nach kurzer Zeit bringen mir der zufriedene Geburtshelfer und die Hebamme meine vergnügt schreiende Tochter zurück.

Katharina Kleinen, Freiburg

Schilderungen über die Niederkunft sind meistens positiv getönt, selbst dann, wenn die Prozedur langwierig und schmerzhaft war oder medizinische Komplikationen mit sich brachte. Denn es sind im Allgemeinen Geschichten vom Typ «Ende gut – alles gut». Ein totes Kind zur Welt zu bringen gehört dagegen zu den schweren

Krisen im Leben von Frauen – vor allem dann, wenn sie danach kein weiteres gesundes Kind mehr bekommen können. Noch schrecklicher ist der Tod von Säuglingen und Kleinkindern. Für diejenigen, die dies erlebt haben, bleibt das oft eine lange lastende traumatische Erfahrung.

«Erzählen Sie eine Begebenheit aus der Zeit, in der Ihre Kinder noch klein waren!» Wenn diese Lebensphase zum Thema gemacht wird, dann fallen den meisten SchreiberInnen freundliche kleine, häufig auch komische Anekdoten aus den frühen Jahren ihrer Sprösslinge ein.

Mein Wecker schellt – das sind meine zwei Buben, sieben und fünf Jahre alt. Diesen Wecker kann man nicht einfach abstellen, und er ist nicht zu überhören. Sie sind ausgeschlafen, ich nicht. Ich schleiche mich ins Badezimmer, danach in die Küche, um das Frühstück zu richten. Ich lege großen Wert auf ein gemeinsames Frühstück. Da bahnt sich der erste Zoff an: Beide Jungen wollen unbedingt das gelbe Auto, nicht das rote, das gelangweilt danebenliegt. Vater spricht ein Machtwort, und für eine Weile ist Ruhe.

Das Frühstück schmeckt, Unterbrechungen durch berufliche Telefonate gehören dazu. Rolf ist in Eile, er hat um 8 Uhr einen Auswärtstermin. Schon vor dem letzten Schluck aus der Tasse sagt er beiläufig: Man sollte noch schnell eine Kopie von diesem oder jenem machen oder eine Lichtpause, er müsse diese zum Termin mitnehmen. Dieser Man bin immer ich. Weiß er denn nicht, wie ich heiße? Aber Man tut es, Tag für Tag und Jahr für Jahr, fast ohne zu murren. Unser kleines Architekturbüro liegt eine Etage tiefer als die Wohnung. Über mir spielen die Kinder in ihrem Zimmer. Ich spiele mit der Schreibmaschine, manchmal auch mit meinen Spielsachen in der Küche – mit dem Besen, mit der Wäsche, mit dem Staubsauger, und ich spiele Bettenglattstreichen –, dazwischen Vertreterbesuche, immer schön freundlich und geduldig.

Gegen 12 Uhr ist Mittagessen angesagt, danach träume ich von einer Freistunde, aber nichts dergleichen: Ärger auf Baustellen. Ärger im Kinderzimmer. In der Küche kocht die Milch über. Hans-Jörg zieht Axel an den Stoppelhaaren, Axel macht aus Hans-Jörgs Legohaus eine Ruine.

Ich versuche, den Stress in Grenzen zu halten und Ruhe zu bewahren. Manchmal ein Kraftakt! Nachmittags Schreib- und Lernstunde im Büro. Hans-Jörg sitzt am Tisch neben mir, er macht Hausaufgaben. Ich schreibe

Angebotstexte, von Rolf im Konzept vorgegeben, und Geschäftsbriefe. Hans-Jörg schreibt erste kleine Sätze, erstes Schuljahr: «Theo kommt. Mutter kocht. Mutter putzt. Mutter wäscht.» (Was sollte sie denn sonst machen?) «Theo kommt.»

Als ich später den Geschäftsbrief noch einmal durchsehe, lese ich tatsächlich mittendrin: «Theo kommt.»

«Man» sollte doch wirklich ein bisschen besser aufpassen!

Margrit Brinkmann, Bahlingen

Übrigens erklären die meisten Frauen, wenn man sie direkt nach der «besten Zeit ihres Lebens» fragt, im Nachhinein, es sei die Zeit gewesen, in der ihre Kinder noch klein waren. Das ist umso erstaunlicher, als dies vor allem für erwerbstätige Mütter vermutlich zugleich die anstrengendste, die am meisten fordernde Periode ihres Lebens ist. Aber es ist eben auch eine besonders erfüllte Zeit, in der Frauen sich bestätigt und gebraucht fühlen. Und so erscheint sie im Rückblick oft durchaus verklärt, der Stress dieser Lebensphase wird dann aus der Distanz eher humorvoll betrachtet.

Manche Ängste, die Mütter um ihre kleineren Kinder gehabt haben, bleiben unvergessen – zum Glück sind es meistens Erinnerungen aus der Rubrik «Es ist noch einmal gut gegangen».

Wir wohnten bei der Ochsenbrücke in der Uferstraße. Damals war es eine kaum befestigte, unbefahrene kleine Straße, von der man über eine Wiesenböschung zur Dreisam kam. An jenem Tag, im Herbst, führte die Dreisam viel Wasser, denn es hatte mehrere Tage geregnet. Ich war mit meinem kleinen Christof unten vor dem Haus, inmitten einer Kinderschar. Todmüde fühlte ich mich, schwanger, und dazu gab es noch einen Föhneinbruch. Ich wollte mich nur ein bisschen erholen, ermahnte die anderen Kinder, auf meinen Kleinen aufzupassen. Vom Küchenfenster aus konnte ich sie beobachten. Nach kurzer Zeit erfasste mich Unruhe, und als ich durchs Fenster nach unten schaute, sah ich die Kindergruppe an der Dreisam herumrennen. Schrecken packte mich, und ich lief hinunter.

Mein Bübchen stand am Ufer und wollte sich gerade mit vorgestreckten Armen nach einem Ball bücken, der auf dem Wasser vorbeischwamm. Ich konnte den Kleinen gerade noch umfassen. Was wäre gewesen, wenn ich zu spät gekommen wäre? Noch heute mag ich nicht daran denken.

Lore Wetterich, Freiburg

Auch die Angst um längst erwachsene Kinder, die bereits aus dem Haus sind, kann manche Mutter noch umtreiben.

London – Juli 2005.

Ich komme aus dem Garten, der Anrufbeantworter blinkt. Steffi sagt: «Mami, Papi, macht euch keine Sorgen, mir ist nichts passiert.» Was soll ihr passiert sein?

Ich schalte den Fernseher an: chaotische Bilder aus London, Polizisten in gelben Jacken, Feuerwehrautos, Krankenwagen, mit Planen Zugedecktes, Abtransporte, es wird von zahlreichen Verletzten, Toten gesprochen, Liverpoolstation, King's Cross, der 26er-Bus. Warum muss sie in London leben, warum konnte sie nicht hierbleiben? Es ist ihr Bus, sind ihre Umsteigeorte, ist sie heute damit gefahren, in die Falle der Terroristen geraten? Ist sie nur zufällig dem Inferno entronnen?

Ich sehe sie vor mir mit ihrem Lächeln, schlank, groß, in schwarzen Klamotten, in Tennisschuhen, mit einer Umhängetasche, einem Rucksack, sie winkt mir zu, wenn ich abreise, schlingt beide Arme um mich, wenn ich ankomme. Bilder schieben sich dazwischen, Steffi blutend am Boden, kaum mehr atmend, Arme, Beine verdreht, wie abgetrennt. Warum musst du nur in London leben, hilflos diesen Terroristen ausgesetzt?

Ich schalte den Fernseher aus, die Bilder bleiben. Es wird unerträglich, ich versuche sie anzurufen, und endlich, endlich, höre ich ihr fragendes: «Mami?»

Inge Schober, Freiburg

Gelegentlich sind es auch Ängste um die Enkel, die den SchreiberInnen zu schaffen machen, verstärkt durch die Identifikation mit dem Leiden des eigenen Kindes, Mutter (oder Vater) des Sorgenkinds, deren (oder dessen) Verzweiflung sie hilflos miterleben müssen.

Im folgenden Text stellt sich nach und nach heraus, dass das erste Enkelkind der Schreiberin behindert ist. Die Großeltern ahnen schon länger, dass seine Entwicklung nicht normal verläuft, wollen es aber nicht wahrhaben.

Philipp ist zwei Jahre alt. Wieder ein Anruf von Maria: Mutter, schluchzt sie ins Telefon, Mutter, ich hatte einen Termin mit Philipp bei einer Psychologin, sie kann kaum weitersprechen, weißt du, was sie gesagt hat, aber Sie müssen doch sehen, dass das Kind vorwiegend geistig behindert ist, die körperliche Behinderung spielt dagegen ja keine große Rolle, hat sie gesagt.

Ich bin stumm. Was soll ich auch sagen? Jetzt ist es raus. Ich kann nichts sagen. Ich fühle nur eine große Wut in mir aufsteigen – eine Psychologin! Was ist das für eine Psychologin?

Als die Tochter Maria trotz empfängnisverhütender Spirale wieder schwanger ist, macht sie sich schreckliche Sorgen, auch dieses zweite Kind könnte behindert sein.

Wenn das dem Kind schadet, wenn es wieder ein behindertes Kind wird, sie weint, das schaff ich nicht, jetzt noch ein behindertes Kind, Mutter, das muss man doch verstehen. Ich wiegele ab, halbherzig, wer sagt, dass das Kind behindert sein muss?

Zeugin des Telefonats ist eine andere Tochter der Erzählerin, Hildegard, die sich seit Jahren vergeblich Kinder wünscht und keine bekommen kann.

Der Abbruch steht im Raum. Plötzlich springt Hildegard auf, stürzt ins Schlafzimmer, wirft sich über ihr Bett und schluchzt, schluchzt, und wenn sie das tut, dann hab ich meine Schwester verloren, dann hab ich keine Schwester mehr.

Doch auch diese Geschichte, in der die Mutter das sehr unterschiedliche Leid beider Töchter so intensiv miterlebt, nimmt erfreulicherweise ein gutes Ende.

Sechs Wochen bevor Marias Nikolaus durch Kaiserschnitt gesund zur Welt kommt, hält Hildegard ihren acht Tage alten Michael im Arm, dem noch zwei weitere Adoptivgeschwister folgen werden.

Ingeborg Remmer, Freiburg

Im folgenden Text geht es um ein Enkelkind, das bei den Großeltern lebt und von ihnen verantwortlich versorgt wird, weil die Mutter ausgefallen ist – um die alltäglichen Freuden, aber auch die Sorgen, die angesichts einer solchen Verpflichtung nicht gering sind. Der Text stammt interessanterweise von einem Mann und straft die Klischeevorstellung Lügen, dass Kinder im Leben von Männern eine weniger wichtige Rolle spielen als im Leben von Frauen. Die Oma ist die «Knuddeloma», der Erzähler der «Spielopa». In diesem Zusammenhang sorgt er sich um die Enkelin.

«Ich bin Schneewittchen!», forderte Alina eine Zeit lang, und nach dem Besuch der bösen Stiefmutter lag dieses tot auf der Couch. Ich musste den Arztkoffer holen und Schneewittchen ausführlich untersuchen und therapieren: Fieber messen, Lunge, Herz, Reflexe untersuchen, Spritze verabreichen, verbinden, einsalben. Wenn ich etwas vergessen hatte, wachte Schneewittchen kurzfristig auf und monierte dies. Man merkte, die Kleine genoss die Behandlung, die mitunter mehrmals wiederholt werden musste – nervenaufreibend!

«Wieso verlangt das Kind danach?», fragt man sich. «Welches sind die Wunden, die Heilung verlangen?» Ebenfalls wiederholt forderte Alina Pflaster und Verbandmull, um damit Puppen und Tiere zu verbinden. Häufig wurden Öffnungen wie Mund, Nase und Ohren zugeklebt. Einmal weinte sie bitterlich, weil ich ein Pflaster, mittlerweile recht vergammelt, achtlos von Puppe Luise entfernt hatte.

«Luise ist doch jetzt gesund!», meinte ich beschwichtigend.

«Nein, die Wunde ist noch lange nicht geheilt!» Ich musste sie aufs Neue verbinden.

Peter Giel, Pfaffenweiler

Obwohl man davon ausgehen kann, dass der Lebensweg auch ihrer erwachsenen Kinder viele SchreiberInnen beschäftigt, vor allem wenn es akute Probleme gibt, werden diesbezügliche Sorgen nur selten thematisiert. Nur ausnahmsweise finden sich in den autobiografischen Aufzeichnungen Gesamtporträts der Kinder, umfassende Beschreibungen ihrer Entwicklung von den frühen Jahren bis ins Erwachsenenalter. Nur selten werden tiefer gehende Konflikte mit ihnen dargestellt, gravierende Ängste um sie ausgemalt oder elementare Hoffnungen und Enttäuschungen reflektiert, die mit ihrer Entwicklung verknüpft waren, wie im folgenden fiktiven Brief an die Tochter.

Meine liebe Steffi,

heute wirst Du 30 Jahre alt.

Kindheit und Jugend hast Du längst hinter Dir gelassen.

Was ist aus unserem Spätzle, dem kleinen, fröhlichen Mädchen, unserem Sonnenschein geworden? Eine junge Frau, die dunklen Haare streng im Nacken gebunden, ein schmales Gesicht, beherrscht von großen Augen, sinnlichen Lippen. Ich mag, wenn ein Lächeln das Gesicht weich macht, das mir, dem Gegenüber, gilt, begleitet von einem fragenden «Mami».

Ich mag nicht das in sich gekehrte, völlig abwesende Gesicht, das bei uns sitzt und uns zu verstehen gibt, dass wir nicht für Dich existieren. Wo sind Deine Gedanken? Wohin entschwindest Du?

Du warst ein sonniges Kind, offen, strahlend bist Du auf alle zugegangen. Wann kam der Bruch, was ist geschehen, was wir nicht mitbekamen? Was hat Dich hingezogen zu den Freunden nahe dem Drogenmilieu, ausgeflippt, oftmals aus zerrütteten Familienverhältnissen?

Vielleicht habe ich mich zu wenig um Dich gekümmert in dieser Zeit, Dich zu wenig in den Arm genommen. Es ist keine Entschuldigung, aber eine Erklärung: Ich hatte selbst genug Probleme.

Dann der Schock, als du das Medizinstudium aufgabst, Tänzerin werden wolltest. Vorstellen konnte ich es mir bis zu einem gewissen Grad. Das kleine Mädchen im Tutu bei Christine in Paris, die Ernsthaftigkeit in der Ballettschule bei Frau Lützenburger. Du warst immer in Bewegung, schon als ich mit Dir schwanger war, hatte ich gegen meine Gewohnheit lange Spaziergänge zu machen, ständig schwimmen zu gehen. Wenn Du mir etwas erzählt hast, konntest Du nicht stillstehen, musstest auf- und abhüpfen. Jetzt hast Du einen Beruf daraus gemacht. Bewegung wird zur Kunst.

Ich bewundere die Umsetzung Deiner Ideen, die Energie, mit der Du Deine Vorstellungen durchsetzt, andere überzeugst, selbst tanzt. Der Zugang zur Intellektualität und Abstraktheit Deiner Choreografien ist nicht einfach, aber wenn ich Deine Aufführungen sehe, bin ich stolz auf Dich – Du hast für Dich richtig entschieden.

Ich freue mich, dass Du in Trang eine verlässliche Partnerin gefunden hast. Ich bin gerne bei Euch, finde es rührend, wie Ihr beide mich besorgt begleitet, mich mit Zetteln ausstattet, damit ich in den richtigen Bus, die richtige Underground steige, sicher ans Ziel komme, wie Ihr für mich kocht, frische Brötchen, Croissants, Kuchen holt, wie Du Dir Zeit für mich nimmst, mich geduldig zu Marks & Spencer begleitest, auch wenn es Dich grenzenlos langweilt – ich fühle mich wohl und gut aufgehoben bei Euch.

Liebe Steffi, ich wünsche Dir von Herzen, dass Du Stabilität, Zuversicht, Freude in Deinem Leben bewahren und öfter so glücklich sein kannst, wie Du es in manchen Augenblicken bist.

In Liebe, Mami

Inge Schober, Freiburg

Was an diesem Text berührt, ist der Schmerz, den die innere Ablösung ihrer Tochter der Erzählerin bereitet, verbunden mit dem Respekt, mit der sie deren Lebensentscheidungen akzeptiert, und der Freude, die ihr die kleinen Liebesbeweise der nun erwachsen und damit partiell fremd gewordenen Tochter bereiten.

Die verbreitet große Scheu beim Schreiben über die erwachsenen Kinder scheint mir sehr verständlich. Viele SchreiberInnen gehen davon aus, dass ihre Kinder ihre Aufzeichnungen in naher oder ferner Zukunft lesen werden, und sie wollen natürlich, dass die Nachkommen sie in guter Erinnerung behalten. Das wäre womöglich infrage gestellt, wenn die Kinder sich in ihren autobiografischen Aufzeichnungen missverstanden oder bloßgestellt fühlten.

Wer will seinen Kindern schon eine hässliche Hypothek hinterlassen, indem er sie etikettiert und in Schubladen zwängt?, meinte eine Kursteilnehmerin in diesem Zusammenhang. Und so kann man es durchaus nachvollziehen, dass die meisten sich über ihr Familienleben nur harmonisierend äußern oder eben alles Problematische einfach ausklammern und verschweigen. Es ist viel einfacher, interessant und zugleich offen und ehrlich über die eigene, längst vergangene Kindheit und Jugend zu schreiben, weil die meisten Menschen, die damals für mich wichtig waren, mit großer Wahrscheinlichkeit nicht mehr leben oder zumindest meine Kreise nicht mehr berühren. Aus der Distanz, wenn ich keine Rücksicht mehr nehmen muss und ganz freizügig mit meinen Erinnerungen umgehen kann, lassen sich die besseren Geschichten formen.

Nur manchmal, nicht selten durch einen aktuellen Anlass ausgelöst, finden auch Konflikte mit den erwachsenen Kindern oder – häufiger – Schwiegerkindern Eingang in das autobiografische Schreiben, das dann einen tagebuchartigen Charakter bekommt:

Die 3 cm dicke Kladde in DIN-A4-Format, in die ich mit bunten Filzschreibern eintrage, was zu tun ist – dabei der größte Genuss das Durchstreichen –, ist voll an diesem Sonntagmorgen. Auf dem Tisch die Schale mit vergilbtem Ostermoos, ein Ei, ein paar Holzküken, die verfleckte Tischdecke, auf der Bank die Puppe Kerstin und ein Traktor, auf der Ofenbank ein Gabelstapler, ein Körbchen mit Wachsfarben, ein Müllwagen, die Kissen verrutscht, hinten auf dem kleinen Sofa ein Stapel ungelesener Zeitungen, auf dem Schreibtisch unbezahlte Rechnungen, und ich sitze etwas paralysiert da, weil ich nicht weiß, wo ich anfangen soll.

Ich sitze an der einzig freien Stelle des Tischs vor dem ersten leeren Blatt der Kladde: Wo soll ich anfangen? Soll ich erst alle Ostersachen einsammeln oder erst die Spielsachen? Soll ich die Handtücher zusammensuchen, die fünf Betten abziehen und schon eine Waschmaschine laufen lassen oder erst die Spülmaschine ausräumen und das Geschirr von gestern Abend einräumen?

Ich hatte diesmal meine Tochter beschworen, nicht alles perfekt zu hinterlassen, was sie sonst immer tut.

Ich sehe sie noch vor mir als kleines Mädchen, die Heiterste der Familie von damals, und es schmerzt mich zu wissen, welchem Druck sie heute ausgesetzt ist bei ihrem Mann, der als Einziger weiß, was richtig ist, bei dem eine harmlose Alltagsäußerung zu einem völlig unerwarteten Wutausbruch führen kann.

Er war eineinhalb Jahre nicht mehr mitgekommen zu ihren Besuchen hier, drei- bis viermal im Jahr; sie hatten auch zum ersten Mal seit zwölf Jahren Weihnachten nicht bei mir gefeiert, weil ich meine Tochter mal gefragt hatte, ob er eigentlich wisse, was er an ihr habe. Ich begriff es nicht, was ich falsch gemacht hatte. Sie schon: Die richtige Frage wäre gewesen, ob sie wisse, was sie an ihm habe.

Diesmal war er zum ersten Mal nach der langen Zeit für zwei Tage auch hergekommen, und ich hatte mich gefreut, weil ich glaubte, dass die Wogen sich geglättet hätten, so wie bei mir der Zorn längst geschmolzen war. Aber es kam schlimmer. Er wollte gegen Abend wieder fahren, ich hatte einiges eingepackt für ihn (Linzertorte, Käse, Schinken usw.), und beim Mittagessen am

Ostermontag formulierte ich, was meine Tochter angesprochen hatte: Ob er nicht die Mittagspausen in seiner Arbeitsstelle verbringen könnte, wo es ein ausgezeichnetes Mittagessen für nur zwei Euro gibt, was für seine Frau mit den drei Kindern eine wesentlich einfachere Tagesplanung bedeuten würde. Doch es war nicht möglich, darüber zu reden, er haute seinen noch nicht geleerten Teller auf den Tisch, schrie: Misch dich nicht ein, sprang auf, lief zum Auto und fuhr in der gleichen Minute los nach München. Er sagte weder seiner Frau noch den Kindern, geschweige denn mir Auf Wiedersehen.

Als die Kinder erfahren hatten, dass der Papa kommt, hatte Gustav, der Sechsjährige, gesagt: Jetzt wird wieder geschimpft.

Was kann ich anderes tun, als ihre Zeit hier friedvoll und spannungsfrei zu gestalten? Wie gönne ich meiner Tochter Zeit zum Luftholen, bevor sie wieder zurückkehrt in ihr Bergwerk der täglichen Arbeit mit drei kleinen Kindern in einer kleinen Stadtwohnung mit spärlichem Budget und ihrer täglichen Sisyphosaufgabe, ihren Lebensraum zu erhalten.

Das erste Blatt der neuen Kladde ist immer noch leer. Also erst Rechnungen bezahlen, dann Spüle ausräumen, und dann entscheide ich neu.

Angela B., Pfaffenweiler

Das Leiden der erwachsenen Kinder an einer schlechten (oder vermeintlich schlechten) Ehe wird oft vermittelt zum Leiden der Mütter, die sich identifizieren, aber fühlen, dass sie sich nicht einmischen dürfen oder die Folgen fürchten müssen, wenn sie es wider besseres Wissen doch tun. Bei solchen aktuellen Anlässen hilft manchmal das Schreiben dabei, sich Luft zu machen. Das Vorlesen in der Gruppe, die Sympathie der anderen, schafft zugleich ein bisschen innere Distanz.

Reden ist Silber, Schweigen ist Gold.

Manchmal ist mir Silber lieber. Meine Tochter Franziska trägt nur Silberschmuck – Gold passe nicht zu ihr, vielleicht später im Alter, meint sie. F. liebt das Reden. Sie ist Weltmeister im Schwätzen, und bei nervöser Stimmungslage verdoppelt sich der Redefluss und wird zu einem strudelnden Gewässer. F.s Besuche sprühen vor Leben, sind aufregend, anregend und anstrengend.

Es gab Zeiten, da fürchtete ich ihr Kommen. Denn die Gespräche verliefen damals meistens nach immer dem gleichen Schema. Sie erzählte von sich, ihren Problemen, verlangte Zustimmung, heischte nach Lob und Anerkennung und litt unter meiner kargen schwäbischen Natur – net gschimpft isch gnug globt.

All das endete in Aggression. Der Kriegsschauplatz geriet in Bewegung, die Kanonen wurden ausgerichtet und abgeschossen, die Gewehre ratterten. Bald wurde die Luft rauchig und stinkig und schließlich dünn. Fast immer blieb ich auf der Strecke. Ich war ihren Wortgeschützen nicht gewachsen und fand erst in der dann folgenden, schlaflosen Nacht die Munition, die ich hätte losschießen können.

Doch irgendwann ging auch F. der Atem aus, die Schlachtfelder lagen öde, der Gegner war geschlagen, d. h., er zeigte sich einfach nicht mehr. Also Waffenstillstand – Funkstille – Schweigen.

Was hatten wir beide angerichtet?

Heute sind die Worte bedächtiger, überlegter geworden. Sie wägen ab, sie vergleichen, sie sorgen, sie trösten.

Und sonst? Wir schwätzen und ratschen den lieben langen Tag und auch noch die Nacht. Und wenn F. wieder nach Kalifornien zurückfliegen muss, habe ich das Gefühl, mein Mundwerk ist ausgefranst, im Kopf dreht sich alles.

Ich liege erschöpft auf dem Sofa und sehne mich jetzt schon nach dem lebendigen, sprühenden Lebensquell der Tochter.

Ist das Reden der Tochter «Silber», so ist das Schweigen des Sohnes «Gold».

Es gibt Zeiten, da dauert sein Verstummen vier, sechs, acht Wochen. Ich höre nichts von ihm, jeder Telefonanruf, jede E-Mail, jeder Brief zerstäubt ins Leere. Max ist einfach nicht vorhanden. Für uns alle. Eine Kommunikation ist nicht möglich. Hart gesagt: ist nicht gewünscht. Das verletzt und zwingt zu Fragen und schmerzenden Antworten.

Jedes Kind ist in mir fest verwurzelt, hat seinen eigenen Platz. Max als erstes Kind hatte den ersten. Vielleicht ist ihm der Platz zu eng geworden?

Ich höre Peters Stimme: «Lass ihn ziehen. Er geht dir nicht verloren.» Zweifle ich daran? Habe ich kein Vertrauen?

Ich muss lernen, mit diesem «Gold» umzugehen. Silber wäre mir lieber.

Eva Hiller, Wittnau

Nicht nur ernsthafte Krankheiten von Kindern und Enkeln beschäftigen die SchreiberInnen, sondern auch andere Lebenskrisen der Sprösslinge, bei denen sie nur bedingt helfen können: Krisen in der Ausbildung, Arbeitslosigkeit und berufliche Perspektivlosigkeit. Auch die Schwierigkeiten der Kinder, Partner zu finden, die allmähliche oder plötzliche Gewissheit, dass Sohn oder Tochter schwul beziehungsweise lesbisch sind, tauchen als Themen der Mütter auf, ebenso wie der Kummer darüber, keine Enkel zu haben, vielleicht nie welche zu bekommen, weil die Kinder keine Anstalten machen, Nachwuchs zu produzieren.

Wohl das Schrecklichste, was einer Mutter, einem Vater geschehen kann, ist der tödliche Unfall oder gar der Suizid eines ihrer Kinder – auch über solche Schicksalsschläge wurde in den Kursen geschrieben. Das sind Erfahrungen, bei denen das Schreiben kaum einen wirklichen Trost bringen kann, weil es für den damit verbundenen Schmerz keinen Trost gibt – vielleicht stellt es aber doch eine kleine Entlastung dar, sich wenigstens mitteilen zu können.

Tabuthemen früherer Zeiten: Sex und Religion

Wenn es um das Thema Sexualität geht – um das sich ändernde Verhältnis zum eigenen Körper, die sexuelle Aufklärung, erste Verliebtheiten –, dann werden in den Texten die Unterschiede zwischen den Generationen sehr deutlich. Die Älteren, die ihre Jugend und ihre jungen Erwachsenenjahre in den 50er-Jahren und früher erlebt haben, schreiben ganz anders über diese Themen als die Jüngeren, deren Erfahrungen schon von der 68er-Zeit, von der sogenannten sexuellen Revolution, geprägt waren.

Meist sparen die Älteren das Thema Sexualität im engeren Sinn ganz aus. Wenn sie von frühen Liebeleien erzählen, dann geht es um eher unschuldige Abenteuer.

Ich war achtzehn, als meine Ausbildung in Freiburg begann. Einer meiner beliebtesten Treffpunkte war der Kunstkleinkreis einer Studentengemeinde. Wir diskutierten nächtelang über den «Verlust der Mitte», besuchten einstündige, zweisälige Vorlesungen von Martin Heidegger (ohne viel Verständnis von meiner Seite), lasen uns Gedichte vor wie zum Beispiel H. Arp «Behaarte Herzen» – doch das Beste waren die vielen netten Studenten.

Nur gab es ein Problem, das man sich heute gar nicht mehr vorstellen kann: Es war unmöglich, sich auf offener Straße zu umarmen oder gar zu küssen. Die Hauseingänge waren auch keine gute Adresse, da konnte uns doch jederzeit jemand überraschen.

Verliebtsein macht erfinderisch, und so kamen wir auf die Idee, uns Bahnsteigkarten zu kaufen. Hier auf dem Perron konnten wir uns ungeniert umarmen, knutschen und küssen. Immer wenn ein Zug einfuhr, begrüßten oder verabschiedeten wir uns mit innigen Umarmungen und Küssen.

Nie mehr im Leben habe ich so viel Geld für Bahnsteigkarten ausgegeben.

Barbara Dörr, Freiburg

Die Erinnerungen der Älteren handeln von vorsichtigen Annäherungen an das andere Geschlecht, die häufig noch unter der Fuchtel der Eltern oder anderer erwachsener Sittenwächter stattfanden. Sexuelle Erfahrungen haben sie meist nur mit dem Mann gemacht, den sie heirateten. Alles andere wäre auch leichtsinnig gewesen und kam vergleichsweise selten vor in den Zeiten, in denen einigermaßen sichere Methoden der Empfängnisverhütung nicht zugänglich waren und der Ruf eines jungen Mädchens, einer jungen Frau durch allzu forsches Verhalten schnell zugrunde gerichtet sein konnte.

Anders sieht es bei den SchreiberInnen aus, deren Kindheit und Jugend in die Zeit des Umbruchs fiel. Sie schreiben meist gern und beredt über die Verklemmtheit von Elternhaus und Schule, über ihre eigene Ahnungslosigkeit, die denkwürdigen Umstände, unter denen sie aufgeklärt wurden, sowie über ihre frühen und frühesten Begegnungen mit dem anderen Geschlecht.

Einmal zog ich mit Bärbel aus der Nachbarschaft los. Wir ließen uns irgendwo nieder, langweilten uns etwas.

«Du hast aber was anderes da vorne!», legte Bärbel plötzlich los.

«Und du hast auch was anderes!»

Bärbel ritzt irgendetwas in die Erde.

«So sieht das vorne bei dir aus!»

«Gar nicht, sieht ganz anders aus!» Sie muss es ja wissen, schließlich hat sie einen kleinen Bruder. Ich kann aber Bärbel nicht zugestehen, dass sie sich in meinen Angelegenheiten auskennt.

Währenddessen kritzele ich was in den Boden.

«So sieht deins aus!», kommentiere ich, werde aber spontan der Ahnungslosigkeit bezichtigt und fürchterlich ausgelacht. Ich fasse meinen ganzen Mut zusammen.

«Ich zeig dir meins!» Bärbel blickt erstaunt auf.

«Aber nur, wenn du mir deins zuerst zeigst!», folgt der Rückzieher auf dem Fuß. Bärbel macht das entgegengesetzte Angebot, und so geht es eine Weile hin und her – ohne vorzeigbares Ergebnis. Ich bin auch gar nicht sicher, ob ich «meines» gezeigt hätte, hätte denn Bärbel «ihres» zuerst gezeigt. Möglicherweise wäre es bei Bärbel genauso gewesen. Unverrichteter Dinge machten wir uns auf den Weg heimwärts, nicht ohne uns gegenseitig noch hoch und heilig zu versprechen, zu Hause nichts von alldem zu erzählen.

Peter Giel, Pfaffenweiler

Ein interessantes Kapitel in meiner Kindheit war die Aufklärung, das heißt: Sie war gleich null. Meine beiden Freundinnen und ich wollten doch so gern wissen, woher die Kinder kommen. Bei unseren Müttern war nichts zu holen. Ingrid entdeckte im Wäscheschrank ihrer Mutter ein Gesundheitsbuch. Wir schlichen uns jeden Tag heimlich in das Schlafzimmer, blätterten und suchten das entsprechende Kapitel. Es war alles spannend und auch unverständlich. Eines war gewiss, wenn die Frau ein Kind bekommt, wird der Bauch dicker. Von nun an wurde jede Frau auf der Straße mit den Augen inspiziert, ob sie schwanger war oder nicht. Wir stellten fest, dass meine Mutter immer dicker wurde. Also bekam sie ein Kind. Jeden Tag unterzogen wir meine Mutter der Kontrolle, und anschließend beratschlagten wir drei Freundinnen das, was wir festgestellt hatten. Letztendlich war es eine Fehldiagnose, meine Mutter bekam kein Kind.

Die Freizeit in meiner Kindheit und Jugend verbrachte ich im Turnverein. Mein Blick fiel oft auf die älteren Mädchen. Sie hatten schon einen Busen und trugen einen BH. Ich wollte auch einen BH tragen. Aber ich hatte keinen Busen. Was konnte ich tun? Ich hatte eine Idee: Jede Nacht legte ich mir eine Wärmflasche auf die Brust. Wochen-, monatelang – ohne Unterbrechung. Das half. Ich bekam einen Busen und konnte einen BH tragen.

Renate Holmer, Rheinhausen

Den einen konnte es nicht schnell genug gehen mit der körperlichen Reife, die anderen taten sich schwer und hassten die damit verbundenen Veränderungen als einengend, beschämend, demütigend.

Meinen ersten BH bekam ich mit zwölf Jahren. Meine Mutter überredete mich, einen zu kaufen. Nein, so was wollte ich nicht. Es war doch erst ein paar

Monate her, dass ich Tag für Tag versucht hatte, wie ein Junge zu sein. Ich fuhr schneller Rollschuh, wilder mit meinem Fahrrad als die anderen und besiegte beim Catchen immer noch die meisten Jungs.

Von einem Tag auf den anderen musste ich nicht nur einen fleischfarbenen BH tragen, sondern auch beige steife Miederhöschen. Wenn ich sie zur Freude meiner kleinen Schwester aufrecht hinstellte, fielen sie nicht um. Frauenkörper – und ich sei ja jetzt fast eine Frau – müssten durch so was zusammengehalten werden, sagte meine Mutter, sie seien eben von Natur aus eher schwabbelig, und es sei unanständig und unästhetisch dazu, wenn der Po beim Gehen wackele.

Am nächsten Morgen weinte ich beim Anziehen. Die Miederwaren umgaben mich wie ein Schildkrötenpanzer. Sie bremsten mich, mehrere Treppenstufen auf einmal herunterzuspringen. In der Schule trat mir eine der dummen Ziegen aus meiner Klasse in den Weg, geschminkt, aufgetakelt und arrogant. Sie betrachtete meine plötzlich unter dem Wollpullover hervorstehenden Brüste verächtlich und murmelte etwas von Atombusen. Das war nicht gut. Man hatte Körbchengröße A zu tragen, A war für einen wunderschönen winzigen Apfelbusen gedacht, Körbchen B umfasste, gerade noch tolerierbar, birnenförmige Brüste, aber ein Atombusen bedeutete C, und C stand für Kompott.

Im Umkleideraum vor der Turnhalle fand der Bleistifttest statt. Ein Mädchen hielt an der Tür Wache, während sich eine nach der anderen den Pullover hochschob, den BH öffnete und einen Bleistift unter die nackte Brust klemmte. Fiel er herunter, war der Test bestanden. Als ich es vorsichtshalber vorher zu Hause probierte, lief rechts alles prima, aber meine linke Brust krallte sich am Bleistift fest. Auch Schultern hochziehen, zartes Wackeln mit dem Oberkörper und verstohlenes Berühren der Brust mit dem Oberarm nutzte nichts. Der Bleistift hielt.

Meine streng katholische Freundin und ich verweigerten die Probe im Umkleideraum vor der Turnhalle aus religiösen Gründen.

Chris Krebs-Stahl, Heitersheim

Es war diese Frauengeneration, die die sexuelle Revolution und vor allem das neue sexuelle Selbstbewusstsein der feministischen Bewegung als Befreiung erlebte.

Einige Jahre später rissen wir jungen Frauen uns die BHs und Mieder vom Leib und verbannten sie tief im Kleiderschrank. Ich fühlte mich befreit. 1971 studierte ich im 2. Semester an der Bonner Uni. Regelmäßig kaufte ich Obst auf dem Marktplatz. An einem sonnigen Frühlingsmorgen drang plötzlich eine heisere Stimme aus dem Dunkel eines Gemüsestandes zu mir: «Dat Wätter wird schläsch, dä Titten hängen tief.»

Gott sei Dank hatte ich da bereits von den Jungs, die auch erwachsen geworden waren, bewundernde Komplimente für meinen tollen Busen erhalten, und so reckte ich mich und ging einfach weiter. Aber vergessen habe ich es nie.

Noch einmal Äonen später sah ich mit ein wenig Neid meiner Tochter zu, die es kaum erwarten konnte, eine Frau zu werden, und jeden Zentimeter Busenumfang mehr bejubelte. Die Freiheit und Selbstverständlichkeit, mit der sie ihren Körper besitzt, sich bewegt, tanzt und abfällige Bemerkungen zurückweist, erfüllt mich mit Befriedigung.

Chris Krebs-Stahl, Heitersheim

Neben überwiegend komischen Texten über die Art der Aufklärung und das sich wandelnde Verhältnis zum eigenen Körper in der Pubertät finden sich auch Erinnerungen an sexuelle Übergriffe, die vor allem junge Mädchen als besonders einschneidend erlebten. In dieser Lebensphase hatten sie meist noch nicht genügend Selbstbewusstsein, sich zu Wehr zu setzen, die übergriffigen Männer zurechtzuweisen, sie ihrerseits zu beschämen. So empfanden sie sich häufig nur als gedemütigt und ausgeliefert.

Dreizehn Jahre bin ich alt. Ich trage ein Dirndl aus einem wild gemusterten Stoff: grüne, rote, schwarz gezackte Längsstreifen. Es ist ein Sommertag, aber ich muss in der Gaststube Dienst tun. Onkel Bohlsen will ein Bier trinken. Onkel Bohlsen ist schon sehr alt, über achtzig. Aus Höflichkeit setze ich mich zu ihm an den Tisch und mache Konversation über das Wetter, die Ernte, die Kühe, so wie ich es gelernt habe. «Du hast sicher schon einen Freund.» «Nein.» Onkel Bohlsen steht auf, greift mit knöcherner Hand eine meiner winzigen Brüste, drückt sie und versucht, mich mit sabberndem Mund zu küssen. Entsetzt befreie ich mich, renne ins Schlafzimmer, gieße Wasser in die Waschschüssel und wasche heftig die ekligen Spuren in meinem Gesicht ab.

Ich suche Trost bei meiner Mutter, die bei der Gartenarbeit ist, aber sie sagt nur: «Das hat er schon oft getan, auch bei Tante Helene.»

Kurze Zeit später stirbt er, wie recht ihm geschieht.

Etta Schwanitz, Schallstadt

Interessant ist in diesem Zusammenhang auch die Reaktion der Mutter, die typisch ist für die Einstellung, die Frauen in früheren Zeiten solchen sexuellen Übergriffen gegenüber an den Tag legten: nicht etwa Empörung über das Verhalten des alten Mannes, auch keine Einfühlsamkeit für die Tochter, die nach dieser Erfahrung Unterstützung suchte, sondern eine gewisse Gleichgültigkeit: Männer sind eben so, das muss man nicht so wichtig nehmen.

Erste missglückte Versuche auf dem Gebiet der Partnerwahl sind ein beliebtes Thema. Die Geschichten darüber haben fast alle einen Hang ins Komische, sie werden auch amüsiert vorgetragen und ernten viel Gelächter, vor allem bei denen, die ungefähr der gleichen Generation angehören und vermutlich Ähnliches erlebt haben. Es gibt in diesem Zusammenhang nur wenige ernste und düstere Texte – obwohl doch durchaus anzunehmen ist, dass man die ersten Irrungen und Wirrungen, während man sie erlebte, keinesfalls komisch, sondern im Gegenteil sehr schmerzlich fand. Wahrscheinlich dient die Betonung des Komischen hier zum Herstellen von Distanz. Auf der einen Seite die verklemmten Moralvorstellungen der alten Zeit, die ewig weit zurückzuliegen scheinen, auf der anderen Seite der wissende Erwachsene von heute, der sich von ihnen befreit hat und seinem naiven jüngeren Selbst wie von Weitem zuschaut – froh darüber, dass dergleichen ihn heute nicht mehr verunsichern kann.

Amors Pfeil traf mich auf einem Friedhof. Meine Mutter, ihre Schwester und ihre Mutter nahmen mich mit zu einem Besuch am Grab meines Großvaters in Betzdorf/Sieg, und sie erlaubten mir, mich dort mit Hardy zu treffen, den ich bis dahin nie gesehen hatte.

Ich war fünfzehn Jahre alt. Zwei Jahre zuvor hatten wir bei einer Brieffreunde-Aktion des damals neuen Senders SWF3 unsere Adressen getauscht und schrieben uns seither mehrmals wöchentlich. Hardy wohnte in der Nähe von Bonn, ich in Stühlingen an der Schweizer Grenze. Es lagen rund 700 km zwischen uns, was unter anderem der Grund war, dass ich ihn ausgewählt hatte. Ich liebte seine schöne Handschrift und seine witzige Art zu schreiben. Und nun, nach unzähligen Briefen, durften wir rund eine halbe Stunde auf dem Friedhof miteinander sprechen, genau so lange, wie meine Oma benötigte, die Blumen auf Opas Grab zu gießen und es vom Unkraut zu befreien. Von dieser halben Stunde zehrte ich bis zu unserem Wiedersehen ein Jahr später.

Mein Vater genehmigte immerhin, dass Hardy mich einmal wöchentlich zu Hause anrief. Da es damals weder schnurlose Telefone noch Handys gab, blieb mir nichts anderes übrig, als seinen Anruf im Flur stehend entgegenzunehmen, während in jeder Tür des ziemlich langen Flurs ein anderes Mitglied meiner Familie hing und die Ohren spitzte, um ja nichts zu verpassen.

Als ich sechzehn Jahre alt war, durfte Hardy mich auf seiner Abiturreise nach Frankreich besuchen kommen. Er wurde im örtlichen Gasthof untergebracht. Da quasi das ganze Dorf an unserer Romanze teilhatte und wir nirgendwo unbeobachtet blieben, reiste Hardy bald weiter. Wir verlobten uns, als ich siebzehn Jahre alt war, an Silvester, um Mitternacht, am Wasserfall in Triberg. Bis zum Abitur sah ich ihn noch ganze drei Mal und war deshalb sehr überrascht, dass ich danach mit ihm eine sechswöchige Rundreise mit dem Zelt durch die Balkanstaaten machen durfte.

Nach dieser Reise stand für uns beide fest, dass wir irgendwann heiraten würden. Nachdem ich zur Ausbildung zunächst nach Wiesbaden, dann nach Bonn und Köln gezogen war, erlebte ich meine große Liebe nun jedoch beinahe täglich. Für seine Eltern war ich bereits die zukünftige Schwiegertochter, wie auch umgekehrt er für meine Eltern zur Familie gehörte. Dann stellte ich jedoch zu meinem Entsetzen fest, dass er mich regelmäßig im Kölner Karneval betrog. Ich konnte mich seiner Überzeugung, das gehöre zum Karneval und hätte nichts mit unserer Beziehung zu tun, nicht anschließen, und schmiss ihm auf dem Bahnsteig bei Gleis 1 im Hauptbahnhof von Wiesbaden den Verlobungsring vor die Füße, als er das nächste Mal zu Besuch kam, und zwar direkt, als er aus dem Zug stieg.

Ich nahm ein Taxi zurück in meine Wohnung und war von da an wieder Single.

Dorina Organetti, Ehrenkirchen

Der folgende Text gefällt nicht nur durch die besondere Erzählperspektive und seinen feinen Humor, sondern er hebt sich auch dadurch von anderen ab, dass er nicht nur von ferner Vergangenheit erzählt, sondern eine Linie bis nah an die Gegenwart zieht.

Von einer, die auszog, das Küssen zu lernen

Mit 62 Jahren kann ich sagen, dass ich das Küssen gelernt habe. Ich kenne verschiedene Variationen dieser Tätigkeit, sozusagen immer den mir geeignet erscheinenden Kuss. Zum Beispiel bekommt Benno die von ihm bevorzugte Variante «Der-erloschene-Vulkan-Kuss», Eberhardt den «Ja-wenn-wir-noch-jung-wären-Kuss», Meinrad begnügt sich mit meinem «Das-kann-jeder-sehen-Kuss».

Vielleicht traut man mir diese Professionalität auf den ersten Blick nicht zu. Ich wirke eigentlich ziemlich brav: gedeckte Kleidung, flache Schuhe, graues Haar, nicht geschminkt, unspektakuläre Figur, bis vielleicht auf den mütterlichen Busen. Aber der spielte während der Lehrjahre eine eher untergeordnete Rolle. Obgleich, wenn ich jetzt so darüber nachdenke ...?

Auf meine Kompetenzen in diesem Bereich bin ich im Wartezimmer meines Zahnarztes gestoßen. Ich komme mit einer Patientin ins Gespräch über die Vor- und Nachteile von Zahnimplantaten. In diesem Zusammenhang taucht der Aspekt der Kusstauglichkeit auf, den die Fremde als zu vernachlässigende Größe abtut. Das sehe ich anders. Bevor ich jedoch meine Argumentationskette schlüssig entwickelt habe, liege ich im braunen Kunstlederstuhl, den Mund aufgerissen, der Speichelsauger schnurrt zufrieden vor sich hin, und um mein unvermeidliches Panikschwitzen etwas einzudämmen, versammele ich die Wesen um mich, mit denen ich das Küssen gelernt habe.

Den Anfang machte Thomas, der wie ich noch ein Kind war. Wir wollten alles über den andern wissen, schlossen die Türe ab und begannen zu forschen.

Peter war acht und zu doof, das Hochzeitsspiel der kichernden Mädchengruppe zu durchschauen. Ich war seine Braut und entführte ihn.

Dieter hieß der junge Mann, dessen verliebte Küsse ich für meine Freundinnen erfunden hatte. Er musste die Jahre überbrücken helfen, bis der erste richtige Kuss, in Echtzeit, möglich wurde. Fünfzehn Jahre war ich da, und der Skilehrer machte seiner Berufsgruppe alle Ehre.

«Das ist richtig kitschig!», tobte mein Vater, dem die Küsse unter verschneiten Tannen gepetzt wurden.

Danach tauchte Heiner auf. Er war groß, ein guter Tänzer, seine Zähne waren schief, und manchmal roch er aus dem Mund, und das merkte ich beim

Küssen erst kurz vor dem Ziel, und dann war kein geordneter Rückzug mehr möglich.

Unsanft lande ich unter den Latexhänden meines Zahnarztes.

«Er wird nicht regelmäßig zur Kontrolle gegangen sein!», scheinen seine Mikroskopaugen zu flüstern. Ich schleiche mich lieber zurück in meine Lehrzeit.

Vom Dänen wusste ich den Namen nicht, aber von ihm lernte ich sehr viel über Kuscheln und Küssen, und meine siebzehnjährige, katholische Grenze respektierte er lächelnd.

Und dann kam der Jungmann Bernhard, und mein Wissen wurde von ihm dankbar aufgenommen. Da war ich neunzehn Jahre, und später heirateten wir, und ich wiegte mich in der Sicherheit, die Lehrjahre erfolgreich abgeschlossen zu haben. Ich täuschte mich. Möglichkeiten zur Fortbildung tauchten auf, und ich nutzte sie.

«Fertig. Spülen!» Der dezente graue Schnurrbart überdacht die schmalen Lippen, die sich jetzt zu einem Lächeln verziehen.

«Was denkt ein Zahnarzt eigentlich beim Küssen?», schießt es mir durch den Kopf, als ich das warme Wasser im Mund kreisen lasse.

Elisabeth Utz, Freiburg

Im Übrigen bleiben aber emotionale Verwirrungen und sexuelle Eskapaden, die näher an der Gegenwart liegen, auch für die scheinbar keine Tabus kennenden Angehörigen der 68er-Generation ein ausgesparter Intimbereich. Manchmal setzen sich die jüngeren SchreiberInnen, die um die Fünfzigjährigen, noch mit akuten oder eben überwundenen Trennungskrisen auseinander. Doch man schreibt nicht über aktuelle Affären, weder eigene noch die des Partners, wie es in der Erfahrungsliteratur der 70er- und 80er-Jahre verbreitet war, auch nicht über Divergenzen in der bestehenden Partnerschaft, über die körperlichen Veränderungen in Jahrzehnte dauernden Beziehungen, über vielleicht fehlende sexuelle Befriedigung, über die Schwierigkeit, als geschiedene oder verwitwete Frau im vorgerückten Alter noch einen Partner zu finden, auch wenn man sich den vielleicht sehnlich wünscht.

Für die Hochaltrigen ist die Sexualität im engeren Sinn vermutlich tatsächlich kein Thema mehr – doch selbst wenn sie es noch sein sollte, wäre es keines, über das sie sich schriftlich ausbreiten würden, da sie noch in der Kultur des Schweigens über Sex sozialisiert worden sind.

Interessanterweise wird auch das Thema Religion, das in den Erinnerungen vieler Schreibender eine Rolle spielt, überwiegend komisch abgehandelt. Vor allem Menschen, die eine streng religiöse Erziehung erlebt und unter ihr gelitten haben, setzen sich mit dieser Facette ihrer Kindheit ironisierend oder gar karikierend auseinander. Wie stark der Einfluss der Kirche und der konfessionellen Prägung in den Nachkriegsjahren noch war, geht indirekt aus zahlreichen Texten hervor. So durften katholische Kinder nicht mit evangelischen Kindern spielen oder befreundet sein und umgekehrt.

Wenn ich Glück hatte, trat Eckart von rechts gegenüber zur gleichen Zeit aus der Haustür. Leider war er evangelisch. Das schränkte unsere Freundschaft erheblich ein. In der Schule durften wir uns schon gar nicht zusammen blicken lassen.

Chris Krebs-Stahl, Müllheim

Häufig taucht in den Erinnerungen die eiserne Norm des sonntäglichen Kirchgangs auf. Es werden Gewissenskonflikte thematisiert, über die sich die erwachsenen ErzählerInnen nur noch amüsieren können.

Anders als meine Mutter, die nie zur Kirche ging, musste ich mit meiner Schwester jeden Sonntag in den Kindergottesdienst. Wir gehörten zur evangelisch-lutherischen Gemeinde der Erlöserkirche, einem sechseckigen, düsteren Bau aus roten schweren Backsteinen. Schon von Weitem konnten wir Pfarrer Kälber sehen, der mit seinem schwarzen Talar wie eine große Krähe mit langen Schritten vor der Kirchentür hin und her flatterte. In der Kirche war es dunkel. An der Wand hing der gekreuzigte Jesus. Gleich rechts, neben der Eingangstür, musste man an einem kleinen Tisch vorbei. Dort stand das «Nicknegerla». Ich hatte von meiner Mutter zehn Pfennig bekommen, die sollte ich dem «Negerla» in den Schlitz in den Rücken werfen, dann nickte es mit dem Kopf, und viele arme Negerkinder waren froh, denn für sie war das Geld bestimmt, weil sie so viel Hunger hatten. Ich hätte das Geld gern behalten. Für fünfzehn Pfennig bekam ich schon ein Leberkäsbrötchen, das hätte ich dann mit meinem Bruder geteilt, denn er hatte auch immer Hunger.

Aber ich traute mich nicht. Ich durfte auf keinen Fall Scherereien machen oder Schande über die Familie bringen. Meine Eltern hatten doch nur noch ihren guten Namen und sonst alles verloren. Außerdem wollte ich, dass Gott mich lieb hat, und nicht auf bösen Wegen gehen. Pfarrer Kälber sagte uns immer, das Auge Gottes sieht alles, hört alles, weiß alles und ist überall.

Katholische Sünden erzählte man in der Kirche einem Pfarrer. Er saß in einem kleinen Holzhäuschen hinterm Vorhang. Meine Freundin war katholisch und musste am Samstag zur Beichte gehen. «Was soll ich nur wieder beichten?», fragte sie mich, denn ich begleitete sie gern.

Evangelische Sünder taten Buße, indem sie in der Bibel lasen. Sie hielten «Stille Zeit» mit Gott und gingen in sich. Das konnte ich gut. Dabei fiel mir meist eine katholische Sünde für Elke zum Beichten ein, wie «Weihwasser verschütten» oder «das ewige Licht auspusten». «Ich habe gelogen» ging auch. Oder «Ich hatte unkeusche Gedanken», was immer das sein mochte.

Nach dem Beichten in der St.-Gangolf-Kirche beteten wir den Rosenkranz, das waren Gebete, die man sehr schnell und monoton hintereinander murmelte. Ich musste andere komplizierte Gebete lernen. Sie standen in Luthers Gebetsbüchlein und Luthers Andachtsbüchlein, herausgegeben von der Lutherischen Kommission für Kriegsgefangene. Wenn wir fremde Gäste hatten, sollte ich das Tischgebet sprechen. Das hasste ich und suchte deswegen die kürzesten Gebete aus, die mir immer noch viel zu lang waren. Da dichtete ich selber welche. Leider war mein Vater dagegen.

Gertrud Kürschner, Heitersheim

Der Schreiber des folgenden Textes war als Junge lange Zeit Messdiener.

Ich war stolz darauf, vor so vielen Menschen auftreten zu können, und beherrschte meine Lernaufgaben (Confiteor, Suscipiat, Pater noster etc.) aus dem Effeff.

Einer der etablierten Messdiener war Ferdinand Feierabend. Er war von imponierender Gestalt in der Höhe wie auch in der Breite. Erhobenen Hauptes schritt er daher, seine Würde wurde durch ein herrschaftliches Doppelkinn untermauert. Mich würdigte er keines Blickes, wenn ich denn mal mit ihm zusammen zu dienen hatte. Es war klar, dass er stets rechts diente. Im Gegensatz zu links hatte man dort dem Pfarrer weitaus mehr zu assistieren, links war man mehr oder weniger der Handlanger. Außerdem war da rechts eine Schelle, ein goldener Griff, an dem fünf oder sechs Glöckchen hingen. Bestimmte Phasen der Eucharistie, Opferung, Sanctus, die Wandlung der Hostie in den Leib des Herrn, wurden damit eingeläutet.

Feierabend besorgte dies mit einer Wucht und Vehemenz, dass die Wände in der heiligen Stätte zu beben schienen. Diese Intonation von Feierlichkeit imponierte mir mächtig. Als ich dann mal rechts dran war, schwang ich die wehrlosen Glocken kraftvoll drei-, viermal, dass es eine Freude war, so sehr, dass Pfarrer Niessen aus seiner Andacht herausgerissen wurde und böse Blicke seitwärts die Altarstufen herunterflogen.

Jawohl, voller Elan war ich bei der Sache. Es gab sogar eine Phase, in der ich allmorgendlich vor der Schule zur Frühmesse rannte, um dort «dienen» zu können. Der Pfarrer lobte mich ob meines Eifers. Einmal wies er mir sowie meinem Freund und Klassenkameraden Werner die Aufgabe zu, den Dienstplan für uns Ministranten zu erstellen. Freudig begab ich mich daran, teilte Werner und mich fast jeden Sonntag für die 9-Uhr-Messe ein, mich immer rechts – Werner war's egal. Zu dieser Uhrzeit zu ministrieren war äußerst beliebt, da man dann vor voller Kirche auftreten konnte. Selbstverständlich ließ Herr Niessen den Plan so nicht stehen.

Jahre später begegneten wir – Herr Niessen und ich – uns einmal zufällig auf der Straße. Wie es mir denn gehe, in der Kirche habe er mich schon lange nicht mehr gesehen?

«Ach, wissen Sie, man bekommt so seine eigene Meinung dazu.»

«Das ist falsch, falsch, falsch – aber ich hab's jetzt eilig, wir sprechen uns noch!» Und fort war er.

Ich sah ihn nie wieder, folglich sprachen wir uns auch nicht.

Peter Giel, Pfaffenweiler

Die Macht der Kirchen, die in den 50er- und 60er-Jahren noch sehr bestimmend in die Gewissen der Menschen und in das Alltagsleben hineinregierten, ist uns heute ebenso fremd und unvorstellbar wie die spießige Sexualmoral jener Zeit – und natürlich hing das eine auch sehr eng mit dem anderen zusammen. Vorehelicher Geschlechtsverkehr war ja nicht nur der möglichen Folgen wegen eine schlimme Sache, sondern auch und besonders, weil er Sünde war – wie die Sexualität als solche, wenn sie nicht an den Fortpflanzungszweck gebunden blieb. In Zusammenhang mit dem Thema Religion wird häufig auch der Leidensdruck thematisiert, dem Menschen unterschiedlicher Konfession ausgesetzt waren, wenn sie sich ineinander verliebten. All das scheint uns heute viel länger vergangen zu sein als nur ein paar Jahrzehnte.

Nur einige wenige SchreiberInnen setzen sich auch ernsthaft mit ihrer religiösen Entwicklung auseinander und schildern, wie sie von der anerzogenen Kirchenfrömmigkeit ihrer Kinderzeit hin zu einer selbstbestimmten Gläubigkeit fanden. Diese Entwicklung verläuft selten so relativ ungebrochen wie sie sich im folgenden Bericht darstellt.

Schon zwei Generationen vor uns, väterlicherseits, gab es in der Familie zwei Nonnen. Also war die Frage bei uns sechs Mädchen natürlich auch aufgetaucht: Wer von euch geht ins Kloster? Doch unsere Eltern und die Anverwandten konnten keine dazu überreden. So viel eigenen Willen hatten wir auch früher, und die Eltern akzeptierten es schließlich.

Unsere religiöse Erziehung war ziemlich streng, doch für die damaligen Verhältnisse eher normal. Mutter und Vater haben es uns vorgelebt. Jeden Sonntag in die Kirche. Morgens zur Messfeier und mittags zur Andacht. Während der Erstkommunionsvorbereitung mussten wir jeden Tag zur Messe, und zwar frühmorgens um sieben Uhr, bevor der Unterricht in der Schule begann. In der Adventszeit wurde in unserer Familie jeden Sonntagabend gemeinsam der Rosenkranz gebetet, und zwar kniend am Stuhl in der Stube. Nach dem Rosenkranzgebet folgte noch die Litanei, welche abwechselnd jeden Sonntag von einer anderen Schwester aus dem Magnifikat gelesen wurde. Zum Schluss wurde noch ein Adventslied gesungen.

Mein Vater hat 1962, als Zeichen des Glaubens, auf seinem Rebgrundstück ein Flurkreuz errichten lassen. Wie oft hat er uns erzählt, wie schlecht es ihm im Krieg ergangen ist, er hat viel gebetet, und das Gebet hat ihn gestärkt. Bei einem großen Angriff in Russland machte er ein Gelübde: «Wenn ich gesund nach Hause komme, will ich zur Ehre Gottes ein Kreuz errichten lassen.»

Meine religiöse Einstellung aus Kindheit und Jugend habe ich beibehalten und meinen Kindern weitergegeben. Ich selbst nehme alle kirchlichen Traditionen sehr ernst. Mein religiöses Leben gibt mir viel Sicherheit und inneren Halt. Vielleicht hat sich sogar nach und durch die schweren Schicksalsschläge in meinem Leben meine christliche Einstellung gefestigt.

Viktoria Bösch, Pfaffenweiler

Die meisten beschränken sich darauf darzustellen, von was sie sich im Laufe des Lebens distanziert haben, welche religiösen Konventionen ihrer Kindheit sie nach und nach als einengend, äußerlich und unwesentlich empfanden. Doch wenn es um die Religiosität heute geht, werden sie sehr vage; häufig ist da eine Leerstelle. Nicht selten endet die Ablösung von der traditionellen Kirchenfrömmigkeit, die Suche nach neuen Formen der Spiritualität in Desorientierung oder Gleichgültigkeit. Manche kehren zu den Konventionen zurück. Andere kommen ohne institutionelle Anbindung ihres Glaubens mit sich und dem Leben zurecht.

Als kleines Kind freute ich mich darauf, ins Bett zu gehen, mich auf die Seite zu legen und mit «Ihm» zu sprechen. Darüber schlief ich meistens ein. Als ich fünf Jahre alt war, saß ich in der Kirche, und oben auf der Kanzel donnerte der lutheranische Pfarrer über Schuld und Sünde. Mir fiel auf, dass die erwachsenen, ausgehungerten Menschen um mich herum sich im Jahre 1946 davon sehr einschüchtern ließen. Ich wusste: Der lügt. Ich war fest davon überzeugt, dass Gott mich liebt, vor den Menschen hatte ich Angst, vor Gott nicht. Ich glaube, das hat sich während der Pubertät verändert, ich glaubte lange an nichts mehr. Die schrecklichen Erfahrungen mit meinen Eltern hatten mich aus meinem Paradies geworfen.

Mit Anfang dreißig änderte sich das wieder, ich vermisste etwas, wusste lange nicht, was, bis ich es annähernd benennen konnte. Ich hatte keinen Ansprechpartner für mein Inneres. Meine Seele brauchte Nahrung. Ich probierte es noch mal mit der Kirche, aber die war es nicht. Der liebe Gott war es nicht mehr und Jesus auch nicht.

Meine brasilianische Freundin Celeste meinte: «Wende dich doch an die Große Mutter.» Das versuchte ich manchmal, es hat aber auch nicht so recht gestimmt. Dann besuchte ich Meditationsgruppen, übte auch regelmäßig, aber mein Herz war nicht dabei. So bin ich eigentlich noch immer auf der Suche. Vielleicht könnte ich den tibetischen Buddhismus als meine geistige

Heimat bezeichnen. Als Kind sagte ich mal: «Entweder gehöre ich allen Religionen an oder überhaupt keiner.» Heute trifft wohl das Letztere zu.

In mir selbst will ich es finden, das Göttliche, das Unabhängige, mit dem Ziel, zu Liebe und Mitgefühl zurückzukehren.

Christel Schmied, Freiburg

Die Vielfalt der Gestaltungsmöglichkeiten

In den vorangegangenen Kapiteln habe ich die inhaltlichen Schwerpunkte autobiografischen Schreibens vorgestellt, die fast allen SchreiberInnen die wichtigsten sind. Natürlich wird auch über vieles andere geschrieben, mit dem ich mich hier nicht im Einzelnen befassen kann. Vor allem diejenigen, die über längere Zeit dabeibleiben, suchen und finden ein immer breiteres Spektrum von Inhalten, was auch durch die Themenstellung in den Kursen angeregt wird.

Meistens entwickeln die Schreibgruppen schon im Einstiegskurs so etwas wie ein gruppenspezifisches Diskussionsniveau, das sich über Jahre erhält, wenn die personale Zusammensetzung weitgehend konstant bleibt. Für manche Kurse zählen vor allem die Inhalte, während literarisch-handwerkliche Kriterien nur von nebensächlicher Bedeutung sind. Die TeilnehmerInnen genießen es, sich gegenseitig Geschichten aus ihrem Leben vorzulesen und einander dabei zuzuhören. Die Kommentare sind überwiegend positiv und vor allem empathisch. Man staunt über das, was die anderen erlebt haben, Erinnerungen an eigene Erfahrungen werden angestoßen, die man dann anschließend seinerseits aufschreibt. Man nimmt Anteil an schweren Schicksalsschlägen, spricht einander Anerkennung für diese oder jene Lebensleistung aus. Das Gespräch, das sich an die Lesung der Texte anschließt, kreist um die gesellschaftliche Bedingtheit bestimmter Erfahrungen, gelegentlich wird auch psychologisiert.

Manche Schreibgruppen entwickeln über das Interesse an den mitgeteilten Inhalten hinaus auch einen literarischen Anspruch. Sie sind dann ihrem Selbstverständnis nach eher Workshops für kreatives Schreiben, die mit autobiografischem Material im weitesten

Sinne arbeiten, während der Selbsterfahrungsaspekt etwas in den Hintergrund rückt. In diesen Kursen entwickeln die TeilnehmerInnen auch Interesse daran, anspruchsvolle Themen zu bearbeiten, verschiedene Techniken des Schreibens kennenzulernen und auszuprobieren.

Ein paar grundlegende formale Dinge behandle ich in jedem Kurs: Wie wirken die ersten Sätze eines vorgelesenen Textes, ist das ein langweiliger oder ein origineller Einstieg? Wie sieht es mit dem Ende aus? Gibt es eine Spannungskurve im Verlauf, eine überraschende Wendung am Schluss?

Immer wieder stellen wir uns die Frage nach der Erzählperspektive: Ist die Erzählerin, der Erzähler nah bei seinem Alter Ego oder weit weg, distanziert oder identifiziert? Was ändert sich, wenn ich in der Vergangenheit oder der Gegenwart erzähle, in der ersten oder der dritten Person? Die meisten SchreiberInnen wählen spontan die Ich-Form für ihre Lebenserinnerungen, doch es gibt immer wieder auch einige, die davon abweichen, die sich durchgehend als «Anna» oder «Karl» apostrophieren. Manche wechseln nur hier und da in die dritte Person.

Eben ging er aus dem Haus. Er war nicht übermäßig groß ... ein älterer Herr ... jetzt hob er den Hut und grüßte ... die anderen grüßten zurück und verneigten sich dabei. Das Kind stand oben am Fenster und sah ihm nach. Da drehte er sich noch einmal um, schaute nach oben und winkte ihm zu. Ja, das war er, das war der Vater, und irgendetwas an dem Gedanken machte das Kind glücklich. Es lief zurück und fragte die Mutter: ‹Wo geht er hin?› ‹Er hat Vorlesung›, sagte die Mutter. Da begann das Kind sich vorzustellen, wem der Vater vorlesen würde. Sicher würden die Kinder sich freuen, so wie es sich freute, wenn er am Abend vorlas und es in sein warmes Bett gekuschelt dabei einschlief. ‹Nein›, sagte die Mutter, ‹es sind erwachsene junge Leute, die sich auf ihren Beruf vorbereiten. Der Vater zeigt ihnen, wie das geht.› Die Antwort befriedigte das Kind nicht. ‹Aber eines Tages werde ich es ganz genau erfahren›, dachte es. Im Grunde seines Herzens war es ein bisschen neidisch auf diese Schüler.

Bertl Humpert, Freiburg

Natürlich wird dann besprochen, warum die Autorin hier mit der dritten Person einen Verfremdungseffekt gewählt hat, während sie andere Passagen in Ich-Form schreibt. Will sie damit ausdrücken, dass das Kind von damals eine ganz andere Person ist, fremd und geheimnisvoll für die Erzählerin heute? Will sie sich von dem Kind, das sie war, distanzieren – und wenn ja, warum? Manchmal schreibt man in der dritten Person, um sich besser von außen sehen zu können – oder auch, um die Gefühle von damals nicht ganz so nah an sich herankommen zu lassen. Es gibt auch so etwas wie eine ironische Distanz: Wir, die LeserInnen oder ZuhörerInnen, sollen uns mit dem Autor über die Figur amüsieren – wie im folgenden Text, mit dem der Autor seine autobiografischen Aufzeichnungen fast wie einen Schelmenroman einleitet:

Wir hören hier die Geschichte von Peter Glomb, Sohn des Ministerialdirektors Dr. Wilhelm Glomb. Glomb junior, obgleich wohl behütet, war von Anfang an irgendwie neben der Kappe. Früh kroch er in Hühner- und Geißenställen herum. Später zog es ihn, sehr zum Unwillen seiner Eltern, zu den Backsteinhäusern einer benachbarten Arbeitersiedlung, um dort mit den Schmuddelkindern zu spielen. Auch sorgte er dafür, dass zwei Polizeibeamte mit sorgenvollen Mienen seinen entsetzten Eltern einen Besuch abstatteten. Hin und wieder ereiferte er sich für etwas, sei es für den Dienst am Altar, sei es für den Ball, sein Objekt der Begierde, aber immer wieder uferte irgendetwas aus, trat er ins Fettnäpfchen, vollführte er eine Bauchlandung. In seiner Suche nach Beachtung war er einfach ein Nimmersatt, obwohl er mit Zuwendung aus Mutters Füllhorn geradezu überschüttet wurde.

Peter Giel, Pfaffenweiler

Um ein Gespür für dieses Instrument zu bekommen, probieren alle einmal aus, wie es sich anfühlt, ein und denselben Text in der ersten oder der dritten Person zu erzählen – um dann wieder zu der Form zurückzukehren, die ihnen besonders liegt.

Wir üben den Umgang mit Dialogen. Welche Dialoge sind lebensecht und pointiert, welche gestelzt und langweilig? Wie wirkt ein Text mit vielen Dialogen? Wann setzt man Dialoge in einem Prosatext ein: an bedeutsamen Stellen, wenn sich die Handlung zuspitzt, um Personen oder ihr Verhältnis zueinander zu charakterisieren, zur Ironisierung und so weiter.

Er: Mit geht's heute nicht so gut – ich bin nicht so gut drauf und irgendwie müde.

Sie: Du brauchst Amethyst.

Er: Warum gerade Amethyst?

Sie: Amethyst wirkt super. Er beruhigt und ist energetisch.

Er: So ein Unsinn. Soweit ich weiß, ist Amethyst eine quarzartige Verbindung, die Zusammensetzung ist bekannt. Aufgrund der Atomstruktur bilden sich die typischen Kristalle, und die violette Färbung kommt von der Einlagerung von Schwermetallen.

Sie: Das mag ja stimmen, aber Amethyste können kosmische Energien bündeln und dann gezielt weitergeben. Das wurde in vielen Studien schon bewiesen.

Er: Diese Studien möchte ich mal sehen beziehungsweise die Journale, in denen so was publiziert wird!

Sie: Ja, mach dich nur lustig! Typisch für euch Naturwissenschaftler. Ihr habt einfach Angst – ja, ich denke, es ist Angst vor neuen, ungewohnten Sichtweisen. Solche Leute haben dann auch die Macht, unangenehme Veröffentlichungen in angesehenen Zeitschriften zu blockieren. Das Gleiche geschieht mit der Bachblütentherapie, die von der Schulmedizin verteufelt wird, obwohl sie große Erfolge hat. Ich kenne da einen Fall von Krebs, voller Metastasen, von der Schulmedizin aufgegeben. Nach kinesiologischer Austestung hat die Frau Pulsatilla-Essenz bekommen, der Krebs bildete sich zurück, die Ärzte in der Klinik waren sprachlos, wollten es nicht glauben.

Er: Wie der Lourdes-Effekt. Auch da werden Krebskranke geheilt, Krüppel werfen ihre Krücken weg, und Blinde sehen wieder und rufen Halleluja.

Sie: Jetzt wirst du zynisch. Man kann mit dir über solche Sachen einfach nicht reden.

Er: Ja, lassen wir das besser. Ich nehme jetzt ein Aspirin und trinke einen Espresso. Den Amethyst kannst du mir ja auch mal geben, schaden kann der ja nicht.

Gottfried Hornberger, Ebringen

Wir verfassen Texte in Brief- und in Tagebuchform: fiktive Tagebücher, bei denen man sich in die Erlebnis- und Gefühlswelt, den Denk- und Sprachstil früherer Lebensphasen, etwa der Pubertät, zurückzuversetzen versucht, aber auch Tagebücher der Jetztzeit – Aufzeichnungen über einen Tag oder die zurückliegende Woche. Wie unterscheidet sich die autobiografische Form des Tagebuchs von der des Briefs? Nur durch die Tatsache, dass es in einem Fall einen expliziten Adressaten gibt und im anderen nicht? Oder erzählt man auch andere Dinge und organisiert sie in anderer Form? Könnte ich mir meine Lebenserinnerungen in Tagebuchform vorstellen? Wäre es denkbar, das ganze eigene Leben in einem Brief zu erfassen – und wenn ja, an wen würde man ihn richten?

Manche KursteilnehmerInnen wollen über das Leben ihrer Eltern schreiben und besitzen Briefe und Tagebücher von ihnen, die sie als Originalmaterial in den eigenen Text einbauen möchten. Wie geht man da vor? Einerseits kann das Zitieren die Geschichte lebendiger, authentischer machen. Andererseits geht man leicht unter in der Fülle des Materials. Manchmal haben zwei zitierte Halbsätze mehr Gewicht als zwei abgeschriebene Briefseiten. Außerdem geraten, wenn man zu viel zitiert, nicht selten die Struktur und der Spannungsbogen der eigenen Geschichte völlig aus den Augen.

Wir üben uns im szenischen und im zusammenfassenden Erzählen. Hier je ein Beispiel, in beiden geht es um Mahlzeiten und die damit verbundenen Rituale. Der erste Text verbindet beide Formen.

Ostpreußische Gastfreundschaft

Je weiter man nach Osten kommt, desto herzlicher wird die Gastfreundschaft. Diese Eigenschaft verkörperte meine Mutter perfekt. Stand ein Fest bevor, kochte und backte sie, als ob es um die Weltmeisterschaft ginge. In der Nachkriegszeit war es gar nicht so leicht, für fünfzehn bis zwanzig Personen etwas auf den Tisch zu bringen. Ich erinnere mich noch, wie die Gäste gierig nach einem Rollmops griffen oder den Schokoladenkuchen lobten, gebacken aus Kaffeesatz. Nach und nach wurde die wirtschaftliche Lage besser, der Tisch reichhaltiger, und meine Mutter steigerte sich noch mehr.

Zu den Festen gehörte das Ritual des Nötigens, das heißt, der Gast wurde aufgefordert, sich mehr von den Speisen zu nehmen, obwohl der Teller noch halb voll war.

«Nehmt noch von dem Rotkohl und den Kartoffeln.»

«Nein danke, ich hab schon zwei Teller voll gegessen.»

«Esst, sonst wird es kalt. In der Küche hab ich noch mehr. Na, du isst ja heute wieder wie ein Spatz.»

«Noch dieses Stückchen Fleisch, ganz zart!»

(Schon hatte der Gast das Fleisch auf dem Teller.)

«Um Gottes willen, ich platze gleich!»

«Ihr müsst das alles aufessen, was soll ich denn damit machen?»

«Ich kann wirklich nicht mehr.»

«Denkt an die schlechten Zeiten, als es nichts gab.»

Stöhnen. «Ach ja.»

Sie haben immer alles aufgegessen, was auf dem Teller war, obwohl sie sich so zierten. Manchmal aber passierte es, dass die Gäste nach einer Feier sagten: «Essen und Trinken waren gut, aber die Nötigung hätte besser sein können.» Und das wollte meine Mutter sich nicht nachsagen lassen.

Renate Holmer, Rheinhausen

Der folgende Text erzählt zusammenfassend, im Zeitraffer, am Beispiel einer Suppenschüssel, wie sich über drei Generationen die Bedeutung gemeinsamer Familienmahlzeiten verändert hat. Der Grundtenor ist Nostalgie, Bedauern über verschwundene Traditionen – und am Ende deutet sich für die Gegenwart ein Generationenkonflikt an.

Sie ist nicht elegant oder gar nobel, unsere Suppenschüssel, fest und behäbig steht sie auf dem Tisch, dickbäuchig mit dem blauen Girlandenmuster um ihren runden Bauch, den mit Blättern verzierten Henkeln. Ein Porzellankopf krönt den gewölbten Deckel. Sie ist ein solides Gefäß für ein alltägliches Nahrungsmittel. A gute Supp gehört zum schwäbischen Speisezettel wie das Amen zur Kirche.

Ihr Suppenschüsselleben hatte sie im vorletzten Jahrhundert in Böblingen in der Dinkelakerei begonnen. Die Familie war groß, dreizehn Kinder saßen um den Tisch, dazu Mägde und Knechte aus der Brauerei. Meine Urgroßmutter hatte viel zu schöpfen, um die hungrigen Mäuler zu stopfen. Mit straffem Liebreiz und gütiger Kraft hat sie ausgeteilt und zusammengehalten.

Jahraus, jahrein war die Schüssel in Betrieb und wurde so zum Symbol von Beständigkeit und Fortdauer.

Was hat sie alles erlebt, stumme Zeugin unserer Familiengeschichte! Max, mein Großvater, hatte sie von der Mutter bekommen. In Schönmünzach wurde sie noch vom «Mägdlein» ins Esszimmer hereingetragen und auf den gedeckten Tisch gestellt. Hansi (mein Vater), Gretel und das Heinerli, die drei Kinder des Herrn Forstmeister und seiner Gemahlin, waren noch jung und hungrig, wenn sie vom Herumstreunen in den Wiesen, vom Steinehüpfen in der Murg nach Hause kamen und sich auf die Suppe freuten. Ob viel gesprochen wurde während des Suppenlöffelns? Erzählten die Kinder aus ihrem Kinderalltag, oder saßen sie artig und stumm, wie zur damaligen Zeit üblich, und antworteten nur, wenn sie gefragt wurden?

Viele Jahre später erlebte ich das ehrwürdige Gefäß in Schorndorf wieder bei meinen häufigen Großelternbesuchen. Die Großmutter trug sie nun selbst herein und servierte darin die von mir so geliebten Saitenwürstchen.

Wieder gingen Jahre ins Land, die Großeltern starben kurz hintereinander, die Schüssel geriet in Vergessenheit. Bis sie eines Tages, in Zeitungspapier eingewickelt, vom jüngeren Bruder meines Vaters mir gebracht wurde mit den Worten: Wir brauchen sie nicht mehr, unsere Kinder sind aus dem Haus, bei deiner großen Familie ist sie gut aufgehoben. Halt sie in Ehren.

Aber die Zeiten hatten sich geändert. Nicht die Suppe selbst stand in Gefahr, sondern ihre Darreichungsform. Wer von uns hatte denn noch Zeit, nach getaner Arbeit in Haus und Beruf die Suppe vom Topf auf dem Herd in die vorgewärmte Schüssel zu gießen und dann auf dem Tisch zu zelebrieren? Wer, das große Ungetüm von Hand zu spülen, weil es nicht in die Spülmaschine passte? So benutzten wir sie nur beim Familiensonntagsessen oder bei Essen mit Freunden.

Viel hat sie bei uns erlebt – hitzige Debatten mit den Kindern, angeregte Gespräche im Freundeskreis, viel Lachen –, auch Streit, Kummer und Tränen. Aber wir versammelten uns um die alte Dame und waren ein Ganzes.

Anders erging es der Suppenschüssel, die ich in den Haushalt meines Ältesten und seiner Frau brachte. Zunächst blieb sie auf dem Schreibtisch im Arbeitszimmer von Max stehen, drei Tage lang, neben Computer, Akten, Telefon und Faxmaschine. Ihr trübes Dasein dauerte mich. Ich stellte die Schüssel ungefragt in das Reich meines Sohnes, in die Küche auf einen der dortigen Hängeschränke.

Wollt ihr wissen, was diese mütterliche beziehungsweise schwiegermütterliche Tat bewirkt hat? Ich wag es kaum zu schreiben. Der Sohn hat das arme Wesen über Nacht in die Abstellkammer verbannt, und die Schwiegertochter ist über die Untat so empört, dass sie mir daraufhin ihre Gastfreundschaft aufgekündigt hat.

Eva Hiller, Wittnau

Wir schreiben Texte in den Erzählformen der erlebten Rede, des inneren Monologs und des Bewusstseinsstroms und diskutieren die fließenden Abgrenzungen.

Donnerwetter, was hat die Krankenschwester für stramme Beine! Ist das jetzt Schwester Maria oder Schwester Luzie? Ihr Mund ist ja ziemlich schmal. Ob der wohl richtig küssen kann? Das wäre mir nicht unangenehm. Hat die mich überhaupt angeschaut? Vielleicht hat sie gesehen, wie ich auf ihre Beine starre. So eine Krankenschwester hat ja heute überhaupt keine Zeit mehr. Die hetzt vom Hinternputzen zum Blutdruckmessen, und schlecht bezahlt ist sie auch noch. Wer will denn heute noch Krankenschwester werden? Und erst die Ärzte. Von wegen Götter im weißen Kittel. Da sind richtige Nieten drunter.

Ach Gott, die Rosen, ich wollte ihnen ja neues Wasser geben. Zweien hängen schon die Köpfe. Das sind sicher Hollandrosen, die sollte man aus Prinzip nicht kaufen. Sollte ich sie auch am Stängel neu anschneiden? Omi wüsste das. Aber sie kann ja nichts mehr sagen, liegt sprachlos im Krankenbett. Ob sie sieht, dass zwei Rosen den Kopf hängen lassen und drei noch aufrecht stehen? Eigentlich ist das ja auch gar nicht mehr wichtig, wenn einer auf den Tod wartet. Ihre Augen, manchmal halten sie mich fest, manchmal sind sie leer. Ich kann ihre leeren Augen nicht ertragen. Ich kann nicht ertragen, wenn der volle Löffel vor dem geschlossenen Mund wartet. Ich glaube, ich gebe den Rosen eine neue Vase. Die werden auf der Station doch wohl noch eine Vase haben. Dann stelle ich sie neben das Bild mit den blauen Stühlen von der Peleponnes. Das hat sie noch mitbekommen, dass ich das für sie gemalt habe. Ich kann's gar nicht fassen, dass es erst vier Wochen her ist, dass wir in Griechenland waren. Jetzt wird dort unten alles von Hitze verbrannt sein. Aber hier bei uns könnte es auch mal regnen, es vertrocknet ja alles. Und der Rasen! O Gott, der muss dringend gewässert werden. Ich glaube, ich werde das Fenster aufmachen. Das ist ja unerträglich schwül im Zimmer. Wie soll Omi da schlafen können? Kann man überhaupt ruhig schlafen, wenn man auf den Tod wartet?

Günther Sick, Müllheim

Anschließend reden wir darüber, wann uns diese Form besonders überzeugend erscheint und wo sie eher aufgesetzt wirkt. Wie verändert der innere Monolog den «normalen» Erzählstil der vortragenden Person? Im eben zitierten Fall macht er ihn lockerer, fast flapsig, wie ein Versuch, dem Unbehagen oder Grauen am Sterbebett zu entfliehen.

Eine andere Schreibübung besteht darin, ein und dieselbe Geschichte aus verschiedenen Perspektiven zu erzählen.

14. 8. 1966 Tagebuch – Elisabeth:
Mit fünf Personen im heißen VW ist es schon ziemlich eng. Das ist gut, wenn mein künftiger Schwiegervater Emil steuert. Dann sitzt Bernhard bei mir hinten, und eng sitzen fällt nicht auf. Sein Bruder Klaus neben uns hat meist die Augen zu. Ich weiß nicht, ob ihm beim Passfahren schlecht wird oder ob er diskret sein will. Mutter Anna sitzt immer vorne.

Das Schwierigste heut im Mailand war die Suche nach einer Übernachtungsmöglichkeit. Sie sollte nicht zu teuer sein, und das erste Hotel, das wir ansteuerten, sah auch preiswert aus. Es war ein Stundenhotel, was wir aber erst merkten, als die Damen uns umringten und italienisch auf uns einredeten. Danach war uns klar, dass wir etwas tiefer in die Tasche greifen sollten. Beim Nachtessen hat Klaus den Wein nicht gut vertragen. Bernhard und ich erklärten uns bereit, ihn aufs Zimmer zu begleiten. Klaus lief zwischen den voll besetzten Tischen schwankend hin und her, kicherte laut. Es war sehr peinlich. Das kann ja noch heiter werden.

Fahrtenbuch – Vater Emil:
14. 8. 66. 1. Tag Italien. Freiburg – Basel – Zürich – St. Gotthard – Bellinzona – Mailand. Hotel doppelt so teuer wie geplant.

Blumenbüchlein – Mutter Anna:
14. 8. 66 Ausbeute vom Gotthardpass: Seidelbast, Krokus, Potentilla, Primel. Auf der Pergola im Innenhof des Hotels eine riesige Bougainvillea. Wunderschön!

Notizbuch – Klaus:
August 66: Bin als Anstandswauwau mit auf die Italienfahrt. Soll aufpassen, dass mein Bruder auch jeden Abend im «Bubenzimmer» schläft. Keine Lust! Ist mir doch egal, was die zusammen machen. Die Knutscherei im Auto geht mir auf die Nerven. Das kann ja noch toll werden. Habe mir gestern Abend einen angepichelt. Anders ist das nicht auszuhalten. Werde das weiterhin tun. Vater zahlt ja!

Reisetagebuch – Bernhard:
Mailand, August 66: Der Dom hat mich sehr beeindruckt, weißer Marmor, filigran behauen, vielleicht ein bisschen zu überladen. Manieriert, würde Professor Schreiber sagen. Der Grundriss ist symbolträchtig vermaßt. Die Familie und Elisabeth waren an meinen Ausführungen sehr interessiert. Morgen geht es weiter nach Florenz. Berauschendes Italien!

Elisabeth Utz, Freiburg

In den Kursen, die Spaß daran haben, verschiedene Formen auszuprobieren, gebe ich manchmal auch kleine literarische Vorlagen, die dazu anregen sollen, einen Text nach einem ähnlichen Muster zu komponieren, manchmal ein Gedicht, manchmal eher experimentelle Prosatexte.

All diese handwerklichen Fragen diskutieren wir nicht theoretisch, sondern an konkreten Textbeispielen aus der Gruppe. Der Verlauf der Gespräche zeigt mir schon früh an, welche Kurse an solchen eher technischen Kriterien mehr interessiert sind und welche weniger, und danach richte ich meine Themenangebote aus. In einem Kurs, der einfach Geschichten aus dem Leben schreiben und hören will, würde ich beispielsweise das Thema «Frühling» vorgeben. In einem literarisch ambitionierten Kurs würde ich das Thema variieren: «Versuchen Sie, sich an zwei oder drei verschiedene Frühlinge in Ihrem Leben zu erinnern, und verknüpfen Sie diese auf eine originelle Weise» oder: «Montieren Sie einen Text aus Frühlingsklischees, und brechen Sie das dann durch einen Kontrast.»

Das mag jetzt manchen an den Deutschunterricht im Leistungskurs der gymnasialen Oberstufe erinnern – nur dass es in der Schreibwerkstatt vermutlich lockerer und spielerischer gehandhabt wird. Einige SchreiberInnen kommen ganz von selbst, ohne solche formalen Anregungen oder Vorgaben, auf originelle Ideen. Wie die Autorin, die sich beim Thema «wichtige Figuren der Kindheit» vorstellt, wie es wäre, all ihre wichtigen Menschen im Jenseits auf einmal wiederzutreffen.

Wenn dem so wäre, würde ich außer meiner Familie – ja, auch dem Vater, dem Strengen, der dann vielleicht seine Strenge und seinen Jähzorn abgelegt haben würde – auch so lieben Gestalten aus meiner Kindheit wiederbegegnen mögen wie meiner Freundin Irmgard, ihrer gütigen Mutter, der kleinwüchsigen und immer freundlichen Ordensschwester Scholastika, die uns Kinder täglich vom Kindergarten nach Hause geleitete und die so wunderbar vorlesen konnte. Oder dem Luisle, meiner Trösterin auf Eckbach, und ihrem Vater, Bauer Kleiser, dem hart arbeitenden Mann mit dem großen Herzen. Und natürlich Lehrer Epp, der dann sicher zu erkennen sein wird an einem gerade gezogenen Milchzahn, den er in Händen hält. Gerne würde ich auch Emma wiedersehen und Vaters Mutter, die Karten legende Oma, die mir immer ein wenig unheimlich war. Nicht zu übersehen sein wird Pfarrer Hesselbach, der meinen Bruder und mich konfirmierte. Jeder Zoll seines massigen Körpers Humor und Verständnis, obwohl er Tod und Teufel von der Kanzel herunterpredigte. Ob Dieter, mein erster Freund und Biologe mit Leib und Seele, dann noch immer mit seligem Lächeln ein gerade gepflücktes Hälmchen betrachten wird? Auf meinen Vetter Karl-Heinz könnte ich dagegen gern verzichten, der versuchte schon mit dreizehn, alle seine Cousinen zu begrapschen. Wenn man sich das verbat, machte er nur t-t-t-t und grinste blöde dazu. Um Richard Wagner, einen Jugendfreund Vaters, der oft Gast in unserem Haus war und bei jeder Gelegenheit Zoten von sich geben musste, würde ich einen großen Bogen machen. Auch Herrn Hämmerlin, der, egal, wo er ging und stand, die Raucherverschleimung aus seinen Bronchien hervorhustete und in ein stets mitgeführtes Emaillegefäß spuckte, würde ich versuchen, aus dem Weg zu gehen. Vielleicht könnte ich mich bei der buckligen alten Frau entschuldigen, der wir Kinder boshaft «Hexe» nachriefen und die uns dann mit dem Stock gedroht hat. Manch einer meiner Lehrerinnen und manchem Lehrer würde ich dann auch endlich sagen können, wie gut ich sie fand.

Ganz wunderbar wäre es aber, meinen kleinen Sohn noch einmal im Arm halten zu dürfen. Im 7. Monat tot geboren, ungetauft entsorgt, während ich im Dämmerschlaf lag.

Ob man nun an diese Begegnungen im Jenseits glauben mag oder nicht, eines ist sicher: Es gäbe ein Riesengedränge.

Ruth Bull, Freiburg

Eigenwillig ist auch der Ansatz der Autorin, die das Leben ihrer Mutter entlang einer «Karma-Analyse» schildert, einem umfänglichen chinesischen Horoskop:

«Sie waren im früheren Leben eine Großstadtblüte.»

So beginnt die Karma-Analyse meiner Mutter, die ich in ihrem Nachlass gefunden habe.

«Sie waren ein Chamäleon, in jeder Hinsicht konnten Sie sich den Möglichkeiten der Großstadt anpassen.»

Wie sehr trifft das doch auf sie zu! Wussten die Verfasser der Analyse, dass sie es abgelehnt hat, in dem Dorf Plieningen zusammen mit der Familie von Fritz auf Dauer zu leben? Dem Dorf, wo jeder jeden kannte, man als Nichteinheimische, als Katholische, ständig den kritischen Blicken aller ausgesetzt war?

«Johanna Wenzelburger, geboren am 22. Dezember 1918. Geburtsjahr: Erd-Pferd ... Sie lieben Ihre Freiheit über alles.»

«Freiheit» war sicher ein entscheidendes Leitmotiv in ihrem Leben.

...

«Geduld gehört nicht zu Ihren stärksten Eigenschaften.»

Sie brachte sich immer vollkommen ein, kam selten zur Ruhe, war zu manchen Zeiten überfordert, und dennoch wollte sie nichts aufgeben, die Freunde nicht, die zum Kartenspielen kamen, aber vor allem nicht ihr Engagement beim Steirischen Liederkranz. Als Kind fühlte ich mich manchmal vernachlässigt, glaubte, dass ihr das alles wichtiger sei als die Familie.

Ich hätte gerne gewusst, wie sie sich selbst sah, inwieweit sie sich in dieser Karma-Analyse wiederfand.

«Sie sind impulsiv und störrisch. Außerdem besitzen Sie ein explosives Temperament und halten mit Ihrer Meinung nicht zurück. Ebenso neigen Sie dazu, andere Mitmenschen anzutreiben. Sie sind kess, um kein Wort verlegen und sehr geschwätzig. Pferde-Geborene neigen zu Übertreibungen.»

Ich weiß nicht, was meine Eltern für eine Ehe führten, ich erinnere mich nicht an einen ernsthaften Streit. Oder konnten sie Krisen nur geschickt verbergen vor uns Kindern? Mein Vater, sehr ruhig, sehr zurückhaltend, galt unter ihren Freunden als «feiner Mensch». Weil er ihr all die Freiheit gelassen hat, die sie brauchte?

«Ist Ihr Partner nicht freizügig genug, kann es vorkommen, dass er Sie nicht halten kann und Sie in die Freiheit davongaloppieren.»

Inge Schober, Freiburg

In diesem (nur in kleinen Auszügen wiedergegebenen) Text liefert die «Karma-Analyse» eine Art Außensicht auf die Mutter, der die Autorin, Facette für Facette, ihre eigene Sichtweise, ihre persönlichen Spekulationen gegenüberstellt.

Schließlich diskutieren wir in den Kursen immer wieder auch, was das Wesen humorvoller Texte ausmacht. Man lacht gern in den Schreibgruppen – das Lachen hat eine befreiende Wirkung. Alle hören gern von komischen Begebenheiten und mögen es, wenn Erfahrungen witzig, geistreich dargestellt werden. Vor allem ironische Selbstdistanz kommt gut an.

Es war das Jahr 1952. Ich bezog eines der beiden Zimmer im obersten Geschoss des Hauses einer Ingenieurswitwe; im anderen wohnte Lili, eine Studentin der Freiburger Musikhochschule. Wir verstanden uns prächtig. Lili, ein paar Jahre älter als ich, hatte mir vieles voraus, um das ich sie beneidete. Sie war eine Dame, gab Konzerte in Schlössern, bei reichen Familien, in Kirchen und kleinen Konzertsälen. Lili machte sich auch zurecht wie eine Dame, sie benutzte Make-up, gut duftendes Parfüm. Sie pflegte ihr Gesicht und ihre Hände mit Ponds Creme. Für mich Luxus pur. Ich kannte Ponds Creme von meiner Tante Luci, der Opernsängerin. Wieso konnte sich Lili, die auch nicht viel Geld hatte, ihr Studium selber finanzieren musste, diese Creme leisten?

«Das ist nicht so schwer», erklärte sie mir. «Sieh mal, du brauchst nur verschiedene Schächtelchen, zum Beispiel eines für die Miete, eines für das Mensaessen, eines für Lebensmittel und so weiter. Da hinein tust du die entsprechende Summe.»

Das leuchtete mir ein, und ich wollte es gleich im nächsten Monat ausprobieren. Vorsichtshalber besorgte ich sieben kleine Schächtelchen – Lili hatte nur sechs. Diese siebte sollte für das Geld sein, das ich übrig hatte, also für die Ponds Creme. Doch dazu kam es nicht.

Schon das Kästchen mit dem Geld fürs Essen reichte nicht aus. Ich lieh mir also das Geld aus dem Kästchen für die Mensa. Nun fehlte mir ab Monatsmitte das Geld fürs Mensaessen. Ich musste es mir also bei der Miete leihen, in der Hoffnung, es bis zum Monatsende wieder gespart zu haben. Jetzt hatte ich noch ein Kästchen für «besondere Zwecke», zum Beispiel Bücher, Ausbildung und so weiter. Dieses Geld war wirklich nicht nötig, dachte ich, da ich auf einiges Besondere verzichten könnte. Daraus lieh ich mir also das Geld für die Miete. Der Monat war zu Ende, mein Geld auch – und ich musste wieder auf die altbewährte Niveacreme zurückgreifen.

Barbara Dörr, Au

In diesem Text amüsieren wir uns mit der Erzählerin über die Naivität des jungen Mädchens, über seine liebenswürdige Eitelkeit, die Harmlosigkeit seiner Vorstellungen vom Luxus. Der Ausgang der Geschichte steht für die LeserInnen schon zu Beginn fest – der besondere Pfiff ist das siebte Kästchen, das sie sich voller Zuversicht sogleich zulegt.

Dies ist ein Beispiel für eine gutmütige Form des Humors. Natürlich gibt es viele verschiedene Varianten, vom freundlichen, wohlwollenden bis hin zum bösen, ja schwarzen Humor. In manchen Texten werden vornehmlich andere Menschen lächerlich gemacht, andere zeichnen sich durch Selbstironie aus. Gelegentlich ist das, was erzählt wird, als solches komisch, manchmal entsteht die Komik erst durch die Erzählperspektive.

Auch unter solchen Gesichtspunkten werden die vorgelesenen Texte analysiert. «*Mit einem menschenfreundlichem Humor kann man nur Erlebnisse und Erfahrungen darstellen, zu denen man innerlich Distanz gewonnen, die man wirklich verarbeitet hat*», darin sind sich fast alle einig. «*Daneben gibt es aber auch eine Art von Humor oder Ironie, mit der man gerade über die Dinge, die einen noch schmerzlich berühren, hinwegturnen will, so eine Art Stabhochsprung.*» Doch die meisten KursteilnehmerInnen sind der Ansicht, dass Humor ein Persönlichkeitszug und eine Lebenshaltung ist, keine Schreibtechnik, die sich mit Fleiß erlernen lässt.

Die Auseinandersetzung mit Lebenskrisen und mit dem Altern

Wer verspürt überhaupt den Wunsch, sich schreibend mit dem eigenen Leben zu beschäftigen? Und wann im Leben fühlt man sich besonders dazu gedrängt?

Viele Menschen, mehr Frauen als Männer, führen irgendwann in der Pubertät oder Adoleszenz ein Tagebuch. Meist geben sie das auf, wenn sie erwachsen sind. Manche Menschen notieren, auch später noch, wenn sie sich in Lebenskrisen befinden, Gedanken und Gefühle, um sich besser über das, was mit ihnen geschieht, klar zu werden. Doch das Bedürfnis nach einer Art Lebensrückblick haben vor allem Menschen in den späteren Erwachsenenjahren. Viele, die ihr Berufsleben bereits abgeschlossen oder sein Ende vor Augen haben, wollen sich neu orientieren, wollen bilanzieren, Prioritäten anders setzen. Sie stellen sich die Frage: Was habe ich hinter mir gelassen (oder will ich hinter mir lassen?), und was soll oder kann noch kommen?

In meinen Schreibkursen gibt es ein breites Altersspektrum von Personen, die um die fünfzig, manchmal auch etwas jünger sind, noch berufstätig, gelegentlich noch mit halb erwachsenen Kindern zusammenleben, bis hin zu Hochaltrigen, die Mitte bis Ende achtzig sind. Das häufigste Alter der SchreiberInnen liegt zwischen 60 und Mitte 70, und es überwiegen Personen, die nicht mehr im Erwerbsleben stehen. Meine jüngste Kursteilnehmerin war bei ihrem Einstieg 45 Jahre, die älteste ist 87 Jahre alt. In einigen Kursen dehnt sich das Altersspektrum über ein Jahrzehnt, in anderen erstreckt es sich über die volle Bandbreite von drei bis vier Jahrzehnten.

Während für die Älteren häufig der Lebensrückblick um seiner selbst willen im Vordergrund steht, befinden sich nicht wenige der relativ jüngeren Menschen, die sich für «Autobiografisches Schreiben» interessieren, gerade in einer aktuellen Lebenskrise. Vom Schreiben über ihr Leben erhoffen sie sich, bewusst oder unbewusst, Hilfe bei der Neudefinition ihrer Identität. Einige haben eine Trennung hinter sich oder den Partner durch Tod verloren, bei anderen schicken die Kinder sich an, aus dem Haus zu gehen. Manche wollen sich beruflich neu orientieren oder nehmen gerade Abschied vom Erwerbstätigendasein. Wieder andere müssen sich mit Krankheiten auseinandersetzen wie die Autorinnen der folgenden Texte:

Mein Leben besteht bis heute hauptsächlich aus Baustellen. Die größte Baustelle bin ich selbst, wie ein Haus, das nie fertig geworden ist.

Mir fehlt das Insulin, das Schilddrüsenhormon, die Enzyme Diaminoxidase und Laktase, und neuerdings geht auch noch das Östrogen aus. Das bedeutet das Spritzen von Insulin, das Schlucken von Thyroxin, das Vermeiden von Medikamenten und Speisen aller Art, und es bedeutet außerdem, dass ich ständig mit Schwindel und Übelkeit kämpfe, stets in der Angst lebe, in einer Notsituation versehentlich von nicht informierten Ärzten umgebracht zu werden, und obendrein, dass meine Haare immer dünner und ich selbst immer dicker werde.

Diese vielen Baumängel erinnern mich stets an ein Haus, dem noch nach Jahrzehnten in manchen Zimmern die Estriche fehlen, für das man den Strom beim Nachbarn holen muss, bei dem die Türen ächzen und klemmen und auch das Warmwasser fehlt, ganz zu schweigen von der unvollständigen Inneneinrichtung und dem mangelhaften Außenanstrich.

Lange kam ich mir vor wie ein Hilfsbauarbeiter, der die Ursache der Baumängel nicht erkennt und sie deshalb immer wieder notdürftig zudeckt, bis ich mich mithilfe von Fachliteratur zum Ingenieur aufschwingen und einige der Mängel beheben konnte. Andere Schäden dagegen sind irreparabel, und wie mit den Eigenheiten eines alten Hauses musste ich lernen, damit zu leben. Trotzdem bleibt tief im Inneren stets die Angst, dieses mühsam aufrecht erhaltene Gebäude könne irgendwann wie ein Kartenhaus einstürzen und mich unter sich begraben.

Dorina Organetti, Ehrenkirchen

Hier wird nicht geklagt; es gibt keinerlei Anzeichen von Wehleidigkeit. Obwohl die dargestellte Krankengeschichte gewiss nicht zum Lachen ist, bewahrt die Autorin eine Haltung humorvoller Selbstdistanz, die ihr wohl hilft, trotz aller Probleme die Kontrolle über das eigene Leben zu behalten.

Manchmal ist das tagebuchartige Notieren der Befindlichkeiten eine Möglichkeit, aktuelle gesundheitliche Einbrüche zu verarbeiten.

Beim Grübeln vom Hölzchen aufs Stöckchen kommen – und dann gerate ich in Panik, flüchte raus in den Wintergarten und dann durch die Tür in den Garten: Blüten abzupfen, Unkrautgräser ausreißen, und dann kommen sie hervorgekrochen, die inneren Stimmen mit dem mahnend erhobenen Zeigefinger: Das muss man regelmäßig machen, systematisch, und nicht so einfach angefangen und wieder aufgehört ...

Es lauert ja jetzt häufiger das schlechte Gewissen, alle Seminare abgesagt zu haben und damit vor der Leere zu stehen, den unausgefüllten Spalten im Leporello, den mangelnden Bewegungen auf dem Konto entgegenzustarren. Nur die beiden Renten gehen ein für 47 Jahre Berufsleben – was für ein Wort: «Berufsleben» –, also gibt es noch ein anderes – und das muss ich jetzt zu leben lernen.

Gib doch zu, dass der Krebs dir gerade recht kam, den Absprung zu nehmen. Kein Abschied erster Klasse, aber gerade noch rechtzeitig vor dem Burnout? Tjaja. Abschiednehmen in Würde. Vom richtigen Zeitpunkt zu schwafeln ist ja eine meiner Lieblingsfloskeln – wahrscheinlich zynischerweise deshalb, weil ich mit sicherem Instinkt gerade diesen immer treffsicher verpasse. So auch eigentlich jetzt: Ich hatte ja schon die Zusatzausbildung in Alterspsychotherapie 2005 begonnen, damit ich dann 2009, wenn ich 65 Jahre werde, hier vor Ort damit loslegen kann – und nicht mehr so viel rumreisen muss mit meinem Bauchladen voller Bildungsbausteine. Aber die Seminare waren Selbstläufer, jedes Jahr wurden es mehr, jedes Seminar brachte wieder neue Nachfrage hervor, und nur das «Krebsgeschwür» hat mir Einhalt geboten.

So war die Diagnose ein Schock, die nachfolgenden Operationen traumatisch – der Leidensgewinn da draus aber doch rentabel – Neuorientierung ist nun möglich – aber was für «Kosten»: zweimal zwanzig Zentimeter Narben für ein bisschen Mitleid und Anteilnahme meiner Mitwelt? Und die wundern sich jetzt schon, dass ich nach einem Vierteljahr wieder putzmunter rummache! Erstauntes Kopfschütteln: War da was? Da war doch was – aber was nur?

Irgendwie ist da der Wurm drin – ein schönes Wortspiel. Passender wäre es vielleicht, die Metapher mit dem «Knoten» zu bemühen? Oder ich nenne das Ereignis der Krankheit den «Kontrapunkt»: ein Ausrufungszeichen – gesetzt von den inneren körperlichen Fehlentwicklungen – Notbremse gezogen – Stinkefinger gezeigt: und jetzt?

O ja, es ist Frühstückszeit, schnell das Obst geschnippelt, und rein in den Joghurt: auf einen neuen Tag!

Brigitte Martin, Lörrach

Depressive Verstimmungen oder veritable Depressionen können uns in jeder Lebensphase ereilen; häufig sind sie Begleiter einer Krise in der Lebensmitte oder an der Schwelle des Alters. Nicht selten spürt man in autobiografischen Texten so etwas wie eine melancholische Grundstimmung. Meist ist sie eher latent, wie im folgenden Text.

Über Fenster sollen wir schreiben.

Seit Wochen schweben mir Fenster durchs Hirn. Fenster jeder Art. Runde, blinde, Doppelfenster, Gauben-, Kipp-, Sprossen-, offene, geschlossen. Aber es passiert dauernd so viel, ich komme nicht zum Aufschreiben. Und immer wieder diese Fenster, schrecklich, wenn Vögel dagegen fliegen.

Früher warfen die Patienten Steinchen ans Fenster im zweiten Stock, wenn ich die Klingel abgestellt hatte, um etwas Zeit für die Kinder zu haben, noch früher waren die Steinchen am Fenster das Zeichen zum heimlichen Schleichen aus dem Haus. Zettelchen unterm Scheibenwischer oder am Seitenfenster, die das Herz schneller klopfen ließen. So was passiert heute nicht mehr. Ab und zu schlägt mein Herz ein bisschen schneller: Jemand hat mir eine Nachricht ans Auto geklemmt – aber es ist wieder nur ein Strafzettel.

Im Wirtshaus mit Freunden, ich hatte versprochen, nicht mehr zu rauchen, und tat es doch und sah W. am Fenster vorbeischleichen.

Sehnsuchtsblick aus dem Fenster. Wie gern würde ich mich noch mal verlieben können. Aber es schwebt niemand in mein offenes Fenster herein, und morgens höre ich die Vögel oder den Wind durch die Bäume rauschen. Jetzt spricht sie mit den Vögeln und Blumen.

(Es gibt auch keine Eisblumen mehr am Fenster, die kennen nicht einmal meine Kinder, geschweige denn die Enkel. Löcher hauchen oder mit Stirn und Nase das Eisfenster durchsichtig machen. Die Kälte ist ihnen verloren gegangen, sie werden den Kachelofen nicht lieben lernen.)

Oder wenn mir jemand einen Zettel um einen Stein gewickelt durchs offene Fenster werfen würde.

Jetzt sind die Fenster voller kleiner Hände, die Kinder sind seit zwei Wochen da. Ich spiele Schach, Rummy, schieße Dartpfeile, lese vom Ritter Trenk vor, oder wir führen den Hund der Nachbarin in den Reben spazieren. Sie essen wieder nicht, was ich gekocht habe, ich friere alles ein und habe in den leeren Zeiten was davon. Vier bis sechs Waschmaschinen am Tag, die Tochter soll sich erholen.

Wie sollte ich da zum Schreiben über Fenster kommen?

Angela B., Pfaffenweiler

Hier mischt sich innere Unruhe mit der Trauer über Vergangenes, Unwiederbringliches und der Suche nach dem Sinn, doch die latente Traurigkeit wird auch gemildert durch die Lebendigkeit des gegenwärtigen Alltags mit den Enkeln. Nur wenigen gelingt es, die Erfahrung der Depression so direkt ins Auge zu fassen, wie der Verfasserin der folgenden Geschichte:

Es ist mitten in der Nacht. Wieder erwache ich mit dem quälenden Gefühl der Leere. Es gibt keine Erinnerung in mir an frühere Tage, es gibt keinen Traumfetzen, der mich aus dem Schlaf ins Wachsein begleitet. Es gibt nur das innere Bild einer grauen Fläche, die undurchdringlich ist.

Eine Nebelwand ist vor meinen Augen. Sie ist von solch dichter Konsistenz, dass sie wie eine matte, monochrome Oberfläche wirkt. Ein Schritt hinein, und ich bin verloren.

Nach oben, nach unten, nach rechts und nach links gibt es keine Lücke in dieser Nebelwand, keinen Lichtblick. Sie verstellt mir den Blick, nimmt mir die Orientierung, raubt mir den Atem. Gäbe es ein Wort, die graue Wand zu charakterisieren, so wäre dies: Zukunftslosigkeit.

Hätte ich noch die Kraft zu handeln, dann schriebe ich mit schwarzer Farbe dieses eine Wort darauf: Zukunftslosigkeit. Mit ungelenken, voneinander abgehackten Buchstaben und schwachem Pinselstrich. Am Ende ginge mir die Farbe aus oder der Mut. Es stünde:

Z U K U N F T S L O S I G K L darauf.

Ich sitze in meinem Bett, den Rücken gegen die Wand gelehnt. Ich schließe die Augen, versuche, nicht in Panik zu geraten.

«Geh hinein», sagt eine innere Stimme, «gehe und atme.»

«Ich kann nicht», schreie ich, «ich kann nicht, meine Angst ist zu groß. Ich verliere mich in ihr, ich werde verschwinden, nie mehr wiederkommen. Der Albtraum hört niemals auf.»

«Du weißt, dass das nicht stimmt», erwidert die innere Stimme, «das meiste ist erträglicher und verliert seinen Schrecken, wenn man sich ihm nähert, gehe, und ich verspreche, dass du dich nicht verlieren, sondern finden wirst.»

Die graue Wand ist jetzt dicht vor mir, sie wird mich erschlagen oder vernichten, wenn ich mich nicht bewege. Ich tue den ersten Schritt. Betaste mit eiskalten Fingern die Oberfläche. Sie ist rau und kalt wie Schiefer, aber sie ist nicht undurchdringlich, nur eine harte, graue Kruste, die auf Druck etwas nachgibt.

Mit festerem Griff drücke ich dagegen und spüre Widerstand. Gummiwand. Ich komme nicht dagegen an, ich werde mich an ihr abkämpfen, wie eine Verrückte sich in der psychiatrischen Gummizelle körperlich erschöpft, und doch werde ich nur kurzfristig Erleichterung finden durch das Abreagieren der inneren Verzweiflung.

Wut packt mich, bodenlose Wut. Ich kralle meine Fingernägel in die Wand, ich beiße in das Grau, spucke die ekelhaften Brocken auf den Boden, ich schlage dagegen, schreie und heule.

Seit vielen Jahren habe ich aufgrund einer chronischen Autoimmunerkrankung meinen Geruchssinn verloren. Ich leide entsetzlich darunter. Wieder ist es Frühling, und ich rieche den Flieder nicht mehr und die aufbrechende Erde. Ich vermisse so sehr den Duft des Lebens.

Ich rase vor Zorn, dass meine Nase nicht mehr richtig funktioniert, sie enthält mir das Leben vor mit all seinen schönen und schrecklichen Seiten.

Nun lehne ich mich gegen die Wand, die Tränen strömen über mein Gesicht. An sie gelehnt, lasse ich mich auf den Boden gleiten. Ich spüre, dass die Wand mir auch Schutz gibt, sie tröstet mich. Mein ganzes Elend weine ich, auf den Boden gekauert, heraus.

Vor drei Jahren habe ich nach langem Alleinsein wieder einen neuen Mann gefunden und mich sehr verliebt. Mir schien, als erwache das Leben neu, es war so schön, nach dem langen Alleinsein wieder Nähe zu erleben. Doch nur für kurze Zeit hielt das Glück.

Er liebt mich, aber ich kann seine Liebe nicht mehr erwidern. Ich störe mich an so vielem, habe so viel auszusetzen. Das lange Alleinsein hat eine Einzelgängerin aus mir gemacht, die sich nicht mehr einlassen kann. Wie schön könnte alles sein, wenn ich ihn annehmen könnte, JA sagen könnte. Aber ich wehre mich gegen ihn, gegen seine überschäumende Freude an mir, seine Begeisterung, seine Zuverlässigkeit, seine Liebe.

Dass ich nicht riechen kann, dafür kann ich nichts. Doch dass ich immer wieder an der Liebe scheitere, ist die große Schuld meines Lebens.

Margarete S., Stuttgart

Bei der Überarbeitung dieses während einer Schreibwerkstatt entworfenen Textes fügte die Autorin noch die folgenden Schlusszeilen an. Man kann die Geschichte also auch anders lesen, mit positivem Ausgang.

Ich weiß nicht, wie lange ich im Nebel sitze, meine Gedanken drehen Schleifen, mein Herz quillt über.

Irgendwann taucht aus dem Grau ein gelbliches Licht auf, es ist wie das Licht einer Taschenlampe, das sich nähert und langsam immer größer wird. Wie auf ein Signal hin lichtet sich, erst unmerklich noch, dann immer deutlicher, der Nebel. Er wird dünner und transparenter, erste Konturen der Außenwelt zeichnen sich ab. Ich stehe auf, reibe mir die Augen, es ist, als ob sich langsam, sehr langsam ein Vorhang hebt.

Der Nebel verzieht sich, jetzt ist es nur noch ein leichter Dunst, der mich umgibt. Ich finde mich wieder vor meiner Balkontür und vor dem großen Fenster, das den Blick freigibt in den Garten.

Ich öffne die Tür, trete hinaus.
Die Luft ist frisch, man sieht den Atemhauch.
Der Himmel ist im Osten rosa eingefärbt.
Die Vögel singen
Vom Frühling.

Margaret S., Stuttgart

Das ist wortmächtig und mit großer Kraft dargestellt, sowohl in der Verzweiflung wie auch in der Vision der Hoffnung.

Zwar befindet sich die Mehrzahl der «jungen Alten», die meine Schreibkurse besuchen, nicht unbedingt in einem krisenhaften Umbruch. Doch oft spürt man bei ihnen so etwas wie eine innere Unruhe. An der Schwelle des eigentlichen Alters suchen sie eine Neuorientierung für sich, stellen sich die Sinnfrage noch einmal neu.

Ich sitze im Zug von Kenzingen nach Freiburg. Ich finde es gut, dass ich mich entschlossen habe, regelmäßig mit dem Zug zu fahren und nicht mit dem Auto. Ich lese die Zeitung und hänge meinen Gedanken nach.

«Nächster Halt Riegel. Bitte in Fahrtrichtung rechts aussteigen.»

Neue Pendler steigen zu. Uh, ein junger Mann mir gegenüber mit Walkman im Ohr. Ob der gar nicht weiß, dass die Mitfahrenden diese Musik auch mit anhören müssen?

Papst ist tief betrübt über Missverständnis. Rot-rot auf der Kippe. Oder soll ich doch lieber zuerst den Regionalteil lesen? Mal sehen, was es für Veranstaltungen gibt. So habe ich mir meine dritte Lebensphase nicht vorgestellt: Ich habe Zeit. Das, was ich mich immer gewünscht habe, wird zur Last. Ich habe keine Verpflichtungen, und jede Verantwortung, die ich übernehme, suche ich mir selbst aus. Das kostet Kraft und Energie.

«Nächster Halt Köndringen. Bitte in Fahrtrichtung rechts aussteigen.»

Zwiebelkuchenfest Sasbach, Rollende Weinprobe Riegel, Erntedankfest Endingen. Das ist auch langweilig. Ich bin auf der Suche. Weiß ich überhaupt, was ich suche? Jedes Leben beinhaltet eine Aufgabe. Was ist die meine?

«Nächster Halt Emmendingen. Bitte in Fahrtrichtung rechts aussteigen.»

Was gibt es denn heute Abend im Fernsehen? Krimi, Melodram, Thriller. Nichts für mich. Jedes Leben beinhaltet eine Aufgabe. Welches ist die meine? Ich erlebe mich in dieser Phase wie in einer Lehre. Geduld ist das erste Lernziel. Ich probiere aus und weiß nicht, wo das Ziel ist. Ich werde es schon merken, wenn ich angekommen bin.

«Nächster Halt Denzlingen. Bitte in Fahrtrichtung rechts aussteigen.»

Ich bin zuversichtlich. Bis jetzt habe ich auf meiner Suche nur interessante Dinge erlebt, viele Menschen kennengelernt, und jedes Mal öffnete sich ein neues Türchen.

«Nächster Halt Freiburg Hauptbahnhof. Bitte in Fahrtrichtung rechts aussteigen. Der Zug endet hier.»

Auch mein innerer Monolog endet hier. Ich sehe gespannt in die Zukunft bei meiner Suche. Es ist eine Reise, auf der ich was erleben kann.

Renate Holmer, Rheinhausen

Wer bin ich jetzt? Wer war ich? Und was bleibt? Das fiktive «Interview zum runden Geburtstag» bietet Anlass, eine Art Lebensbilanz zu ziehen. Als Anregung dienen dabei die bekannten Fragebögen, die Max Frisch in seinen Tagebüchern entwickelt, eine bunte Mischung aus banalen, tiefsinnigen und abstrusen Fragen, die er sich selbst stellt – aber nicht beantwortet[1].

«Stellen Sie sich vor, Sie werden zum nächsten runden Geburtstag interviewt!»

Frage: Was bereuen Sie zutiefst?

S.G.: Dass ich vor 40 Jahren einer Türkin in einem verlassenen Nest in Anatolien nicht die gewebte Tasche abgekauft habe, worum sie mich inständig bat.

Frage: Welchen unerfüllten sportlichen Traum haben Sie?

S.G.: Drachenfliegen.

Frage: Worauf können Sie bis ans Lebensende verzichten?

S.G.: Auf einen Computer und auf einen rauchenden Ehemann.

Frage: Welche Frauen finden Sie beeindruckend?

S.G.: Rosa Luxemburg, Hilary Clinton, Marion Gräfin Dönhoff.

Frage: Wäre Schnarchen für Sie ein Scheidungsgrund?

S.G.: Nein, aber ein Anlass für getrennte Schlafzimmer. Scheidungsgrund wäre/war für mich, wenn ich vor dem Partner keine Achtung und zu ihm kein Vertrauen mehr hätte und Angst davor, mit ihm alt zu werden.

Frage: Sie gewinnen die Teilnahme an einem Weltall-Shuttle-Flug. Nehmen Sie an?

S.G.: Ich pfeif darauf! Und lass mir lieber den Flug umtauschen in eine Pauschalreise in die Sächsische Schweiz.

Frage: Was wäre für Sie tödlich als Grabinschrift?

S.G.: «Abgestürzt beim Fensterputzen» (ich wohne im 3. Stock).

Frage: Was stört Sie an sich selbst am meisten?

S. G.: Meine Ungeduld.

Frage: Sind Sie mit sich Freund, mit sich ausgesöhnt?

S. G.: Ich bin auf dem Weg dahin.

Frage: Was bedauern Sie, versäumt zu haben?

S. G.: Dass ich nicht mutiger war im Leben, das heißt nicht rebelliert habe, als ich jung war, nicht vorurteilsfreier – nicht mehr gewagt habe.

Aber zum Glück: Noch ist Zeit!

Sigi Gutmann, Bahlingen

– Siebzig, ist das was?

Wer 70 ist, ist uralt. So dachte ich als Kind. Und heute? Siebzig ist für mich immer noch eine Zeitenwende. Wie das Überschreiten eines Grenzflusses.

– Siehst du deine Frau noch ab und zu?

Was soll die frivole Frage? Trotz der Zeitenwende fühle ich noch viel Lebenskraft in mir, und die Beziehung, die ich lebe, ist genauso aufregend und manchmal auch verquer wie am ersten Tag.

– Löcher – welches Verhältnis hast du zu schwarzen Löchern?

Natürlich gibt es bei mir Gedächtnislücken, in denen die Namen von Menschen, die mir wichtig waren, verschwinden; Lücken in meiner Biografie, in denen das, was ich nicht gelebt habe, verschwunden ist; schwarze Löcher, in die ich hineingekehrt habe, was ich nicht wahrnehmen wollte und was jetzt als Schatten wiederauftaucht.

– Hast du Gleichgewichtsstörungen?

Nein, ich kann immer noch geradeaus gehen. Orientierungsschwierigkeiten, ja die habe ich. Was eindeutig war, ist es jetzt nicht mehr. Fragen, die früher keine waren, stehen jetzt plötzlich ohne Antwort vor mir. Vielleicht sind das die Erfahrungen auf dieser Seite des Grenzflusses.

– Wärest du gern Buddha?

Wenn schon, wäre ich lieber der jugendliche Buddha, schlank und schön, und nicht der fette Koloss mit Falten am Bauch. Ich stelle es mir schön vor, unter dem Feigenbaum zu sitzen und auf Erleuchtung zu warten. «Nicht der Lehre blind zu folgen, sondern der eigenen Erfahrung zu trauen.» Es gefällt mir, was der Buddha da gesagt hat.

– Was geht in dir vor, wenn dich einer einen Idioten nennt?

Ich lasse mich nicht gern beschimpfen. Kritik? Kann ich eigentlich Kritik vertragen? Ich glaube, heute mehr als früher. Aber da kann einem die Selbstwahrnehmung einen großen Streich spielen.

– Glaubst du an Seelenwanderung?

Nein. Eigentlich ist mir das auch völlig gleichgültig. Und dennoch: Manchmal bewege ich mich in Landschaften, fremd, nie begangen und doch vertraut, als kennte ich jenen Ort.

– Was bedeutet für dich «sich erinnern»?

Endlich mal eine gescheite Frage. Erinnerung ist für mich die Vergewisserung, dass ich gelebt habe. Es sind die Momente, die mich glücklich gemacht haben, und die Verletzungen, deren Narben geblieben sind. Es ist die unwiederbringliche Zeit auf der anderen Seite des Grenzflusses.

Günther Sick, Müllheim

Auch das Thema «Märchen» kann zu einer Lebensbilanz anregen, zur Reflexion über die eigene Identität. «Erzählen Sie Ihr Leben als Märchen!» Oder: «Benutzen Sie ein bekanntes Märchen als Vorlage zu einer Geschichte aus Ihrem Leben!»

«Spieglein, Spieglein an der Wand, wer ist die Schönste im ganzen Land?»

Du wirst mir ehrlich antworten, ich weiß es, Spiegel lügen nicht.

«Frau Königin, Ihr sei die Schönste hier, aber ...» Natürlich, den Rest muss ich mir nicht anhören. Lieber Spiegel, ich sehe es sehr wohl, das alte Gesicht, rote Nase, erschöpft. Es sind nicht die Fältchen und Falten, die du mir zeigst, es ist die Müdigkeit.

«Schneewittchen über den sieben Bergen, bei den sieben Zwergen», murmelst du. Was habe ich mit diesem naiven, vertrauensseligen Geschöpf gemein, dass trotz der Warnungen der sieben Zwerge den Verlockungen eines Gürtels, Kamms, Apfels erlegen ist? Sind das meine unerfüllten Wünsche, wäre es reizvoll gewesen, wenigstens manchmal heimlichen Verlockungen nachzugeben?

Zu vernunftorientiert, sagst du, Selbstvertrauen, Mut zum Risiko habe mir gefehlt.

Lieber Spiegel, das tapfere Schneiderlein gefällt dir? Das vorgibt, Großes geleistet zu haben, dessen Heldentaten letztendlich doch mickrig waren? Was für das Schneiderlein zählte, ist die Selbstdarstellung. Etwas mehr von diesem Talent der Selbstüberschätzung hätte ich gut brauchen können. Oder auch ein wenig von der Skrupellosigkeit jenes Burschen, der auszog, das Fürchten zu lernen.

«Spieglein, Spieglein an der Wand, bin ich ein ängstlicher Mensch?» Keine Antwort ist auch eine Antwort. Den vertrauten Hafen zu verlassen, dazu fehlte mir der Mut, Sicherheit war meine Devise, ein guter Job mit Pensionsanspruch, keine Sprünge ins kalte Wasser. Ganz anders unsere Tochter, die volles Risiko geht, ohne jede Absicherung, dafür das tut, was sie möchte. Ist ihr Erbe ein Teil meiner geheimen Wünsche?

Eine andere Frage soll ich stellen?

Diese führe zu nichts, Schönheit sei vergänglich, für Wagemut sei es zu spät. Probieren wir's: «Spieglein, Spieglein an der Wand, wer ist die Klügste im ganzen Land?»

Lieber Spiegel, ich werde auch hier schlecht abschneiden. Im Mittelmaß stecken geblieben. Im Schuldienst, in der häuslichen Umgebung waren andere Fähigkeiten gefragt. Niemand habe je mehr gefordert, sagst du, danke, wie tröstlich, aber doch eine Ausrede. War ich wenigstens klug wie Däumling, der, ungesehen im Ohr sitzend, das Pferd lenkt? Ist es mir denn ein bisschen gelungen, unsichtbar die Geschicke, Entscheidungen, Entwicklungen anderer zu beeinflussen? Haben sich meine Kinder überhaupt etwas einflüstern lassen? Hat mein Mann sich auf unserem gemeinsamen Weg ein Stück nach meinen geheimen Einflüsterungen gerichtet?

Am Anfang vielleicht. War Klugheit damals überhaupt nötig, als mich der Prinz aus dem Dornröschenschlaf befreite? Mein Prinz musste kein Held sein, die Hecke ist wie von selbst vor ihm zurückgewichen, die hundert Jahre waren um. Ein leichter Kuss hat genügt, um Dornröschen zu gewinnen.

Werden die beiden für den Rest ihres Lebens glücklich miteinander leben, die Zeit, die ihnen noch bleibt, klug nützen?

Spiegel, du weißt es. Die Zeit läuft, zu schnell, unerbittlich.

Habe ich mein Haus bestellt, was kann ich noch tun, um ein freundliches Andenken zu hinterlassen, wem müsste ich mehr Verständnis entgegenbringen, mit wem mich wieder versöhnen?

«Spieglein, Spieglein an der Wand, was verheimlichst du mir?»

Inge Schober, Freiburg

In fast all meinen Schreibkursen spielt die Auseinandersetzung mit dem Alter(n) eine wichtige Rolle, übrigens keineswegs nur in den Gruppen, in denen es mehrere hochaltrige TeilnehmerInnen gibt.

Sie schläft!! Nein, ich schlafe nicht, sollen sie's glauben, ich will nur mit meinen Gedanken allein sein.

Noch sieben Stunden in diesem Bus, der mich in meinem Nackenhörnchen leicht hin und her schaukelt. Eckhard würde wahrscheinlich auch lieber dösen. Wie lang wird der von seiner Nachbarin schon in Beschlag genommen? Jetzt berichtet die über ihren 70ten Geburtstag.

Wie war der noch bei mir? Mal kein Regen. Es waren alle da im durchsonnten Rosengarten. Festlich gekleidet und froh gelaunt, selbst Marianne. Es war richtig schön. Den ganzen Abend haben sie mit Humor und Komplimenten versucht, mich die Siebzig vergessen zu lassen. Hoffentlich habe ich bei meinem Dankschreiben niemand vergessen.

Später war dann allerdings nur noch von Krankheiten die Rede. Veronika musste natürlich über das dramatische Vorher und Nachher ihrer Kieferoperation reden, Gretel hatte ihr neues Hüftgelenk gelobt und Dieter sich mal wieder über seinen Diabetes lustig gemacht, während er sich genüsslich das zweite ihm zugeschobene Dessert einverleibte.

Über Werners Antwort auf die Frage: «Wie geht es deinem Herzen?» habe ich beim besten Willen nicht lachen können. «Was ist das, ich hab keins!» Die arme Christa.

Siebzig! Mein Gott, wo sind die letzten zehn Jahre geblieben?

Beim Sechzigsten war das Wohnzimmer brechend voll gewesen, draußen regnete es, drinnen eine Bombenstimmung. Wie war das noch mit der Kontaktanzeige, die Elvira damals laut vorlas?

«Gibt es auf dieser Welt keine Männerseele mit Leib, mit der ich Spaß haben könnte? Ich, Weib, vollbusig und -hüftig, im kostbaren Alter von 60 Jahren, suche ein Schätzchen! Bin eine zugegeben unbequeme Mischung zwischen sanftzartem Eichhörnchen und treffsicherer, intellektueller Amazone. Jüngere Partner sehr angenehm. Wandern, Singen, Schwimmen und der übliche Schnickschnack Nebensache. Heirat absolut ausgeschlossen.»

Isolde war das zu heftig gewesen, was alle aber noch mehr zum Lachen gereizt hatte.

Sechzig! Ja das war doch noch was. Ein Alter, das die meisten Menschen im Mittelalter gar nicht erreichten. Die Hälfte der Bevölkerung unter 21, etwa ein Drittel unter 14. Die Übrigen mit 60 zahnlos, gichtig oder gestorben. Auch ein Trost. Wie komm ich jetzt darauf? Bloß keine Novemberstimmung. Ich sollte mich endlich im Fitnesscenter anmelden oder ein neues Kleid kaufen und vielleicht mal wieder tanzen gehen. Monika tanzt Salsa. Sie braucht dazu keinen Partner.

Solche Busfahrten können einem das Reisen verleiden. Trotzdem reise ich gern, wenn nur die blöden Vorbereitungen nicht wären. Haus und Katzen versorgen, Zeitungen und Post abbestellen und meist viel zu viel Krempel dabei. Und die Mitbringsel. Es hat sich nicht abstellen lassen, trotz Bitten und Beteuerungen. Auch jetzt wieder. Hätte ich doch die Delfter Kacheln kaufen sollen? Zu blau! Einfach scheußlich, die Delfter Weihnachtskugeln. Blumenzwiebeln hatten wir letztes Jahr. Edamer vorletztes Mal. Was bringt man sonst aus Holland mit? Belgische Pralinen, meinte Eckhard. Die seien gut.

Ah, die Nachbarin schweigt. Eckhard an meinem Ohr. «Darf ich ein Stück von deinem Nackenhörnchen haben?» Ich nicke mit geschlossenen Augen.

«Wir machen jetzt eine Pinkelpause von 20 Minuten», verkündet der Busfahrer durchs Mikrofon.

Schade!

Ruth Bull, Freiburg

Die Linde in Nachbars Garten ist meine ganze Freude. Vor 57 Jahren wurde sie von zwei alten Fräuleins, die in Berlin ausgebombt worden waren, gepflanzt. Inzwischen hat sie sich zu einem Riesenbaum entwickelt. Vögel nisten darin, besonders die Krähen. Wenn sie ihre Jungen füttern, gurren sie zärtlich, man vergisst dabei beinahe ihr sonstiges unmelodisches «Krah Krah». Ein leises Säuseln hört man, wenn der Wind durch die Blätter fährt. Nachmittags, wenn der Garten schon im Schatten liegt, fällt die Sonne noch auf den Baum, der wie ein goldgelbes Wunder dasteht. Das alles habe ich in meinem Blickfeld.

Doch inzwischen ist es November, der Wind bläst die Blätter vom Baum, und er wird kahl und kahler. Vorbei ist die Pracht. Dazu kommt mein operiertes Knie. Nach einem Meniskusriss wurde eine Athroskopie ausgeführt. Ich bin ans Haus gefesselt und komme nur mit Mühe die Treppe hoch. Zum ersten Mal steigen Sorgen in mir auf. Was mache ich, wenn ich nicht mehr hier leben kann, keine Kraft mehr habe und Hilfe brauche? Ich denke hin und her und komme zu keinem Ergebnis. Tagelang verfolgen mich diese Gedanken, obwohl mich Jörg besucht, meine Enkelin für mich einkauft und liebe Freunde telefonieren. Doch dann wird alles wieder besser, das Gehen fällt leichter.

Der November ist vorbei und damit die schwarzen Gedanken. Ich denke an Weihnachten, den Besuch der Familie und verschiebe meine Pläne für schlechte Zeiten in die Zukunft.

Lore Wetterich, Freiburg

Interessanterweise sind die Texte, die das Alter, die Vergänglichkeit und das Abschiednehmen thematisieren, nicht etwa durchweg melancholisch-resignativ, sondern häufig humorvoll und geistreich – man spürt eine reife ironische Selbstdistanz der SchreiberInnen.

Von beiden Seiten gleichzeitig werden meine Haare von zwei Friseusen auf Dauerwellenwickel gelegt. Ich sitze dabei kerzengerade, den Blick auf den großen Spiegel gerichtet. Normalerweise sind meine Spiegelblicke auf das Notwendigste beschränkt. Das Bild, das sie mir zeigen, trägt nicht gerade zu meinem Wohlbefinden bei. Nun werde ich zwangsweise stärker mit den Details konfrontiert. Wo sind nur meine Lippen geblieben? Ich hatte doch mal welche! Deren Reste neigen sich rechts und links unfreundlich nach unten. Schuld daran ist die ausgeleierte Hamsterbackenhaut. Wenn sich das fortsetzt, werde ich in zehn Jahren – so ich dann noch in allgemeiner Zufriedenheit existiere – den traurigen Blick eines Bernhardiners bekommen haben. Die ebenfalls nach unten strebenden Schlupflider werden diesen Eindruck noch verstärken.

Meine Stimmung senkt sich nun gleichermaßen. Die Haare sind inzwischen gewickelt und mit Dauerwellenflüssigkeit betupft. Die Wärmehaube wird mir übergestülpt. Nun kann ich meinen Blick auf die «Brigitte ab 40» richten, die auf meinem Schoß liegt. Auf dem Lesezirkel-Deckblatt klebt eine Werbung für eine «Klinik für plastische Chirurgie».

Muss ich eigentlich mit diesem unfreundlichen Gesicht herumlaufen? Hübsch war ich ja nie. Dazu ist mein Kopf viel zu unproportioniert. Aber könnte man nicht vielleicht ein wenig mehr Freundlichkeit chirurgisch wiederherstellen? Ich bin doch kein Griesgram! Aber das müsste schon ein Meister seines Fachs sein, der ein den Aufwand lohnendes Ergebnis zustande brächte! Viel zu teuer und dann auch noch gefährlich!

Ich blättere in der Zeitschrift. Sie ist zwar nicht für meine Generation vorgesehen, trotzdem finde ich Interessantes, das ablenkt. Die weitere Dauerwellenprozedur schafft dasselbe. Fertig gefönt und gut frisiert, fühle ich mich versöhnt, freue mich, dass ich nun wenigstens mit den Haaren nicht mehr so viel Ärger habe wie früher. Zwar haben sie ihr Hellblond verloren, lassen sich aber wenigstens Zeit mit dem Vergrauen.

Ich fahre nach Haus im Bewusstsein: Ich behalte mein Gesicht, wie es nun mal ist. Daran wird nicht herumgeschnitten. Ein wenig Träumen darf ja sein.

Anne Küchle, Staufen

Beim Vorlesen solcher Texte wird viel gelacht – ein wiedererkennendes, befreiendes Lachen, das die gemeinsam Lachenden über die kleinen und größeren Malaisen und Unfreundlichkeiten des Alterns hinauskatapultiert. *Ja, sie hat es gut ausgedrückt!*, heißt es dann. Und: *Wie ehrlich! Sie spricht es offen aus – und dadurch, dass sie es so deutlich sagt, ist gleich schon ein Teil des Altersfrustes gebannt.* Wer den Prozess des Alterns so beschreiben kann, steht zwar auch nicht über ihm, doch er ist ihm nicht mehr so ausgeliefert. *Schließlich trifft es doch uns alle! Und letztlich sind diese Äußerlichkeiten auch nicht so wichtig. Solange man einigermaßen gesund ist, sich des Lebens freut, wie wir hier und jetzt!*, lauten die Kommentare.

Eine Mischung von Abschiedsmelancholie und Komik kennzeichnet auch den folgenden Text.

Im Märchen von den Bremer Stadtmusikanten heißt es, der Esel, der Hund, die Katze und der Gockelhahn auf dem Misthaufen seien in die Jahre gekommen. Welche Jahre? In die, die nicht mehr zählen? Ich weiß nicht genau, wann ich in die Jahre gekommen bin, es ist schon eine ganze Weile her.

Man ist den Berg hinaufgestiegen, kann getrost einige Jahre auf dem Gipfel bleiben, um dann festzustellen, dass es auch mal hinuntergehen muss, ob man will oder nicht. Das Hinaufsteigen war leicht, beim Hinabsteigen fühlt man, dass das Abschiednehmen begonnen hat.

Es begann bereits bei der Geburt meiner Kinder. Bis zu diesem Zeitpunkt gehörten sie mir, ganz allein mir und nur mir. Ich allein fühlte und spürte sie. Durch die Geburt musste ich sie hergeben, und nun entfernen sie sich an jedem Tag einen Schritt, trotz ständiger Nähe und Liebe, und das bis heute.

Dann der Verlust vieler lieb gewordener Menschen. Einer nach dem anderen verabschiedet sich. Ich bin oft auf unserem Friedhof, besorge das Elterngrab. Wenn ich durch die Grabreihen gehe, stelle ich fest, dass der Freundeskreis hier oben immer größer wird. Der Gedanke, einmal dazuzugehören, ist nicht mehr so schlimm wie früher.

Vor einem Jahr hat sich auch Felix, der Schimmel des Müllers, verabschiedet, der auf der Wiese nebenan seine Tage verbrachte, ständig um etwas zum Fressen bettelte, an Schluss noch schnell den Zaun niedertrampelte und in unserem Garten stand. Er starb an Altersschwäche.

Dann unser Apfelbaum, Unglaublich schön seine rosa-weißen Blüten, im Sommer ein Sonnendach über unserem Kaffeetisch und im Herbst die Äpfel. Seit dem vergangenen Jahr hat er keine Blätter mehr und verabschiedet sich leise.

Da ist aber die Eiche. Sie ging als Sämling unter dem Apfelbaum auf. Ich habe das Pflänzchen gehegt und gepflegt, dann mit Erfolg verpflanzt. Heute steht da ein richtig großer Baum, verdunkelt sommers wie winters die Wohnung und hat so viele Blätter, viel zu viele, wie ich meine.

Heute ist der 21. Januar, die Tage werden schon länger, der Frühling und der Sommer werden kommen wie in jedem Jahr, und ich beziehungsweise wir suchen uns wieder ein Plätzchen irgendwo im Garten und begnügen uns mit dem, was noch da ist.

Noch mal zurück zum Hahn auf dem Misthaufen. Also, er sei «in die Jahre gekommen», heißt es, und die Frau will ihn nun in den Suppentopf stecken. Es wird schwer werden, für mich einen passenden Suppentopf zu finden.

Margrit Brinkmann, Bahlingen

Mit großer Befriedigung registrieren die Schreibgruppen, wenn sich im hohen Alter die Fähigkeit zur Selbstironie mit einem gesunden Selbstbewusstsein paart.

Na, kleine Frau, wie geht's dir heute? Rosemarie, im Alter meiner Töchter, strahlt mich an. Was bin ich, eine kleine Frau? Genau, ich seh dich doch kaum hinterm Lenkrad, wenn du vorbeifährst.

Ich schaue verwirrt an mir herunter. Ich, eine kleine Frau? Dabei habe ich doch in meinen Jugendtagen mit 1,69 cm Körpergröße in der Straßenbahn auf manchen Mann herabgeschaut. Es stimmt zwar, meine Töchter, die früher kleiner waren, gucken jetzt zu mir herunter, es stimmt auch, die erwachsenen Enkel kommen mir von Mal zu Mal größer vor. Wachsen sie eigentlich immer noch?

Ich will es wissen. Am Türrahmen: Buch auf den Kopf – Bleistiftstrich – Maßstab angelegt – Resultat: 11 cm Verlustanzeige, Folge: ein Keilkissen sowie eine zusätzliche Sitzschale auf dem Fahrersitz meines Autos.

Neulich muss ich zu einigen Besorgungen in die Stadt. Bring es schnell hinter dich, denke ich und schlage für meine Verhältnisse einen Geschwindschritt an, kann es aber nicht lassen, im Vorbeigehen einen Blick in ein Schaufenster zu werfen. Dann schau ich neben mich. Nirgends kann ich die kleine, gebeugte, alte Frau, die ihren Kopf so weit vorstreckt wie eine Henne im Hühnerhof, entdecken. Plötzlich überläuft es mich siedend heiß, das verschrumpelte Weiblein bist du selbst, du höchstpersönlich. Schuppen fallen mir von den Augen. Darum wollen mir so viele Leute aus dem Bus helfen, darum greifen so viele Hände in der Bahn zu, wenn ich in der Kurve meine Punktekarte abknipsen will.

Kürzlich waren wir in einer Wandergruppe im Wald unterwegs. Eine Mitwanderin, etwas jünger als ich, außerdem – zugegeben – noch drahtiger aussehend, turnte auf einem Baumstamm entlang. Nach der nächsten Wegbiegung lockte wieder ein gefällter, breiter Baumriese, ich konnte nicht widerstehen. Ihn mithilfe von zwei Stöcken zu erklimmen und darauf entlangzulaufen war kein Kunststück und machte diebischen Spaß. Plötzlich ein Schrei, bist du lebensmüde? Komm sofort herunter, der Wanderführer ist verantwortlich für dich! Ein Arm ergriff mich und zerrte mich auf den rechten Pfad zurück. Mein Verstand musste der Empörten recht geben, wenn auch ihr Überraschungsangriff gefährlich hätte werden können.

Nun muss ich auf den nächsten Ausflug mit der Urenkelin warten, um auf einem Baumstamm zu laufen, zu wippen, zu schaukeln oder an einem Stahlseil quer über den ganzen Spielplatz zu rollen. Im Alter ist es also wie in der Kindheit, da durfte man die abenteuerlichen, besten Dinge auch nicht vor aller Augen tun.

Nein, was Sie noch alles machen – ach, da gehen Sie auch hin – was, Sie haben einen PC – ja, und Sie fahren noch Auto? Zugegeben, diese Worte klingen manchmal ehrlich bewundernd und taten mir anfangs wirklich wohl. Aber dann fing ich an, darüber nachzudenken. Warum nur sehen dich viele als Ausnahme, betrachten dich auch bereits Angejahrte, nämlich die Generation deiner Kinder, wie ein seltenes Exemplar im Zoo? Zum Kuckuck, ihr Jüngeren, meint ihr eigentlich, alle alten Leute müssten dement sein oder wenigstens senil, um eurem Bild von ‹Hochbetagten› zu entsprechen? Ich habe einen großen Bekanntenkreis meinesgleichen und treffe immer wieder Menschen meiner Altersstufe im Vollbesitz ihrer geistigen Kräfte.

Gestern musste ich noch eine Bestätigung des beklagten Tatbestandes erfahren: Vom Hausarzt zu einem Fachkollegen geschickt, wurde ich dort verschiedenen Untersuchungen unterzogen. Als die Ergebnisse vorlagen, begann der Doktor das abschließende Beratungsgespräch, in dem er mir die Möglichkeit einer Operation darlegte, mit der verstörenden Feststellung: Sie scheinen ja geistig noch voll auf der Höhe. – Ach, lieber, junger Kollege, auch Sie? Auch Sie gehören also zu der Gruppe, die uns Alten kaum mehr etwas zutrauen? Und – eine Frage quält mich noch – hätten Sie diese Bemerkung auch einem alten, männlichen Kollegen gegenüber geäußert?

Im Übrigen, nehmen Sie bitte zur Kenntnis, heute ist so oft von der gefühlten Temperatur oder der gefühlten Zeit die Rede. Nach meinem gefühlten Alter bin ich trotz des Spiegelbilds im Schaufenster mindestens 20 Jahre jünger.

Ingeborg Remmer, Freiburg

Die Autorin dieses Textes ist 85 Jahre alt und entspricht gewiss nicht den stereotypen Vorstellungen, die über diese Altersgruppe verbreitet sind.

Die ältesten SchreiberInnen in meinen Kursen, vor allem die über 80-Jährigen, scheinen am meisten in sich selbst zu ruhen; sie machen überwiegend den Eindruck großer Lebenszufriedenheit. Offenbar empfinden sie die Tatsache, ein hohes Alter erreicht zu haben, als Geschenk. In ihrem Bedürfnis, über das eigene Leben zu schreiben, schwingt häufig so etwas wie Dankbarkeit mit, Freude am Reichtum des Gelebten und Erlebten, verbunden mit dem Wunsch, dies anderen, nicht nur ihren Nachkommen, mitzuteilen. Etwa im Sinne des Goethe-Zitats: «Ihr glücklichen Augen, was je ihr gesehen – es sei, wie es wolle, es war doch so schön.»

Natürlich bin ich mir der Tatsache bewusst, dass es eine ganz besondere Auswahl von Menschen ist, die sich in Schreibgruppen mit dem eigenen Leben beschäftigt. Ein solches Engagement setzt nicht nur Freude am schriftlichen Erzählen voraus, sondern auch Reflexionsfähigkeit.

Neulich überlegte ich: Wie geht es mir eigentlich so mit meinen sechsundachtzig Jahren? Da kam mir der Satz: Es muss nicht mehr sein.

All das, was mir vorher so wichtig erschien: die Reisen, das Malen, das Schreiben, all meine zahlreichen Aktivitäten – kann ich das alles jetzt einfach so loslassen? Die kindliche Neugier und Entdeckerfreude, der Wunsch nach Anerkennung und Erfolg, nach liebevollen Beziehungen und sinnvollem Tun, sind sie verschwunden? Vielleicht bin ich einfach nur müde geworden, weil mich alles mehr anstrengt. Oder gleichgültiger als früher? Oder bin ich einfach satt und zufrieden und brauche wirklich nichts mehr?

Wie ist es mit dem Malen? Es muss nicht mehr sein. Ich bin zufrieden mit all meinem Experimentieren mit Farben und Formen.

Und das Schreiben? In den letzten Jahren habe ich etwa dreißig autobiografische Texte geschrieben, vor allem über mich belastende Situationen. Dadurch sind sie für mich klarer und realer geworden, und zugleich bekam ich mehr Abstand dazu.

Ich merke, dass mir am meisten von allem noch meine Tätigkeit als Psychotherapeutin am Herzen liegt. Der noch nachgehen zu können ist mir das größte Geschenk. Ich bin aber bereit, auch dies, wenn es so weit ist, loszulassen.

Das Einzige, von dem ich weiß, dass es unbedingt sein muss, ist der Tod. Er ist unausweichlich Und weil er das einzige wirklich Notwendige ist, kommt mir alles andere zwar besonders kostbar, aber nicht mehr so wichtig vor. Ich wünsche mir, dass ich auch ihn nicht als Zwang erleben werde, sondern als etwas, in das ich einstimmen kann. Ich bitte um die Gnade, dass ich auch dazu Ja sagen kann. –

Ja, das habe ich gestern geschrieben. Und heute? Heute möchte ich einen Antitext dazu schreiben, einen ehrlichen, rebellischen Text, der das bisher Geschriebene infrage stellt. Mache ich mir da nicht etwas vor? Lege es mir schön zurecht wie ein Puzzle? Wo ist das Puzzlestück, das Einsamkeit heißt und das mit der Traurigkeit? Meine Angst, mich anderen zuzumuten, meine Schüchternheit, meine Selbstzweifel? Sollte ich nicht statt «Ich bin satt» schreiben «Ich habe es satt»? Statt: «Ich brauche das alles nicht mehr» schreiben «Ich bin voll Gier und lechze nach Zuwendung, in den Arm genommen und geliebt zu werden, habe aber resigniert»? Möchte ich mich im Grunde meines Herzens nicht viel lieber gehen lassen und nicht jeden Morgen aufstehen und duschen und Zähne putzen? Möchte ich nicht manchmal einfach nur schreien, laut, dass es alle hören, meinen Schmerz, meine Verzweiflung und Hilflosigkeit: «Mein Gott, mein Gott, warum hast du mich verlassen?»

Sollte ich nicht statt des ewigen Fragens mir zugestehen: Ja, so ist es. Ich mag nicht mehr!

Ja, das wäre einfacher. Aber es stimmt nicht. Stimmen tun nur die Fragen. Antworten sind auch nur Möglichkeiten – wie offene Fenster, durch die ich hinausfliegen kann – ins Weite, Offene – ohne Sicherheit und doch getragen von einer größeren Gewissheit.

Gertraude Franz, Merzhausen

Gehört zur Weisheit des Alters auch diese Bereitschaft, das eigene Ende ins Auge zu nehmen, den Tod, das Letzte, zu denken? Auch dieses Thema scheint in einigen Texten älterer Autorinnen auf, wenngleich nicht allzu häufig.

Wenn ich tot bin …
Gibt es dann noch jemand
Der an mich denkt
Sich an mich erinnert

Wenn ich tot bin …
Gleich nach der Beerdigung
Beim Zusammenkommen
Vielleicht in einem Wirtshaus
Wird dort noch jemand
Von mir sprechen

Wenn ich tot bin …
In den Tagen danach
Müssen die Kinder sich
Um mich kümmern
Zwangsläufig
Um alles zu erledigen

Wenn ich tot bin …
Die Monate sind dahingegangen

Mutter hätte jetzt dies gesagt
Omama hätte das gemacht
Werden diese Worte fallen

Wenn ich tot bin ...
Jahre sind verflossen
Das Leben ist weitergegangen
Vielleicht kommt es noch einmal
Zu einem Blitz einem Anlass
Einem Denkt ihr noch daran
Ja so war sie

Wenn ich tot bin ...
Und die nächste Generation
Baut ihre Zukunft
Wer kennt mich noch
Wohin bin ich verweht

Wenn ich tot bin ...
Ein paar Blätter tauchen auf
Oder einige Zeilen
Und jemand liest sie
Bin ich dann wieder da
Wenn ich tot bin

Ingeborg Remmer, Freiburg

Die Heilkraft des Schreibens: Schreiben als sinnstiftender Prozess

Nicht für alle, die autobiografisch schreiben, steht die therapeutische Wirkung dieser Beschäftigung im Vordergrund. Doch fast alle, die sich darauf einlassen, spüren, dass das Schreiben über das eigene Leben auch ein sinnstiftender Prozess ist. Das gilt ganz unabhängig davon, ob man für sich allein im stillen Kämmerlein schreibt oder in einer Gruppe. Für manche ist das Schreiben im Wesentlichen ein einsamer Vorgang; sie wollen mit ihren Geschichten, zumindest während die entstehen, allein sein. Doch in einer Gruppe, in der die Texte vorgelesen und zur Diskussion gestellt werden, entfaltet sich über die Freude am Gestalten hinaus noch eine eigene Dynamik, die als bereichernd erlebt werden kann.

Eine Werkstatt für autobiografisches Schreiben ist vieles zugleich: Sie ist ein Workshop für kreatives Schreiben, aber auch ein Ort der Biografiearbeit, eine Art Selbsterfahrungsgruppe. So kommen die TeilnehmerInnen auch mit ganz unterschiedlichen Erwartungen. Die einen möchten vor allem gestalten, formulieren, Techniken des literarischen Schreibens vermittelt bekommen, um die optimale Form für das zu finden, was sie zu erzählen haben. Sie verstehen die Sparte «Autobiografie» sehr weit gefasst, wollen nicht nur penibel an den eigenen Lebensdaten entlangschreiben, sondern auch fabulieren. In der Tat eignet sich autobiografisches Material auch hervorragend für Formexperimente aller Art; der Phantasie sind keine Grenzen gesetzt, man kann es verfremden, mit ihm spielen, die Übergänge zum fiktiven Schreiben sind fließend.

Doch den meisten liegt in erster Linie an den Inhalten ihrer Erinnerungen. Sie wollen sichten und ordnen, neu verstehen, Gutes und Gelungenes wie auch Negatives und Unerledigtes ausmachen und dadurch ein tieferes Bewusstsein für ihre jetzige Lebenssituation entwickeln. Manche hoffen, durch die Selbstreflexion und die Selbsterfahrung in der Gruppe, durch den eigenen und den fremden Blick auf das bisherige Leben, neue Einsicht in die Vergangenheit und Orientierung für die Zukunft zu gewinnen. Einige stecken mitten in einer Lebenskrise und wünschen sich, dass das Schreiben ihnen bei der Bewältigung hilft.

Autobiografische Texte interessieren aus vielen Gründen, und man kann sie immer auf mehreren Ebenen interpretieren. Zum einen kann man sie in einen zeitgeschichtlichen Zusammenhang stellen: Was ist daran typisch für eine bestimmte Generation, etwa für eine Kindheit oder Jugend im Nachkriegsdeutschland, in den Wirtschaftswunderzeiten, der Zeit der Studentenbewegung usw. – und was für ein bestimmtes soziales Milieu, Großstadt, Kleinstadt, Dorf, Bildungs- oder Kleinbürgertum, Flüchtlingsfamilien, Arbeiterschicht, soziale Aufsteiger? Hier kann man den Wandel der Geschlechtsrollen ablesen, dort das sich verändernde Verhältnis zwischen Eltern und Kindern, da zeigt sich der früher so starke Einfluss der Kirche, hier der Wertewandel in der Erziehung, dort das sich verändernde Verhältnis zur Sexualität und Ähnliches. Diese Gesprächsebene interessiert alle, und die Diskussion in der Gruppe fördert meist mehr zutage, als wenn man allein über seine Biografie nachdenkt.

Darüber hinaus lassen sich die vorgelesenen Texte auch auf der psychologischen Ebene verstehen: Was hat ein bestimmtes Ereignis, eine spezielle Erfahrung für die Entwicklung und die Persönlichkeit der jeweiligen Autorin oder des Autors bedeutet? – Wenn das Gespräch diese Wendung nimmt, ist Behutsamkeit geboten, und die Deutungshoheit muss unbedingt bei derjenigen oder demjenigen bleiben, die diesen Text geschrieben haben. Sie zeigen ja viel von sich und machen sich dadurch verletzlich. Die angemessene Reaktion der Gruppe sollte Toleranz, Empathie und Respekt vor dem Leben der anderen sein – es gibt kein «richtiges» oder «falsches» Leben.

Die dritte Ebene der Diskussion ist die textkritische, die handwerklich-literarische. Gefällt der Text? Wenn ja, warum, wenn weniger, woran könnte das liegen? Wie hat der/die Vortragende die

Geschichte erzählt? Von welcher Erzählerposition aus? Wie ist der Grundton – ernst, düster, melancholisch, pathetisch, gefühlvoll, heiter, ironisch, und wodurch kommt dieser Eindruck zustande? Wird szenisch oder zusammenfassend erzählt? Wie sind Einstieg und Ende der Geschichte gestaltet? Werden alle notwendigen Informationen gegeben? Gibt es Brüche in der Darstellung, innere Ungereimtheiten, Widersprüchliches? Gibt es eine Spannungskurve, und wie wird die Spannung erzeugt? Hat die Erzählung langatmige Passagen, die man streichen oder kürzen müsste? Die erkennt man am besten daran, dass mehrere der Zuhörenden an diesen Stellen unaufmerksam geworden und in Gedanken abgedriftet sind.

Auch die textkritische Diskussion muss mit Fingerspitzengefühl geführt werden, denn natürlich werden Geschichten unterschiedlich gut erzählt, und natürlich identifizieren sich die Autorinnen und Autoren mit dem, was sie geschrieben haben, und hören lieber Anerkennendes als Kritisches oder gar Negatives über ihr Produkt.

In jedem einzelnen Kurs bewegt sich der Gruppenprozess mal mehr in Richtung Selbsterfahrung, dann wieder mehr in Richtung Textkritik, und es gilt, immer neu einen einigermaßen befriedigenden Kompromiss zwischen den Bedürfnissen aller Beteiligten zu finden. Das stellt eine beträchtliche Herausforderung für die Sensibilität der Kursleiterin oder des Kursleiters dar.

Das Schreiben, Vorlesen und Besprechen autobiografischer Texte in der Gruppe wird nur in einer Atmosphäre gegenseitiger Toleranz und Wertschätzung als anregend, hilfreich und befriedigend erlebt. Für die gemeinsamen Sitzungen gibt es bestimmte Regeln, die nicht unwesentlich zu einem gelingenden Gruppenprozess beitragen. Dazu gehört, dass alle TeilnehmerInnen ihre Texte vorlesen und zur Diskussion stellen und dass allen grundsätzlich die gleiche Zeit für ihren Vortrag und das Gespräch darüber zur Verfügung steht. Zu den Spielregeln gehört auch, dass diejenige oder derjenige, die einen Text vortragen, erst einmal die Rückmeldungen der Gruppe entgegennehmen, bevor sie weitere erläuternde Kommentare abgeben.

Erst einmal sollte der Text für sich selber sprechen – entscheidend ist, was er als solcher transportiert. Was ist bei den anderen angekommen, wie haben sie ihn verstanden, ohne weitere erklärende Kommentare? Nur so kann ich als Schreibende ein Gespür dafür entwickeln, was die Worte und Sätze, die ich gefunden habe, in den anderen für Bilder entstehen lassen. Erst dann, wenn alle in der Runde, die sich zum Vorgelesenen äußern wollen, etwas gesagt haben, kommt die Verfasserin, der Verfasser noch einmal zu Wort und kann zu den Rückmeldungen Stellung nehmen. Das Einhalten dieser Spielregeln strukturiert die Diskussion und verhindert ein ausuferndes und letztlich für alle unbefriedigendes Durcheinanderreden.

Ich sehe meine Aufgabe als Kursleiterin vor allem darin zu verhindern, dass das Leben der anderen bewertet wird. Wertend kommentieren darf man nur die Art, wie ein Text geschrieben ist – und auch das nur mit Respekt vor der anderen Person und der hinter ihrer Geschichte stehenden Lebenserfahrung.

Wenn also eine Teilnehmerin vorliest, was sie über eine schwierige Situation in ihrer Ehe geschrieben hat, sind solche Kommentare unzulässig wie «Wieso haben Sie sich das überhaupt gefallen lassen? – Also, wenn das mein Mann gewesen wäre, dem hätte ich sofort die Koffer vor die Tür gesetzt!» Angemessen wären Reaktionen wie: «So wie Sie die Geschichte angelegt haben, versteht man nicht ganz, warum Sie damals nicht gleich gegangen sind … vielleicht müssten Sie die Ambivalenz Ihrer Gefühle damals oder Ihre Angst vor dem Alleinsein noch deutlicher machen.»

Manchmal nehmen an den Schreibkursen Menschen teil, die sich hier zum ersten Mal intensiver mit ihrer Vergangenheit auseinandersetzen. Dann können bei der Vergegenwärtigung früherer Lebenssituationen auch alte Probleme wieder aufsteigen, die nur unzureichend bewältigt und vielleicht verdrängt wurden. Schreiben ist immer auch Selbsterfahrung, ob man das will oder nicht, und das autobiografische Schreiben ist es notwendig noch mehr als das Schreiben von Fiktion. Doch eine Schreibgruppe ist keine psychotherapeutische Gruppe, das heißt, sie ist nicht in der Lage, ernsthaftere psychische Probleme aufzufangen.

Deswegen erinnere ich die KursteilnehmerInnen gleich zu Beginn und im Verlauf immer wieder daran, achtsam mit sich selbst umzugehen: Sie selber müssen herausfinden, was sie sich zu einem bestimmten Zeitpunkt zumuten können und wollen. Nur sie selbst bestimmen, was sie schreiben, und sie selber entscheiden, was sie vorlesen. Manchmal ist es einfach notwendig, schwierige Geschehnisse meines Lebens einstweilen auszublenden. Vielleicht möchte ich sie vorläufig eine Weile ruhen lassen, vielleicht gar nicht darüber schreiben.

Auch Schreibthemen, die zunächst als solche ganz harmlos erscheinen, können bei Menschen, die sich in einer Lebenskrise befinden, unerträgliche Gefühle aufwühlen.

So erinnere ich mich an eine Kursteilnehmerin, die in der zweiten Sitzung des Einstiegskurses in heftiges Schluchzen ausbrach, als sie in einem Text über die Umstände ihrer Geburt den Satz vorlas «*Meine Eltern waren enttäuscht, denn sie hatten sich einen Jungen gewünscht*». Angesichts der Tatsache, dass dies wahrscheinlich für eine große Mehrheit älterer Frauen zutrifft, ohne dass ihr Selbstwertgefühl im späteren Leben dadurch nachhaltig beschädigt wurde, ist zu vermuten, dass bei dieser Frau hinter dem vorgelesenen Satz noch eine Menge weiterer schmerzlicher Erinnerungen und Gefühle lauerten, die sie zu überwältigen drohten.

Dass während der Kurssitzungen geweint wird, ist gar nicht so selten. Häufig werden diejenigen, die eine für sie problematische Geschichte vorlesen, selber von der Heftigkeit ihrer Gefühle überrascht: «*Ich dachte, damit wäre ich längst fertig; ich ahnte nicht, dass mich das heute noch so mitnimmt – es ist doch schon so lange her!*» «*Darüber zu schreiben ging noch – es hat mich sogar erleichtert. Doch beim Vorlesen hat es mich wieder eingeholt.*»

Den meisten ist das Weinen über eine schmerzliche Erinnerung nicht peinlich. Viele spüren es, wann für sie die Zeit reif ist, über Dinge zu schreiben, die sie lange belastet haben – und sie fühlen sich befreit, sobald sie die belastende Erfahrung zu Papier gebracht und damit zu einer Geschichte gemacht haben, die man anderen erzählen kann. Diese heilsame Kraft des Schreibens und Vorlesens kann sich natürlich nur da entfalten, wo ein gutes Gruppenklima herrscht.

So ging es einer Kursteilnehmerin, die noch Jahrzehnte später darunter litt, dass ausgerechnet am Tag ihrer lang ersehnten Hochzeit ihre Mutter, noch relativ jung, ganz plötzlich starb. Auch sie musste weinen, als sie der Gruppe davon vorlas, doch sie war danach nicht nur erleichtert, sondern stolz und fast glücklich, dass sie diesen Schicksalsschlag, über den sie bislang kaum hatte sprechen können, nun zu einem Kapitel in ihrem Erinnerungsbuch gemacht hatte.

Die Kursteilnehmerin, die darüber weinte, dass sie ihren Eltern als Mädchen weniger willkommen war, entschloss sich, statt des Schreibkurses eine Therapie zu machen, und sie erlebte diese Entscheidung als guten und hilfreichen Schritt. Manchmal erzählen Menschen, die bei mir ihre Lebenserinnerungen aufschreiben, dass sie parallel eine Therapie machen, und sie versichern mir, dass das eine vom anderen profitiert – und sie selber von beidem.

Ob wir nun die therapeutische Wirkung des Schreibens suchen oder einfach von der Lust am schriftlichen Gestalten beflügelt sind, ob wir für uns allein schreiben oder in einer Gruppe: Sich schreibend mit dem eigenen Leben zu befassen, ändert den Blick auf das Gelebte. Mit den Geschichten, die wir erzählen, teilen wir den anderen und uns selbst mit, wer wir waren und wer wir jetzt sind, wir deuten unsere Biografie neu, wir bewerten Geschehnisse anders als früher, wir stellen Zusammenhänge her, die wir zuvor nicht gesehen haben. Wir spüren vergangenen Erfahrungen noch einmal nach, leben vielleicht emotionale Krisen noch einmal durch, um sie dann ablegen zu können. Genau das ist es, was Sigmund Freud als das Wesen des therapeutischen Prozesses bezeichnet hat: «Erinnern, Wiederholen, Durcharbeiten.»

Als Fontane unter einer schweren Depression litt, die immerhin so gravierend war, dass eine Einweisung in die Nervenklinik erwogen wurde, erhielt er von seinem Hausarzt den Rat, er möge doch seine Kindheitserinnerungen aufzeichnen. «*Dem Rat verdankte der Autor die Wiederherstellung seiner Gesundheit, und wir verdanken ihm den autobiografischen Roman ‹Meine Kinderjahre›.*»[1] Fontane war damals 73 Jahre alt, und es war sein erster wirklicher Erfolg als Autor.

Es gibt zahlreiche offensichtliche Ähnlichkeiten zwischen dem autobiografischen Schreiben und einer Psychoanalyse: In beiden Fällen werden aus den aufsteigenden Erinnerungen lebensgeschichtliche Muster und Zusammenhänge rekonstruiert, bei beiden geht es um das Deuten und Verstehen. Auch der unmittelbare Anlass, mit dem einen oder dem anderen zu beginnen, kann sehr ähnlich sein: In eine Therapie begibt man sich meist in einer Lebenskrise – und eine Lebenskrise kann auch der Anlass sein, sich schreibend mit dem eigenen Leben zu befassen.

Die zunächst ungeordnete Stoffsammlung der Autobiografie, die spontan auftauchenden Erinnerungen entsprechen dem Material, das in der freien Assoziation in Therapien produziert wird. Allerdings geht es beim autobiografischen Schreiben darum, den Erinnerungen eine überzeugende Gestalt zu geben, die Lebensgeschichte so zu formen, dass sie eine Struktur erhält. Meistens erzähle ich linear und chronologisch – während der therapeutische Prozess durch ein systematisches Im-Kreise-Gehen (so der Psychoanalytiker Erik Erikson) gekennzeichnet ist.

Ein weiterer gewichtiger Unterschied besteht darin, dass die Lebensgeschichte in der Therapie im intimen Raum zwischen Therapeuten und Patienten erinnert und gedeutet wird. Beim Aufschreiben meiner Lebenserinnerungen bin ich einerseits mein eigenes Gegenüber und damit meine eigene Therapeutin, andererseits stellt schon die schriftliche Form eine Art Veröffentlichung dar, erst recht das Vorlesen in einer Gruppe. Auch wenn ich überwiegend für mich selber schreibe, habe ich doch einen diffusen allgemeineren Adressatenkreis im Sinn: die Kinder, die Freunde, die «Nachwelt».

Bei allen Unterschieden gilt: «*Der befreiende Effekt der Selbstreflexion ist der Autobiographie und der Psychoanalyse potentiell gemeinsam*»[2].

Menschen, die sich mitten in tiefen Lebenskrisen und schmerzhaften Umbrüchen befinden, fühlen sich oft überwältigt von der Wucht quälender Gefühle und leiden darunter, sie einerseits ausdrücken zu wollen, andererseits kaum Worte zu finden, die angemessen beschreiben, was sie durchmachen. Sich den eigenen Gefühlen schreibend zu nähern kann dabei helfen, sich nicht mehr als völlig ausgeliefert zu empfinden und nach und nach die Kontrolle über das eigene Leben zurückzugewinnen. Später, wenn man mehr Distanz zum Geschehen gewonnen hat, kann man die Aufzeichnungen wieder vernichten – oder daraus vielleicht eine gute Geschichte gestalten, und zu der Erleichterung, die Krise durchgestanden zu haben, gesellt sich dann die Befriedigung, die der kreative Prozess bereitet.

Doch die Selbsttherapie durch das autobiografische Schreiben kann wahrscheinlich da nicht funktionieren, wo es um schwere Traumatisierungen und Persönlichkeitsstörungen geht, wo sich ein zutiefst depressiver, ein bitterer, verzerrter oder böser Blick auf das eigene Leben verfestigt hat.

«Wir müssen unser Leben vorwärts leben – aber wir können es nur rückwärts verstehen», sagt Sören Kierkegaard. Häufig heißt es, durchaus abwertend, es sei typisch für alte Leute, ständig über ihre Vergangenheit erzählen zu wollen. Interessanterweise kann man aber gerade im Gegenteil feststellen, dass Menschen, die sich mit ihren Lebenserinnerungen beschäftigen, weniger depressiv und geistig beweglicher sind als andere[3].

Von Frederik Ibsen stammen die ebenso pathetischen wie düsteren Zeilen: «Leben heißt dunkler Gewalten/Spuk bekämpfen in sich,/Dichten Gerichtstag halten/Über das eigne Ich». Tatsächlich geht es nicht um das Richten, sondern um das Verstehen und die anschließende Versöhnung mit dem, was war. Es geht darum, mein gelebtes Leben und mich selbst als eine Geschichte zu begreifen, mit der ich weiterhin oder von nun an gut leben kann.

Zur Geschichte der Autobiografie

Die Geschichte der Autobiografie ist eng verknüpft mit dem Prozess der Individualisierung im Abendland. Diese literarische Gattung «*gehört zu Europa und im wesentlichen zur nachklassischen Welt Europas. Sie ist von der Suche nach der geistigen Identität der Person geprägt*».[1] Deswegen spiegelt die literarische Gattung der Autobiografie sowohl den Aufstieg als auch die Krise des Individualismus.

Anders als die Biografie ist die Autobiografie eine relativ junge literarische Form. Sie setzt Selbstbewusstsein im Wortsinn voraus: ein Bewusstsein vom Wert des eigenen Selbst und außerdem ein gewisses Maß an Selbstreflexion. Wenn man seine Lebenserinnerungen aufschreibt, spaltet man sich in zwei Personen: in das Ich, das man einmal war, das in einer jetzt abgeschlossenen Vergangenheit gelebt, gehandelt, Freuden und Schmerzen erlebt hat, und in ein berichtendes und reflektierendes Ich, das das Ich von damals als Chronist begleitet, sein Handeln und Erleben mit Selbstdistanz betrachtet. «*Die vielfältigen Einzelerfahrungen eines Lebens werden durch Reflexion im Bewusstsein miteinander verknüpft.*»[2] Grundlegend für die Autobiografie ist «… *die Wiedervergegenwärtigung eines Lebensvorgangs und eine sie begleitende Reflexion des Autors auf sein eigenes Ich*»[3].

Wer seine Autobiografie schreibt, nimmt sich selbst wichtig, die eigenen authentischen Erfahrungen, den eigenen einzigartigen Lebensgang. Dies ist nur in einem gesellschaftlichen und kulturellen Umfeld möglich, das dem Individuum Wert gibt, und nur da, wo der individuelle Lebensweg auch als Ergebnis persönlicher Entscheidungen verstanden wird und nicht mehr als gänzlich vorherbestimmt durch das Leben der Gruppe – der Familie, der Sippe, der Dorfgemeinschaft, der sozialen Schicht –, zu der man gehört.

Autoren der Antike schrieben keine Autobiografien im engeren Sinn, obwohl es in einigen klassischen Texten, etwa bei Platon, Cicero, Horaz oder Marc Aurel, autobiografische Elemente gibt. Meistens werden die «Confessiones» («Bekenntnisse») des Augustinus, um 400 n. Chr. verfasst, als die erste Autobiografie in der abendländischen Literatur angesehen. Augustinus beschreibt in diesem Werk den Weg seiner Seele zu Gott, er schildert sein Leben vor und nach seiner Bekehrung zum Christentum. Das Buch wurde zum Vorbild für die religiöse Bekenntnisliteratur kommender Jahrhunderte.

Doch eine im engeren Sinn autobiografische Literatur entfaltete sich erst in der Renaissance, denn für das Mittelalter wogen der einzelne Mensch und sein individueller Lebensweg nicht viel. Ohnehin konnten nur wenige Einzelne lesen und schreiben, und diese seltene Fertigkeit stand im Allgemeinen im Dienst der Kirche oder der Verwaltung von Fürstenhöfen. Wenn sich die Schreibkundigen darüber hinaus als Chronisten des Zeitgeschehens verstanden, dann beschäftigten sie sich nicht mit sich selbst, sondern sie hielten eher überindividuelles historisches Geschehen fest, Naturkatastrophen, Seuchen, Hungersnöte, Kriege und soziale Missstände.

Die große Zeit der Autobiografie beginnt in Europa erst mit dem Zeitalter der Aufklärung. Das langsam anwachsende Lesepublikum des späten 18. und des 19. Jahrhunderts liebt Briefe, Briefromane, Tagebücher, Reflexionen und Maximen, Lebenserinnerungen. In dieser Zeit verspüren immer mehr Menschen den Drang, ihren Lebensweg nachzuzeichnen. Sie haben dann häufig ungewöhnliche Schicksale, die von der Normalbiografie ihrer Zeit abweichen, sind manchmal aus ärmlichen Verhältnissen in gesellschaftliche Schlüsselpositionen aufgestiegen oder weit gereist, sie haben Abenteuerliches erlebt. Anfangs sind es fast ausschließlich Männer, die rückblickend ihr Leben festhalten. Im 19. Jahrhundert kommen ein paar vereinzelte Frauen hinzu – doch erst in der zweiten Hälfte des 20. Jahrhunderts wird das autobiografische Schreiben eine Frauendomäne. Neben Autobiografien von Staatsmännern und einflussreichen Figuren des öffentlichen Lebens gibt es zunehmend auch solche von Gelehrten, Schriftstellern und Künstlern, Angehörigen der Berufe, die einen ausgeprägten Individualismus fördern und vielleicht auch voraussetzen.

Bis ins 20. Jahrhundert hinein standen Jean-Jacques Rousseaus «Bekenntnisse» (1782/1789) und Johann Wolfgang Goethes «Dichtung und Wahrheit» (1811–1833) Pate für die klassische bildungsbürgerliche Autobiografie. Rousseau lehnt sich mit seinem Titel bewusst an Augustinus und damit an die Idee der Autobiografie als Beichte an. Doch ihm geht es nicht um religiöse Bekehrung, sondern um seine weltlichen Erfahrungen und persönlichen Gefühle. Er ist Autodidakt, von sich selbst überzeugt, und er will die Entwicklung seiner Persönlichkeit und seiner Weltsicht wahrheitsgetreu darstellen. *«Ich unternehme etwas, wofür es kein Beispiel gibt und dessen Ausführung keine Nachahmer haben wird. Ich will meinesgleichen einen Menschen ganz in seiner wahren Natur zeigen.»*[4] Rousseau ahnte nicht, wie viele Nachahmer er bei diesem Projekt haben würde.

Goethes «Dichtung und Wahrheit» beschränkt sich auf die Darstellung seiner ersten drei Lebensjahrzehnte, die er überhaupt für die wichtigste Phase im menschlichen Leben hielt, in der die entscheidenden Grundlagen gelegt würden. Er kann auf einen geglückten Lebensweg zurückblicken, den er anderen als beispielhaft präsentiert, vielleicht sogar in pädagogischer Absicht. Anders als Rousseau, der uns auch beschämende Erlebnisse offenbart, spart Goethe dunkle und schwierige Passagen seines Lebens aus oder vertieft sie zumindest nicht besonders.

Die meisten Autobiografien des 18. und 19. Jahrhunderts orientieren sich an Goethe; es sind Entwicklungs- und Bildungsromane, Geschichten vom Werden und Reifen erfolgreicher Individuen, von den Lehr- und Wanderjahren bis in die mittleren Erwachsenenjahre, wo die meisten Darstellungen dann auch, auf dem vermeintlichen Zenit des Lebens, abbrechen. Solche Autobiografien dokumentieren den Siegeszug des Glaubens an ein starkes Individuum, das sich, manchmal von früh an privilegiert (wie Goethe), manchmal aber auch aus ärmlichen oder schwierigen Anfängen aufsteigend (wie etwa Rousseau oder Goethes Sekretär Eckermann), kraft Bildung und Vernunft «höher entwickelt» und aus der Unmündigkeit befreit. Es ist das Individuum, das immer strebend sich bemüht und dem es so gelingt, Widrigkeiten zu überwinden, sie für sein weiteres Wachsen zu nutzen. Zu dieser Utopie gehört auch der Glaube daran, dass gesellschaftlicher Aufstieg und persönliches Reifen Hand in Hand gehen – eine Überzeugung, die den Menschen hierzulande erst in den sozialen Erschütterungen des 20. Jahrhunderts abhandengekommen ist.

Eine besondere Stellung in der Literaturgeschichte nimmt die «Lebensgeschichte des armen Mannes im Tockenburg» (1788/89) von Ulrich Bräker ein, weil es keine bildungsbürgerliche Autobiografie ist. 1735 in der Ostschweiz geboren, ein Tagelöhnerjunge aus ärmlichsten Verhältnissen, ohne eigentliche Schulbildung, fällt er preußischen Soldatenwerbern in die Hand, wird friderizianischer Söldner, befreit sich durch Desertion und verdient, in die Heimat zurückgekehrt, seinen Unterhalt als Salpetersieder, Garn- und Tuchhändler. Sein Leben lang bleibt er arm und muss immer wieder mit dem wirtschaftlichen Überleben kämpfen. Er erwirbt sich als Autodiktat, durch vieles Lesen, eine gewisse Allgemeinbildung, bleibt aber immer seinem Herkunftsmilieu verhaftet, der *«wohl erste echt plebejische Schriftsteller in der Literatur des ausgehenden 18. Jahrhunderts in Deutschland»*[5]. Bräker sieht sich nicht als Dichter und seinen Lebenslauf nicht als beispielhaft für andere. Das Niederschreiben seiner Lebensgeschichte und seine Tagebuchaufzeichnungen über die Zeitläufte, über Familienzwistigkeiten und Dorfklatsch sind für ihn Weltflucht und trösten ihn über die Widrigkeit seiner Lebensumstände. *«Was mich dazu bewogen? Eitelkeit? – Freylich! – Einmal ist die Schreibsucht da. Ich möchte aus meinen Papieren, von denen ich viele mit Eckel ansehe, einen Auszug machen. Ich möchte meine Lebenstage durchwandern, und das Merkwürdigste in dieser Erzählung aufbehalten. Ist's Hochmut, Eigenliebe? Freylich! Und doch müsste ich mich sehr mißkennen, wenn ich nicht auch andere Gründe hätte. Erstlich das Lob meines guten Gottes … Zweitens meiner Kinder wegen. Ich hätte schon oft weiß nicht was darum gegeben, wenn ich so eine Historie meines sel. Vaters, eine Geschichte seines Herzens und Lebens gehabt hätte. Nun, vielleicht kann's meinen Kindern auch so gehen.»*[6]

Ganz ähnlich beschreiben übrigens auch heute viele Menschen ihre Motive, über ihr Leben zu schreiben, wenn auch in etwas anderer Sprache.

Unter den herausragenden Autobiografien des 18. Jahrhunderts ist auch Karl Philipp Moritz' «Anton Reiser» (1785/1790) zu erwähnen, häufig als der erste «psychologische Roman» etikettiert, doch in Wirklichkeit der nur wenig verschleierte Rückblick des Autors auf seine unglückliche Kindheit im strengen, kalten Milieu sektiererischer Religiosität und auf eine Jugend, die von materieller Not und wiederholten Demütigungen geprägt ist.

Die klassischen Autobiografien des 18. und 19. Jahrhunderts sind Entwicklungsromane. Sie malen ein in sich geschlossenes Bild vom zurückliegenden Leben des Protagonisten, sie gliedern seine Vergangenheit in deutlich unterscheidbare Phasen, und sie verstehen das Individuum als eine Einheit, die sich im Wechselspiel zwischen eigenen Entscheidungen und dem Einfluss der Außenwelt entwickelt. Vom Verfasser von Lebenserinnerungen wird erwartet, dass er die Gesetze der Entwicklung des eigenen Selbst ebenso reflektiert wie die Geschehnisse der historischen Umwelt. Diese Forderung an die Autobiografie hat schon Goethe formuliert, als er sich in «Dichtung und Wahrheit» die Aufgabe stellt: *«die inneren Regungen, die äußeren Einflüsse, die theoretisch und praktisch von mir betretenen Stufen der Reihe nach darzustellen ...»* *«Denn dieses scheint die Hauptaufgabe der Biographie zu sein, den Menschen in seinen Zeitverhältnissen darzustellen und zu zeigen, inwiefern ihm das Ganze widerstrebt, inwiefern es ihn begünstigt, wie er sich seine Welt- und Menschenansicht daraus gebildet, und wie er sie, wenn er Künstler, Dichter, Schriftsteller ist, wieder nach außen abspiegelt.»*[7]

Es war eine Lieblingsidee der bürgerlichen Gesellschaft, dass das Ich durch Bildung alle in sich schlummernden Fähigkeiten entfalten kann, dass sein Leben, wenn es nach Höherem strebt, zur aufsteigenden Kurve wird. In einem solchen Entwicklungsmodell des Individuums sind auch Fehler und Irrwege lediglich Prüfungen, die einen langfristig voranbringen. *«Ich halte es für die größte Pflicht eines Menschen, der überhaupt schreibt, dass er Materialien zu seiner Biographie liefere. Hat er keine geistigen Entdeckungen gemacht und keine fernen Länder erobert, so hat er doch gewiss auf mannigfache Weise geirrt, und seine Irrtümer sind der Menschheit ebenso wichtig wie die des größten Mannes Wahrheiten*», erklärt Friedrich Hebbel[8]. Diese Lebensauffassung vermag allem, was einem im Leben zustößt, einen Sinn zu verleihen. In den literarischen Autobiografien ist sie spätestens in der zweiten Hälfte des 20. Jahrhunderts verloren gegangen. In den Laienautobiografien ganz gewöhnlicher Zeitgenossen hat sie sich ansatzweise bis heute erhalten.

Im 20. Jahrhundert verändern sich die Autobiografien. Natürlich gibt es nach wie vor die Memoiren der Staatsmänner und anderer Personen des öffentlichen Lebens, die ihre Entwicklung als von keines Zweifels Blässe angekränkelten Aufstieg beschreiben, die sich ihrer selbst und ihres Lebenserfolgs sicher scheinen. Doch die gesellschaftlichen Veränderungen durch die Industrialisierung, die beiden Weltkriege und die mit ihnen verbundenen sozialen Umbrüche, die Erschütterung der Wertesysteme haben nicht nur äußere Spuren in den Lebensgeschichten der Menschen hinterlassen. Die Utopie von der Selbstentfaltung des mündigen Individuums ist zerbrochen; vor allem die Autobiografien von KünstlerInnen und Intellektuellen, die literarischen Autobiografien enthüllen stattdessen immer mehr den Blick auf gefährdete, zerrissene Ichs.

In den meisten unmittelbar nach dem Zweiten Weltkrieg erschienenen Autobiografien bleibt die Erzählhaltung zumindest äußerlich noch konventionell, an der geschlossenen Form des 19. Jahrhunderts angelehnt, die Kontinuität und Kausalität in der Abfolge der Lebensereignisse unterstellt. Es wird meist chronologisch und linear berichtet, der individuelle Lebensverlauf erscheint noch als Weiter- und Aufwärtsentwicklung, das Individuum als eine fassbare Einheit.

In den 50er-Jahren des 20. Jahrhunderts erscheinen in der Bundesrepublik Deutschland eine Reihe autobiografischer Bücher von Schriftstellern, die während der NS-Zeit in die «innere Emigration» gegangen waren, wie etwa Ernst Wiechert oder Reinhold Schneider; andere versuchten, ihr zum Teil zwielichtiges Verhältnis zum NS-Regime zu rechtfertigen, wie etwa Arnolt Bronnen. Viele Autobiografien dieser Zeit sind von einem Rechtfertigungsgestus geprägt, vom starken Bedürfnis ihrer meist männlichen Verfasser, ihre politische und moralische Haltung im Zeitgeschehen zu erklären, sich vor einem imaginären Tribunal der Gegenwart oder Nachwelt zu rechtfertigen. Die Frage nach der Verstrickung und der Schuld wird nicht immer befriedigend beantwortet, nicht nur, weil die SchreiberInnen sich selbst gegenüber vielleicht nicht ehrlich genug sind, sondern möglicherweise auch, weil sie das Ausmaß und die Bedeutung dessen, was da geschehen ist, noch gar nicht richtig begreifen können.

Eine besondere Rolle nimmt in diesem Zusammenhang Gottfried Benns Autobiografie «Doppelleben» ein, die 1950 erschien und aus zwei ganz verschiedenen Selbstdarstellungen bestand, dem «Lebensweg eines Intellektualisten» (1934), in dem Benn das Absolute und Zeitunabhängige der Kunst und der Künstlerexistenz propagiert, und dem Doppelleben (1950), in dem er seine widersprüchliche Einstellung zum Nationalsozialismus rechtfertigt, von dem er sich zunächst einen elitären «geistreinigenden Impuls» versprach, aber im Zeitverlauf enttäuscht und abgestoßen fühlte.

Auch Ernst von Salomons autobiografischer Roman «Fragebogen» (1951) gehört zur «Rechtfertigungsliteratur» der Nachkriegszeit, fällt aber von der Form her schon deutlich aus dem Rahmen der Zeit, weil die einheitliche Erzählperspektive gesprengt ist durch einen «Polyperspektivismus». Von Salomon erzählt an den 133 Fragen des Fragebogens entlang, den die von den Alliierten eingesetzten Entnazifizierungsbehörden an alle erwachsenen Deutschen verteilten, um die hauptschuldigen Nazis herauszufinden. Seine Absicht ist es, diesen Fragebogen ad absurdum zu führen, und er beantwortet die Fragen von jeweils anderen Warten aus, in unterschiedlichem Stil. Dadurch löst er die Einheit des erzählenden Ichs auf und nimmt den autobiografischen Konstruktivismus späterer Zeiten schon vorweg.

Die Haltung der Befragung, wenn nicht des Verhörs ist typisch für die autobiografische Literatur der Nachgeborenen, der Kriegskindergeneration. Die unterziehen in ihren autobiografischen Romanen vor allem die Väter, oft in einer Art Pseudodialog, einer radikalen Befragung, was deren Rolle und moralische Verantwortung in der Zeit des Nationalsozialismus betrifft. Repräsentativ für diese Literaturgattung sind etwa Peter Henisch (Die kleine Figur meines Vaters, 1975), Bernward Vesper (Die Reise, 1977), Paul Kersten (Der alltägliche Tod meines Vaters, 1978), Ruth Rehmann (Der Mann auf der Kanzel, 1979), Christoph Meckel (Suchbild. Über meinen Vater, 1980), Peter Härtling (Nachgetragene Liebe, 1980).

In den 70er-Jahren des 20. Jahrhunderts ändern die literarischen Autobiografien auch äußerlich ihre Gestalt. Jetzt wird häufig die geschlossene Form gesprengt, ein einheitlicher Stil aufgegeben, es wird fragmentarisch, zerstückelt erzählt, manchmal aus verschiedenen Perspektiven, zwischen den Zeitebenen gesprungen, es wird mit Montage-Elementen gearbeitet. Die Schreibenden empfinden das Ich nicht mehr als eine klar fassbare Größe; sie registrieren seine Verunsicherungen, Verletzungen, Beschädigungen, sie spüren den Rissen, Brüchen, Krisen in der Persönlichkeit nach; sie ringen darum, so etwas wie eine Identität überhaupt erst zu finden oder wiederherzustellen. So spiegelt auch die gewandelte äußere Form der Autobiografie die Krise des westlichen Individuums.

Ingeborg Bachmanns autobiografischer Roman «Malina» ist eine Montage aus inneren Monologen, Fragmenten von Dialogen, Traumfetzen und Visionen, selbstquälerischen Reflexionen. Er gibt sich zunächst wie eine Dreiecksgeschichte: Die Ich-Erzählerin lebt mit Malina, ist aber hoffnungslos abhängig von Ivan, der sie nicht so liebt wie sie ihn. Mehr und mehr stellt sich jedoch heraus, dass Malina eine Fiktion ist, der männliche vernunftgesteuerte, kontrollierte Teil der Persönlichkeit der Ich-Erzählerin, der ihr anderes Ich nach und nach zerstört.

Thomas Bernhards autobiografische Romane (Die Ursache, 1975, Der Keller, 1976, Der Atem, 1978, Die Kälte, 1981, Ein Kind, 1982) thematisieren eine schreckliche Kindheit. Sie sind keine Entwicklungsgeschichten, sondern bestehen in einem *«scheinbar unermüdlichen Umkreisen einiger weniger schrecklicher Momente»*[9]. Bernhard selbst hat die Überzeugung geäußert, dass es im autobiografischen Schreiben keine Übereinstimmung mit der Wirklichkeit, wohl aber «Wahrheiten» gebe. Eine solche Wahrheit besteht für ihn in der Erkenntnis, dass das Ich immer ausgesetzt, verlassen und einsam ist und jeder Weg, den es geht, ein Irrtum. Seine literarischen Figuren sind Außenseiter, Einzelgänger, die gegen alle und alles wüten und in ihrer Hoffnungslosigkeit verharren.

In dieser Zeit, in der – eine Generation verspätet – die moralischen Nachwirkungen von Nationalsozialismus und Krieg im Bewusstsein der Menschen erst richtig angekommen sind, in der zugleich äußerer Wohlstand und soziale Sicherheit günstige Bedingungen geschaffen haben, sich mit der gesellschaftlichen und der eigenen Vergangenheit zu befassen, entsteht erstmals auch eine größere autobiografisch schreibende Laienbewegung, die sich mit dem eigenen Leben befasst. Die Grenzen zum literarischen Schreiben sind fließend.

In den 70er-Jahren entwickelt sich eine Literatur der «neuen Subjektivität» oder «neuen Innerlichkeit»: Die intensive Beschäftigung mit dem eigenen Leben, der eigenen Psyche rückt in den Mittelpunkt. Gleichzeitig entsteht die neue Frauenliteratur, in der autobiografisch die weibliche Rollenzurichtung und Unterdrückung aufgegriffen wird (unter anderen Karin Struck, Klassenliebe 1973, Verena Stefan, Häutungen 1975, Elisabeth Plessen, Mitteilungen an den Adel, Brigitte Schwaiger, Wie kommt das Salz ins Meer 1977). Diese Literatur ist, getreu der Devise «Das Private ist politisch», ganz auf die Veröffentlichung individueller Probleme ausgerichtet, das Schreiben ist von Selbstbeobachtung und dem Drang nach Wahrhaftigkeit geprägt, häufig tagebuchartig und bekenntnishaft. Die Autorinnen und Autoren thematisieren die eigenen Leiden, die eigenen physischen und psychischen Schwächen und Deformationen, sie sehen sich häufig als Opfer der Gesellschaft oder ihrer unmittelbaren Umgebung.

Angehörige diskriminierter Bevölkerungsgruppen erzählen aus ihrem Leben: Lesben und Schwule, Inhaftierte, von der Psychiatrie Stigmatisierte. Es wird geklagt und angeklagt, zahllose Krankengeschichten werden veröffentlicht. Es gibt autobiografische Aufzeichnungen von Krebskranken, Depressiven, Alkoholikern und Drogenabhängigen. Hier seien nur einige wenige Beispiele aus der großen Flut der Autobiografien dieser Zeit erwähnt: Fritz Zorn (Mars, 1977), Maxie Wander (Leben wäre eine prima Alternative, 1980) und Günther Steffens (Annäherungen an das Glück, 1976) setzen sich mit dem Krebs auseinander, dem eigenen und dem der geliebten Ehefrau; Caroline Muhr (Depressionen, 1970) und Maria Erlenberger (Hunger nach Wahnsinn, 1977) schreiben über ihre Erfahrungen in psychiatrischen Institutionen; Claudia Storz (Jessica mit Konstruktionsfehlern, 1977) dokumentiert das Leben mit dem Morbus Krohn; Diana Kempff (Fettfleck, 1979) erzählt von den Leiden eines dicken Mädchens, und Christiane F.s autobiografischer Bericht über die drogenabhängigen «Kinder vom Bahnhof Zoo» (1978) wurde zum Bestseller.

Die «Erfahrungsliteratur» der 70er-Jahre interessiert sich (anders als die autobiografische Literatur des 18. und 19. Jahrhunderts) nicht für das gelungene Leben; sie rückt das beschädigte Individuum, seine Heimatlosigkeit, Verletzlichkeit und Orientierungslosigkeit in den Mittelpunkt. Dabei ist bei vielen Autorinnen und Autoren die selbsttherapeutische Absicht spürbar: Das Schreiben ist ein Mittel, das eigene Leiden erträglich zu machen, es soll dabei helfen, das Leben überhaupt auszuhalten[10].

Seit den 70er-Jahren entwickeln immer mehr Frauen das Bedürfnis, über ihr Leben zu schreiben. An Schreibkursen über autobiografisches Schreiben nehmen heute deutlich mehr Frauen als Männer teil. Im 18. und 19. Jahrhundert, auch noch in der ersten Hälfte des 20. Jahrhunderts wurden vor allem Lebenserinnerungen von Männern veröffentlicht. Denn Männer waren die Vorreiter des Individualisierungsprozesses, sie brachen als Erste aus einem biografischen Muster aus, das den Söhnen von den Vätern und den Großvätern vorgegeben war. Die männlichen Biografien waren schon von individuellen Entscheidungen beeinflusst, als die Leben der Frauen noch fast vollständig vom Geschlecht und der sozialen Schicht vorherbestimmt waren. Doch das änderte sich in der Mitte des 20. Jahrhunderts. Nun erfuhren die Frauen, nachdem sexuelle Verhütung einfach und Mutterschaft frei wählbar wurde, einen gewaltigen Individualisierungsschub. Wenn Frauen heute schreibend ihr Leben reflektieren, dann tun sie dies in dem Bewusstsein, wie sehr sich ihre Lebensbedingungen von denen ihrer Mütter und Großmütter unterscheiden, wohl wissend, dass sie ihrerseits nur bedingt Vorbild für die wichtigen Lebensentscheidungen ihrer Töchter und Enkelinnen sein können. Nicht selten motiviert sie genau dieses Bewusstsein zum Schreiben: zu einer Frauengeneration im Umbruch zu gehören.

Zu den verbreiteten Vorstellungen über die Geschlechtsunterschiede beim autobiografischen Schreiben gehört die Vermutung, dass Männer tendenziell andere Themen haben. Sie würden vor allem Kriegserlebnisse, berufliche Erfahrungen, ungewöhnliche Reisen und Auslandsaufenthalte thematisieren, während Frauen eher über Liebe, Liebeskummer, Kinder und Familie, Krankheiten und Ähnliches schrieben. Der Erzählstil der Männer sei einerseits distanzierter, sachlicher, andererseits neigten sie dazu, sich wichtiger zu nehmen und heroischer darzustellen als die Frauen.

Meiner Einschätzung nach haben sich allerdings mit der Nivellierung der Geschlechtsrollen im Laufe der letzten drei Jahrzehnte auch diese Unterschiede verwischt. Persönlichkeit, Lektüregewohnheiten und -vorlieben prägen den Schreibstil in der Gegenwart weit stärker als das Geschlecht.

Zu Ende des 20. Jahrhunderts, in der postmodernen und dann der globalisierten Gesellschaft, die von neuen Medien geprägt ist, nimmt die Krise des Individuums eine weitere Wendung. In einer Zeit, in der man reisend mit großer Geschwindigkeit zwischen ganz verschiedenen Welten hin- und herspringt, in der man in virtuellen Welten spazieren gehen, sich im Cyber Space verschiedene Identitäten zulegen kann, in der viele im Verlauf ihres Lebens häufig den Wohnort und die Bezugsgruppen wechseln, wird das Gefühl von der Einheit und der Kontinuität der Identität als solches infrage gestellt. Das eigene Leben erscheint als beliebige Patchworkbiografie, als eine bloße Kombination von Zufällen.

Wenn die Menschen nicht mehr glauben können, dass ihr Leben, so wie es sich vollzieht, von vornherein einen Sinn hat – und diese Vorstellung ist bei uns mit der entsprechenden christlich-religiösen Einstellung weitgehend verloren gegangen –, dann dient das autobiografische Schreiben der Selbstvergewisserung. «*Rückblickend entwirft sich das Individuum mit Hilfe der Bilder, die es sich von sich selbst macht.*»[11] Aus dem potenziell unendlichen Stoff des eigenen Lebens werden Erinnerungsfetzen ausgewählt, in wichtige und unwichtige geschieden, und erst die Struktur ihrer Zusammensetzung verleiht dem Leben Ordnung, ein Ziel, einen Sinn. Dabei werden heutzutage eher die Krisen und die Brüche, die Irrungen und Wirrungen als das Entscheidende in den Mittelpunkt gestellt. Die Ganzheit des Lebens, der Lebenssinn, ist nicht etwas schon Vorhandenes, Vorgefundenes, sondern wird durch den Prozess des autobiografischen Erzählens und Schreibens erst hergestellt, vor allem indem Vergangenes auf Gegenwärtiges bezogen wird. Das erzählende Ich des Textes ist gewissermaßen eine Selbstschöpfung – der Autor, die Autorin erschafft sich, schreibend, selbst. Identität wird zu einer Fiktion, die durch die autobiografische Erzählung erst konstruiert wird – obwohl die Schreibenden meist die ehrliche Absicht haben, die Wahrheit über das eigene Leben darzustellen. Doch es gibt nur subjektive Wahrheiten – und die sind im Zeitverlauf durchaus veränderlich.

Pierre Bourdieu hat in diesem Zusammenhang von der «biografischen Illusion» gesprochen: Wer seine Lebensgeschichte als eine «*... kohärente Erzählung einer bedeutungsvollen und zielgerichteten Abfolge von Ereignissen*» erzähle, unterliege einer «*trivialen Vorstellung von Existenz*»[12].

Ich würde statt «trivial» lieber «nicht mehr zeitgemäß» sagen; denn es handelt sich ja um eine Vorstellung, die uns historisch abhandengekommen ist. Viele Menschen, die heute ohne Anspruch auf Veröffentlichung über ihr Leben schreiben, sind sich dieser «biografischen Illusion» durchaus bewusst. Zwar orientieren sich viele Laienautobiografien immer noch am klassischen Schema des «Entwicklungsromans», vor allem was die Linearität und Chronologie der Darstellung von Kindheit und Jugend betrifft. Auf der anderen Seite fällt mir in den Schreibwerkstätten auf, dass viele SchreiberInnen lieber kleine Geschichten, Episoden, Szenen, Fragmente, Gedankensplitter nebeneinanderstellen, als einen fortlaufenden zusammenhängenden Prosatext über ihr Leben zu schreiben. Damit weisen sie eine klassische Anforderung an die Autobiografie zurück – «*Von der Autobiographie aber verlangen wir eine einheitliche Formung der Vergangenheit ...*».[13]

Für mich spiegelt sich hier das neue Lebensgefühl von der Fragmentarisierung unserer Existenz, der Fragwürdigkeit unserer Identität, die nie endgültig, nie gesichert ist. Die Überzeugung vom sinnhaften Ganzen des hinter einem liegenden Lebens, das man schreibend nur nachzeichnen muss, existiert bei den meisten nicht mehr. Stattdessen sind sie schreibend auf der Suche nach sich selber und sehen dies häufig als einen nicht endenden Prozess.

Anmerkungen und Literatur

Der Wunsch, über das eigene Leben zu schreiben

1 Georg Misch: Geschichte der Autobiographie, Bd. 1, Frankfurt a. M. 1949, S. 12.
2 Mazlish, Bruce: Autobiographie und Psychoananlyse, in: Alexander Mitscherlich (Hg.), Psychopathographie des Alltags. Schriftsteller und Psychoanalyse, Frankfurt a. M.: Suhrkamp 1982, S. 265.

Der Einstieg

1 Stern, Carola: Doppelleben. Eine Autobiographie, Köln: Kiepenheuer & Witsch 2001, S. 13.
2 Huch, Ricarda: Erinnerungen an das eigene Leben, Frankfurt M./Berlin: Ullstein 1982, S. 29.
3 Canetti, Elias: Die gerettete Zunge, Frankfurt M.: Fischer 2003, S. 9.
4 Lessing, Doris: Das Leben meiner Mutter, Berlin: Wagenbach 1987, S. 7.
5 Menasse, Eva: Vienna, Köln: Kiepenheuer & Witsch 2005, S. 9.
6 Goethe, Johann Wolfgang: Dichtung und Wahrheit, Frankfurt M.: Insel 1965, S. 11.
7 Eckermann, Johann Peter: Der Autor gibt Nachricht über seine Person und Herkunft, in: Schenk, Herrad (Hg.): Lebensläufe, München: C. H. Beck 1992, S. 42.
8 Wimschneider, Anna: Herbstmilch. Lebenserinnerungen einer Bäuerin, München: Piper 1984, S. 5–9.
9 Sartre, Jean-Paul: Die Wörter. Autobiographische Schriften, Reinbek: Rowohlt 1965.
10 Fontane, Theodor: Meine Kinderjahre. Autobiographischer Roman, München: Deutscher Taschenbuch Verlag 1971.
11 Russell, Bertrand: Autobiographie I, 1872–1914, Frankfurt M.: Suhrkamp 1972, S. 7.
12 Zorn, Fritz: Mars, München: Kindler 1977, S. 25.

9 Bartsch, Kurt: Ich ohne Gewähr: Autobiographisches Schreiben in der österreichischen Literatur der siebziger und achtziger Jahre, in: Misch, Manfred (Hg.): Autobiographien als Zeitzeugen, Tübingen: Stauffenberg Verlag 2001, S. 190 ff.

10 Muschg, Adolf: Literatur als Therapie, Frankfurt a. M.: Suhrkamp 1981.

11 Wuthenow, Ralph Rainer: Das erinnerte Ich. Europäische Autobiographie und Selbstdarstellung im 18. Jahrhundert, München: C. H. Beck 1974, S. 20.

12 Bourdieu, Pierre: Die biographische Illusion, in: Bios. Zeitschrift für Biographieforschung und Oral History, 1, 1990, S. 76.

13 Pascal, Roy, a. a. O. 1965, S. 15.

Kriegskindheit

1 Welzer, Harald: Das kommunikative Gedächtnis. Eine Theorie der Erinnerung, München: C. H. Beck 2002.
2 Welzer, Harald; Sabine Moller; Karoline Tschuggnall; Olaf Jensen: Opa war kein Nazi. Nationalsozialismus und Holocaust im Familiengedächtnis, Frankfurt a. M.: Fischer 2002.

Die Auseinandersetzung mit Lebenskrisen und mit dem Altern

1 Max Frisch, Tagebuch 1966–1971, Frankfurt M.: Suhrkamp 1972.

Die Heilkraft des Schreibens: Schreiben als sinnstiftender Prozess

1 Anz, Thomas: Autobiographik und Psychoanalyse, in: Misch, Manfred (Hg.): Autobiographien als Zeitzeugen, Tübingen: Stauffenberg Verlag 2001, S. 9.
2 Anz, Thomas: Autobiographik und Psychoanalyse, a. a. O., S. 9.
3 Kast, Verena: Der Lebensrückblick als Therapie, in: Neuen, Christiane; Riedel, Ingrid, und Wiedemann, Hans-Georg (Hg.): Freiheit und Schicksal. Vom therapeutischen Umgang mit Zeit- und Lebensgeschichte, Düsseldorf: Patmos Verlag 2008, S. 36.

Zur Geschichte der Autobiographie

1 Pascal, Roy: Die Autobiographie. Gehalt und Gestalt, Stuttgart: Kohlhammer Verlag 1965, S. 12.
2 Pascal, Roy, a. a. O., S. 12.
3 Hinck, Walter: Selbstannäherungen. Autobiographien im 20. Jahrhunder, Düsseldorf/Zürich: Patmos/Artemis & Winkler, 2004, S. 11.
4 Rousseau, Jean-Jacques: Bekenntnisse, zitiert nach Walter Hinck, a. a. O., 2004, S. 12.
5 Mayer, Hans, im Vorwort zu Bräker, Ulrich: Der arme Mann im Tockenburg (Orig. 1788/89), hrsg. von Samuel Voellmy, mit einem Vorwort von Hans Mayer, Zürich: Diogenes 1993 , S. 9.
6 Bräker, Ulrich: Der arme Mann im Tockenburg (Orig. 1788/89), hrsg. von Samuel Voellmy, mit einem Vorwort von Hans Mayer, Zürich: Diogenes 1993, Vorrede des Verfassers, S. 41.
7 Goethe, Johann Wolfgang: Dichtung und Wahrheit, in: Gesammelte Werke, Hamburger Ausgabe, Bd. IX, S. 9.
8 Hebbel, Friedrich: Tagebücher. Vollständige Ausgabe, hrsg. von Hermann Krumm und Karl Quenzel, 1. Band 1835–1842, Leipzig 1926.